中央文化产业发展专项资金重大项目
2017—2018年度浙江省高校重大人文社科攻关计划项目（2018QN042）

手语传译基础

傅 敏 编著

郑州大学出版社

郑州

图书在版编目(CIP)数据

手语传译基础/傅敏编著.—郑州:郑州大学出版社,2019.3
ISBN 978-7-5645-6117-8

Ⅰ.①手… Ⅱ.①傅… Ⅲ.①手势语-翻译 Ⅳ.①H026.3

中国版本图书馆 CIP 数据核字(2019)第 041043 号

郑州大学出版社出版发行
郑州市大学路 40 号　　　　　　　邮政编码:450052
出版人:张功员　　　　　　　　　发行电话:0371-66966070
全国新华书店经销
河南龙华印务有限公司印制
开本:787 mm×1 092 mm　1/16
印张:12.75
字数:294 千字
版次:2019 年 3 月第 1 版　　　　印次:2019 年 3 月第 1 次印刷

书号:ISBN 978-7-5645-6117-8　　　　定价:32.00 元
本书如有印装质量问题,由本社负责调换

作者名单

编　著：傅　敏

编　委：傅　敏　吴晓波　孙　闻
　　　　卢　苇　袁　芯

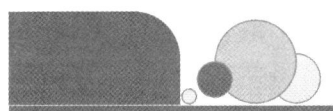

前言

翻译是一种古老的跨语言、跨文化的交际活动,手语传译是翻译的一种特殊形式。手语译员是聋人和听人沟通的桥梁和纽带,随着中国社会文明程度的提升,聋人参与社会生活各个领域的程度不断增高,作为在这种参与中的媒介——手语翻译,更是起着举足轻重的作用。正是因为手语翻译之重要,2007年,人力资源和社会保障部把手语翻译作为一种新职业列入职业分类大典;2015年,手语翻译作为专业技术人员归入翻译大类。在今天新的时代语境下,手语翻译学科与专业建设在我国已经得到了前所未有的发展。目前,我国具有手语翻译专业本、专科教育培养资质的高校有5所。除此之外,厦门大学外文学院英语语言文学专业(口译方向)硕士研究生阶段,也开设了手语翻译选修课程。

各个高校开设的手语翻译课程类型众多,有交替传译、同步传译、手语翻译概论、手语口译技巧、口语手译技巧、媒体翻译、教育翻译,等等。这些课程的开设为培养手语翻译人才提供了前提条件。教材是教学的依据,手语翻译教学成败的一个重要因素便是教材是否适用。然而十几年来,我国手语翻译专业的翻译教材匮乏,仅有手语翻译概论和手语翻译实训指导两种,手语翻译教学仍游离于翻译界之外,缺少翻译理论的指导。为了借鉴英汉翻译的研究成果,指导手语翻译的教学与实践,我们成立了课题组,进行《手语传译基础》的编撰。本书融入了手语翻译教学的理念和思路,也融入了编者对手语翻译的感悟和理解,旨在让手语翻译教师传授翻译技艺,让手语翻译工作者的翻译实践得到理论的指导。

本书共分九章,前八章集中探讨了手语传译研究中最基础的一些概念和问题,包括手语传译概论、手语传译基本原则、手语传译准备、手语传译听辨、手语传译记忆、手语传译常用技巧、手语传译质量监控、认知语言学与手语传译;第九章是手语传译的专题训练,旨在强化各个领域手语传译技能的训练。本书所涉及与手语传译技巧有关的理论陈述均和译例紧密结合,避免空洞讲解理论。同时在理论讲解完后还增加一些训练内容,供学习者训练用。本书注重传译技巧的训练,它是译者以往成功经验的结晶,在手语传译和传译教学过程中,它可以使传译者、传译学习者避免走弯路,从而获得事半功倍的效果。本书所选译例均来自编者从事手语传译实践及教学过程中的精心积累。

参加本书编写的均是浙江特殊教育职业学院的教师,其中傅敏编写了第一章、第五章、第八章以及第六章的第一节和第二节,吴晓波编写了第二章和第七章,孙闻编写了第三章和第六章的第四节,袁芯编写了第四章和第六章的第三节,卢苇编写了第九章。全书由傅敏统稿。以下是几位作者的简介:

傅敏：女，浙江特殊教育职业学院副教授，浙江省高职高专特殊教育（手语翻译）专业带头人，浙江省高校优秀教师。担任手语、手语翻译概论等课程的教学，浙江电视台新闻频道《新闻大直播》手语主持。研究方向是手语语言学和手语翻译，主持省部级课题5项，市厅级4项。主编《浙江聋人自然手语》，在《中国特殊教育》等学术期刊上发表论文20余篇。

吴晓波：女，浙江特殊教育职业学院手语翻译专业教师，复旦大学语言及应用语言学专业毕业，研究方向为手语语言学。担任手语语言学、语言学概论等课程的教学。参编手语教材3本，主持省级教改项目1项。

孙闻：女，浙江特殊教育职业学院手语翻译专业教师，担任聋人文化、手语口译技巧、电视播音与主持、媒体翻译等课程的教学。2015年至今担任浙江电视台钱江频道《浙江医馆》《我们同行》的手语主持，有丰富的手语翻译实践经验。

卢苇：男，听力残疾人，浙江特殊教育职业学院手语翻译专业教师，韩国拿撒勒大学国际手语翻译专业毕业。担任通用手语、手译技巧、手语艺术、多国手语入门、聋人与社会等课程的教学。主讲省级精品在线开放课程通用手语，主持市厅级课题1项，在各类学术期刊公开发表论文7篇，主编手语教材4本，参编手语书籍近10本。手语翻译实战及教学经验丰富。

袁芯：女，浙江特殊教育职业学院副教授，特殊教育专业硕士，研究方向为聋人汉语教育和手语，手语翻译实战经验丰富。

在此，衷心感谢郑州大学出版社刘开对本教材的出版所给予的大力支持，感谢该出版社的编辑为本教材的辛勤付出。厦门大学肖晓燕教授对全书的写作框架进行了审阅，并提出了很多合理、中肯的意见，在此一并致谢。

本书可作为手语翻译专业教材或辅助材料，也可作为广大高校手语翻译教师和其他手语工作者学习翻译的教材。因编者水平有限，书中谬误之处在所难免，恳请广大手语传译界专家学者和读者批评指正，以使本书能够更好地适应培养手语翻译人才的需要。

傅敏

2018年12月1日

目录

第一章 手语传译概论

第一节 手语传译的概念和特征 ·· 1
第二节 手语传译的理论 ··· 4
第三节 手语传译质量标准 ·· 15
第四节 手语传译员的素质 ·· 19

第二章 手语传译的基本原则

第一节 忠实原则 ·· 23
第二节 释意原则 ·· 25
第三节 简约原则 ·· 28

第三章 手语传译的准备

第一节 素养准备 ·· 30
第二节 译前准备 ·· 33

第四章 手语传译的听辨

第一节 注意力分配模式 ··· 46
第二节 语音听辨 ·· 51
第三节 手语理解 ·· 58

第五章 手语传译的记忆

第一节 记忆的基本原理 ··· 65
第二节 信息整合 ·· 68
第三节 记忆的技巧 ··· 70
第四节 记忆力训练 ··· 74

第六章 手语传译常用技巧

第一节 长句切分 ·· 83
第二节 合理简约 ·· 86
第三节 信息重构 ·· 94
第四节 合理预测 ·· 97

第七章 手语传译质量监控

第一节 手语传译质量监控概述 ······················ 103
第二节 手语传译的自我监控 ·························· 107

第八章 认知语言学与手语传译

第一节 中国手语隐喻概念投射路径与翻译处理 ········· 112
第二节 中国手语和汉语人体隐喻的认知对比 ·········· 117
第三节 中国手语中的转喻与翻译 ······················ 124

第九章 手语传译专题训练

第一节 媒体手语传译 ···································· 131
第二节 教育手语传译 ···································· 146
第三节 法律手语传译 ···································· 160
第四节 医疗手语传译 ···································· 174

参考文献 ·· 190

第一章

手语传译概论

第一节 手语传译的概念和特征

一、翻译的定义

翻译是人类最古老、最重要的一种文化交流活动,是一种语言层面的思维活动和语言活动。谭载喜在《西方翻译简史》中指出:"无论在中国还是在西方,翻译都是一项极其古老的活动。事实上,在整个人类历史上,语言的翻译几乎同语言本身一样古老。两个原始部落间的关系,从势不两立到相互友善,无不有赖于语言和思想的交流,有赖于相互理解,有赖于翻译"(1991)。随着人们对翻译活动认识与理解的不断深入,翻译理论探索和实践研究都取得了很大的发展,为翻译学科的建立提供了科学合理的理论框架。从20世纪50年代开始,语言学、社会学、历史、文化、文学等研究领域的学者们都开始对翻译问题产生了兴趣,翻译问题不再只是翻译实践者们所关心的问题了,尤其是一些语言学家特别关注翻译问题,发表了奠基性的研究著作。如苏联的费道罗夫(A. V. Fedorov)于1953年发表了《翻译理论概要》;法国著名语言学家乔治·穆南(Georges Mounin)于1963年出版了重要著作《翻译的理论问题》;英国的卡特福德(J. C. Catford)于1965年出版了《翻译的语言学概论》。自此,人们对翻译的认识逐渐从实践层面上升到了理论层面,开始进行对一系列翻译深层问题的探讨。

对于什么是翻译,古今中外的学者从不同的角度对翻译下了各种定义。语言学派认为翻译是两种语言的话语转换;文艺学派认为翻译是作品文体风格的转换,是译者的再创作;交际学派认为翻译是信息的转换;社会符号学派则认为翻译是社会文化的转换。下面我们来看看中外学者给翻译下的定义:

林天煌指出:"翻译是语言活动的一个重要组成部分,是指把一种语言或语言变体的内容变为另一种语言或语言变体的过程或结果,或者说把一种语言材料构成的文本用另一种语言准确而完整地再现出来。"张培基认为:"翻译是运用一种语言把另一种语言所表达的思维内容准确而整体地重新表达出来的语言活动。"沈苏儒认为:"翻译是把具有某一文化背景的发送者用某种语言(文字)所表达的内容尽可能充分有效地传达给使用另一种语言(文字),具有另一种文化背景的接受者。"Nida&. Tabe 指出:"所谓翻译,是指在译语中用嘴贴切而又自然的对等语再现源语的信息,首先在语义上,其次在文体上。"Peter Newmark 认为:"翻译就是把一个文本的意义按作者所想的方式译入另一种语言。"J. C. Catford 则认为:"翻译可以这样定义:一种语言(源语)的语篇成分由另一种语言(目标语)中对等的成分来代替。"

综合上述中外学者的定义,我们可以看出,翻译是用一种语言表达他种语言。翻译的任务是通过把一种语言转换成另一种语言,如实地转达源语的意思和风格,使语言不通的人能够相互沟通和理解。翻译的实质是语际的意义转换。翻译学科同语言学、心理学、文化学等学科有着密切的联系,是一门跨学科的综合性学科。

二、手语传译的概念和特征

手语传译是指把手语翻译成有声语言,或把有声语言翻译成手语;有时,是把一种手语(如中国手语)翻译成另一种手语(如美国手语)的过程。手语传译作为一种特殊的翻译形式,本质和其他翻译是一样的,都是两种不同语言之间的转换过程。

手语传译可以分为手语口译、口语手译、手语手译和口语直译四种类型(张宁生和任海滨,2015)。其中最普遍、最常见的是手语口译和口语手译。手语传译就工作方式而言,大多数情况是同步传译,比如说聋人集会、聋人集体活动、电视手语新闻、有聋人参加的学术会议等场合的手语传译。同步传译是指发言人在发言的同时,译员把发言的内容翻译给听众,发言与翻译几乎同时进行,不需要停顿。手语同步传译和有声语言的同声传译有很多相似的特征:

(一)即时性

从表面上看,手语传译是从源语向目标语的及时转换。不少人对手语传译的思维过程存在误解,往往把其看作一种简单的双语之间的转换过程。事实上,手语传译是一种包含多重思维任务的复杂过程。同传要求翻译在听清楚并理解讲话人所讲的内容的同时,记住讲话人所表达的基本原义,并即刻用另一种语言明确无误地表述出来。如果译员仅仅停留在语码转换的层次上,是做不好手语传译的。译员必须始终牢记这是一种交际传意活动。为了完成跨语言和跨文化的传意目标,译员在听取发言的同时应充分理解源语的意义,并存储于大脑中,同时迅速在目标语中找到相应的表达方式,然后用目标语把源语的意义表达出来。在实际工作中,手语传译具有很强的即时性。由于现场性的要求,翻译人员没有时间再对自己所翻译的内容进行修改或重新表述,即听即译。所以,译员必须学会同时做三件事——听、手译、听或看、口译、看,这三个过程不断重复,即形成同传的一个整体链条。一般来讲,在发言者讲话和传译者的翻译内容之间,允许有一定的间隔差距,但最多只差一句。在发言者结束发言之后,传译人员也应该尽快结束内容的翻译。而且,应该互相照应前后句的内容,保持前后句子的意义完整性。不要出现有违反一般语法规律的混乱的辞藻堆砌。手语口译时看手语与说汉语几乎同步,口语手译时听口语与打手语也几乎同步。当然,这种"同步"并不是绝对的同步,因为手语译员需要先看或听取源语信息后才能快速地反应,因此,在源语信息和译入语信息之间也存在一定的时间差。尽管同声传译过程中,有时由于客观原因,有时是翻译实践的需要,允许舍弃一些无关紧要的内容,但一定要抓住每一句话的中心意思,在不影响本意的情况下,语言的次要成分原则上可以略译。

(二)受限性

在同传现场,译员要在极短的时间内把一种语言转换成另一种语言,没有思考的时间,更不可能查字典、资料或与他人探讨,并且没有时间修正。这就要求译员要有深厚的两种或多种语言的功底,否则,一句话的卡壳就会影响接下来的内容记忆和翻译。尤其是在国际会议场合,多种语言接力翻译,更是不能卡壳。

手语传译的翻译速度受到发言速度的直接影响。由于要保证翻译与发言同步进行,发言人的语速便成了制约翻译员语速的直接因素。发言人的语速也往往影响同步传译的质量。如果发言人语速过快,信息密集,将导致翻译员没有足够的时间接收并处理信息,常常会大量遗漏翻译的信息。反过来,若语速过慢,则影响翻译员在短时间内搜集和处理完整的信息,造成译入语言不流畅,停顿时间过长。

(三)有限的灵活性

这个灵活性并不是指随意篡改讲话人的本意,而是指应该根据讲话人口音、讲话风格、语速的各不相同,灵活调整同传语种的语速、语调,通过声音来更准确地传达讲话人的情绪、情感。因为同传不同于交替传译,同传译员与发言者没有肢体语言的交流互动,这就要求译员灵活掌握场面,用自己的话语语调、声调尽量全面传达讲话者的情绪和讲话内容。同步传译的速度是由发言人来决定的,译员只能适应。但应切记,译员翻译出来的话语要不带拖音、嗯音。有的时候不能要求语言绝对忠实于发言人的说话风格,但必须保证每一句都是完整的。因为在大型国际会议中,都是多种语言互译的,如果在一种语言上出现断档,那接下来的同传会一塌糊涂,甚至根本无法工作下去了。所以,在同传实践中,是允许将相对长的复合句分割成几个短句来翻译的。

同传译入语要求明白易懂并保持连贯。同步传译与交替传译相比,译入语的质量要求相对低一些。因为在交替传译中,译员是先听后说,在听完一段完整的发言后可以对源语信息进行必要的调整,因此翻译出来的信息相对更完整、准确和流畅。在手语同步传译过程中,译员是边看边说或边听边打手语,没有时间对大段信息进行加工重组。译员工作时也不能与发言人进行信息确认,因此,在信息的完整度、准确度和流畅度方面,都不能和交替传译的要求相同。译入语最基本的要求就是明白易懂并保持连贯,不能出现前言不搭后语或有太多的停顿,做到清楚明白即可。

(四)对等性

对等性包括发言者的风格和语言本身两方面的因素。一是发言者的说话风格、习惯、文化水平、修养等的不同,会在语句中体现出来。用连贯的复合句还是用简单句,是简洁明快还是多用修饰语,都是讲话人的不同风格和习惯。二是语言本身的问题。每种语言都有自身的语法特点和表达习惯,手语更是如此。特别是一些复杂的汉语句子,就会很难翻译。解决这个问题,译员除了要掌握一定的翻译技巧,传译人员还要集中精力,最大限度地翻译所听到和看到的内容,使译语最大限度地和源语对等。

第二节　手语传译的理论

翻译是人类文化交流最悠久的活动之一,有翻译实践,就必然有对翻译活动的思考、探索和研究。西方的各个翻译理论学派都从不同层面和视角对翻译做出了自己的阐释。其中,美国翻译理论家尤金·奈达的翻译理论产生了世界性的深远影响。他提出了著名的"功能对等理论",即以目的语和目的语文化为依归,以译文和译文读者为中心,以译意为核心的翻译理论。另一位对翻译做出杰出贡献的是英国的实践型翻译理论家彼得·纽马克。他将跨文化交际理论和现代语言学的研究成果运用到翻译研究中,认为翻译既是科学,又是艺术和技能,并提出了著名的"交际翻译"和"语义翻译"法。中国也有着自成体系的翻译理论,广大的翻译理论研究者及翻译教学工作者继承我国传统译学理论结晶,借鉴和吸收国外先进理论,构建中国的翻译学理论。手语传译也属于翻译的范畴,在翻译教学和实践中也应该借鉴国内外已有的翻译理论,构建手语传译理论体系。由于手语传译大部分场合是同步传译,因此,一些同声传译和口译理论同样适用于手语传译。

一、西方主要翻译理论介绍

(一)尤金·奈达的翻译理论

在中国,在当代西方翻译理论中介绍得最早、最多,影响也最大的是奈达的翻译理论。尤金·奈达(Eugene A. Nida),美国人,早年师从著名的教授弗里斯(Charles C. Fries)和布龙菲尔德(Leonard Bloomfield),并于 1943 年获语言学博士学位。毕业后供职于美国圣经协会,终生从事圣经翻译和翻译理论的研究,是公认的当代翻译理论的主要奠基人。

他的理论核心思想是功能对等,这个名称的前身是动态对等,后来为避免误解,改为功能对等。奈达对动态对等的定义是:"所谓翻译,是在译语中用最切近而又最自然的对等语再现原语的信息,首先是意义,其次是文体。"在这一定义中,"切近是指切近原语信息";"自然"是指译语中的表达方式;"对等"把上述两者结合起来,是对等语,而不是同一语。在某种意义上来说,强调的是信息对等,而不是形式对应。由这一定义可见,奈达突出了翻译中"内容为主,形式为次"的思想。奈达的这一思想,引起了不少误解。认为翻译只翻译内容,不必要顾及语言的表达形式,因此,各种各样的自由译都被冠以"动态对等"。所以奈达后来在《从一种语言到另一种语言:论圣经翻译中的功能对等》一书中,把"动态对等"的名称改为"功能对等"。对于功能对等,奈达又做出了很多的补充,首先对"信息"做了进一步的界定,声明信息不仅包括思想内容,而且也包括语言形式。他认为"功能对等"的翻译,要求"不但信息内容的对等,而且尽可能地要求形式对等"。奈达认为如果形式不得不改变,也必须符合以下几个条件:①直译会导致意义上的错误;②引入外来语形成语义空白,读者有可能自己填入错误的意义;③形式对应引起严重的意义晦涩;④形式对应引起作者原意所没有的歧义;⑤形式对应违反译入语的语法或文体规范。要取得功能对等(奈达指的对等是大致对等),就必须弄清何为功能对等。他把功能分为以下九类,即表现功能、认识功能、人际功能、信息功能、祈使功能、行为功能、情感功能、审美功能和自我解释功能(胡伟华,2016)。译文在这些功能上与原作对等,那么怎样才算对等呢?奈达认为回答这一问题不只是局限在文字本身,他认为对等与否在于读者的心理反应。奈达大胆地提出了翻译要达到的不是语言的对等,而是语言功能的对等,是读者心理反应的对等。奈达所关注的是译文在译文读者心中的反应是否和原文和原文在原文读者心理反应相似。考虑读者的心理反应,要看文字产生的环境,要看读者的生存环境,不能只看文字。

在奈达看来,翻译是否成功,最主要就是看译文是否实现了等效或引起了相等的反应,这是"翻译四大基本要求"之一,这四大基本要求即:一是词句达意;二是传达了原文的精神和表达方法;三是表达形式自然易懂;四是产生相似的反应。尽管动态对等的目标是同时实现上述四个要求,但也是有程度区分的,内容和形式的传统"冲突"并不容易解决。处理这种冲突的通用原则是:要想实现等效,"意义的对应必须优先于风格的对应"(胡伟华,2016)。

奈达的翻译理论,无论是在西方还是在中国都产生了重要的影响。对奈达的理论,有人认为原文中一些有意义的形式都在追求功能对等的过程中消失了,他给读者的自由度太大。而且,不仅不同文化间的人对同一语言表达法会有不同反应,同一语言文化内的人们对同一语言符号也会有不同的反应,因此心理反应也很难测量。各色评价不一,有的评价有失公允,但有的评价似有一定道理。尽管奈达的功能对等理论存在着某些不足,但是总体的方向仍是对的。

(二)彼得·纽马克的翻译理论

彼得·纽马克是英国翻译教育家和理论家。虽然他在翻译界不如奈达重要,在翻译理论方面的贡献也比不上奈达,但他的翻译理论易懂。作为一个翻译工作者,如果不想过多地涉猎理论而只想充实一下与实践有关的理论知识,那么可以不读奈达,但却应该读纽马克。几乎每一个翻译专业的学生都知道他的《翻译教程》。他的主要理论贡献是他的语义翻译和交际翻译的区分,以及他对语篇类别的仔细区分。下面对他的这一理论做一简要概述。传统上对翻译的讨论总是跳不出直译和意译这个两元框架。而且这种思维基本上是以语篇为基准,很少将翻译的目的、读者的情况、语篇的类别考虑进去。纽马克感到两元模式束缚了译者。所以他创立了一个多元模式。其中,有十个供选择的方法:①强调源语;②逐字翻译;③直译;④忠实翻译;⑤语义翻译;⑥强调译入语;⑦改写;⑧自由翻译;⑨习语翻译;⑩交际翻译。(胡伟华,2016)

在这几种方法中,其中语义翻译和交际翻译这两种是其核心。前四种方法强调的都是源语,只是程度不同。逐字翻译的方法离原文最近。直译法比前者要自由些,但不如忠实翻译自由。而忠实翻译又没有语义翻译自由。但即便是语义翻译法也是强调源语。再往前走,译者就跨入了强调译入语的范围。后四种强调的都是译入语,只是强调的程度不同。改写最自由,也算是一种翻译,自由翻译和习语翻译则不如改写那么自由,交际翻译是后四种译法中严谨的一种。

在实际翻译中,译者不必把自己的译法与上述译法对号入座,也没有必要去套用这些模式。在大多数情况下,严格意义上的翻译应该采取这个模式中的语义翻译和交际翻译两种。纽马克的交际翻译大致相当于奈达的功能对等概念。语义翻译忠于的是原文语篇,交际翻译忠于的是译文读者。纽马克认为有时要用语义翻译,有时要用交际翻译,他对语义翻译和交际翻译都持肯定的态度。在奈达的理论框架中,功能对等是唯一正确的,形式对应是应该极力避免的。纽马克认为交际翻译试图让读者获得的效果与源语读者所获得的效果尽可能地接近;语义翻译则试图在目标语的语义结构和句法结构所允许的前提下,尽最大可能去传达源语精确的语境意义。语义翻译和交际翻译的区别如下:一是语义翻译关注信息发出者个人的思维过程,只有在词汇的联想意义对于信息传递而言非常重要的情况下才去帮助译文读者理解联想意义。交际翻译关注译文读者,倾向于某种具体的语言和文化。二是语义翻译保留源语文化,如果源语偏离了规范,就必须在目标语中得到再现,忠于源语作者。交际翻译把外来的元素带入目标语文化,尊重源语的形式,但不必忠于源语,改用目标语的规范。三是语义翻译更复杂、生硬、细致、凝练。交际翻译则更简单、明晰、流畅、直接,更符合常规。

二、手语传译理论

手语传译也是翻译的一种形式,因此,英汉翻译理论对手语传译同样有借鉴和指导作用。下面介绍一些在手语传译中常用的理论。

(一)直译与意译

译员在翻译表达时,可以是所用的语言和表达方式尽量接近源语;也可以是所用的语言和表述方式尽量接近译语。两种不同的表达方式的选择,就产生了直译和意译这两种基本的翻译方法。

1. 直译与意译的概念

在翻译研究领域,讨论得最多的话题就是直译和意译。台湾学者张振玉对直译的定义是:"依照原文单字、片语、句子之顺序,并依照其字面之意义,不增不减之译法"(1992)。直译在词义选择上,需取字面意义,不能取引申义。句子中的语序不能颠倒,要按照原文次序排序。既不能增字,也不能减词。直译就是在不违背译语语言规范的前提下,在译语中保留源语内容和形式。但直译不是死译或硬译,而是在语言条件许可时,在翻译中既保持源语的内容,又保持其内容和意义。意译就是翻译意义,不做逐字逐句的翻译。即从意义出发,只要求将源语大意表达出来,不注意细节,包括句法结构、用词、比喻及其他的修辞手段。意译不拘泥于源语的语言形式,而按译入语的习惯重新遣词造句。当按字面翻译行不通,不能准确表达源语意思时,就应该打破源语的语言形式,采用意译法进行翻译。

2. 直译和意译的表现形式

通过上述直译与意译的定义可以发现，直译非常严格，译员受限制很多，而意译则非常宽松，这是两种完全不同的翻译思路。两者各有利弊，直译求信而难达，意译求达而难信。直译可以准确传达源语的思想内容，能够保存源语形式，有助于引入一些新词、新句的表达法，从而丰富译入语。但是当两种语言在语法、结构、语序等方面不同时，再拘泥于源语的形式，或者都按照源语的字面含义进行翻译，就行不通了。意译则语言流畅，容易理解，易为受众接受，完成跨文化交际手段的目的。直译和意译在具体的翻译实践中是可以并存的，两种方法的灵活运用关系到译语忠实通顺的程度。由于手语与汉语的语言特点以及承载这两种语言的文化系统的不同，译员必须从源语的束缚中解放出来，对源语的用词、语序、结构等进行调整和变通。译员在翻译实践中，需综合考虑源语目的语这两个语言文化系统各方面的因素，以及遵循可理解性和源语的形式价值两大原则，然后进行选择。下面以汉语新词为例来看手语传译的直译和意译。（表1-1、表1-2）

表1-1　汉语新词直译示例

汉语新词	翻译方法	手语
车奴	直译	车+奴隶
草根	直译	草+根
月光族	直译	月+光+族
创客	直译	创造+客
房奴	直译	房+奴隶
草莓族	直译	草莓+族
啃老族	直译	啃+老+族

表1-2　汉语新词意译示例

汉语新词	翻译方法	手语
暗箱	意译	(1)双手伸中、无名、小指，手腕交叉置于嘴巴处；(2)上拳砸两下下拳
煲电话粥	意译	左手伸拇指和小指，置于耳边；同时嘴巴不停在动，右手五指置于嘴边交替抖动
驴友	意译	(1)左手握拳，右手伸拇、小指在左手手背点动几下；(2)双手伸拇指互碰几下
粉丝	意译	(1)左手伸拇指，右手五指指尖朝向左手拇指，一边交替抖动一边靠近；(2)双手伸拇、食指捏成一个圆，指尖相对，往两边拉开

续表1-2

汉语新词	翻译方法	手语
屌丝	意译	(1)一手伸小指,从脸一侧往下滑动;(2)双手伸拇、食指捏成一个圆,指尖相对,往两边拉开
山寨	意译	(1)双手伸拇、食指搭成一个方形;(2)一手伸小指,向下一甩
蜗居	意译	(1)双手搭成房子屋顶形状;(2)头往双手下一伸
土豪	意译	(1)一手掌心向下,拇、食、中指互捻几下;(2)一手伸拇指,置于鼻尖,同时头部向上一抬

(二)异化翻译与归化翻译

19世纪,德国的思想家斯莱尔马赫曾说过:"翻译的方法不外乎两种:要么尽可能不去打扰作者,让读者向作者靠拢;要么尽可能不去打扰读者,让作者向读者靠拢"(Schleiermacher,1992)。他说的两种方法近似于异化和归化翻译方法。归化和异化概念的范围要大于直译和意译,具体而言,直译和意译主要是针对语言层面而言的,即译文的表达形式是否要遵循原文的词句结构、语言格律和修辞手段等。而归化和异化除了语言层面外,还有一个文化的维度,即译文在处理富有文化色彩的概念时采用何种策略,如保留则属异化,如加以改造以使之符合译入语的文化规范则属归化。因为,翻译永远要面对文化差异,异化翻译能保留这种差异;而归化翻译却能促进文化交流。因此,归化与异化是相辅相成、辩证统一的。采用何种翻译方法,应根据相应的源语特点、翻译目的及受众要求,灵活运用,融合两种方法,实现不同文化之间的成功交流。

中国手语和汉语是两种不同的语言系统,手语有自身独立的词汇和语法体系,并不依附于汉语。中国手语与汉语之间的转换,是语言之间的对等翻译关系。手语翻译要理解和把握两种语言不同的内在构成特点。以汉语成语为例,在手语翻译过程中,手语翻译首先需要了解成语的文化背景,因为大部分成语采用隐喻的表达形式,因此要把握成语隐喻表达背后的心理机制,从认知的角度分析成语隐喻映射的源域和目标域,并找出汉语和手语之间相对应的映射,然后选择合理的异化和归化翻译策略。手语翻译中的异化翻译按照汉语成语的组合结构,适当采用手势汉语,从而保留汉语成语文化韵味;而归化翻译则遵循手语的自然规律,采用形象的自然手语进行翻译,使手语符合视觉语言特点和聋人文化,化难为易,使聋人易于理解译文的内容。手语翻译实践中,译者要根据成语特点合理选择异化或归化策略,尽可能准确传递成语信息,并为聋人所理解和接受。

1. 异化翻译

美国翻译理论家韦奴蒂提出了"异化(foreignizing)翻译"策略,他认为,目的语文本在风格和其他方面应突出原文之"异",保留原文的语言和文化差异。异化翻译要求译者以源语或原文作者为归宿,尽可能地保留原文文化特色及语体风格,从而丰富目的语文化,促进不同文化的相互交流。异化策略的优势是翻译时保留源语的语言结构、表达方式和文化要素;使目的语读者能够更充分领略和欣赏源语风味,促进不同民族的文化交流。异化策略的缺陷是译文不够地道自然,显得生硬,影响目的语的接受。异化策略下的翻译方法主要有直译,即对词汇意义和修辞不采用转义手法,在词汇、句法等语言形式上采取适当的变化或转换,比如调整语序,使之符合目的语的句法规范。

隐喻的产生与社会环境及实践体验密切相关。尽管中国聋人和听人两个族群使用的语言系统迥异,但由于都生活在同一个国度,相同的社会环境,相似的实践经验,使聋人和听人的社会文化背景有很多共性,对于客观事物有相似的认知和概念结构。因此,汉语和手语中存在众多源域及映射方式相同的概念隐喻。对这类成语的翻译,手语翻译可根据隐喻产生的心理运作机制,采用直译法,逐字翻译,使聋人获得完整的汉语成语的信息,从而实现跨文化翻译的目的。例如成语"虎头蛇尾":头大如虎,尾细如蛇。比喻开始时声势很大,到后来劲头很小,有始无终。这一隐喻表达涉及分属不同范畴的两个认知域。源域:虎和蛇尾;目标域:事情的开头和结尾;通过源域向目标域的映射,从而获得"开始时声势很大,到后来劲头很小"的语义理解。由于聋人和听人对动物有相似的认知,该成语可直译为手语"虎/头/蛇/尾"。此类成语隐喻表达的喻体与喻底基本一致,手语翻译可以保留成语中的喻体形象,采取直译方法进行翻译,使手语与成语语言形式保持一致,完整再现汉语成语的信息。(表1-3)

表1-3 汉语成语的异化翻译示例

成语	手语打法	隐喻义
抱头鼠窜	抱头/鼠/逃	抱着头像老鼠一样迅速逃跑,隐喻受到沉重打击狼狈逃跑的样子
春风化雨	春/风/雨	直接以春风和雨来隐喻良好的熏陶和教育
对牛弹琴	对/牛/弹琴	对牛弹奏乐曲隐喻讥笑听话的人不懂对方说的是什么
废寝忘食	吃饭/睡觉/忘	以忘记了吃饭和睡觉隐喻人专心致志
风雨同舟	风/雨/同/船	在风雨中同乘一条船,隐喻共同经历患难
沸沸扬扬	沸腾/沸腾	以沸腾的水隐喻人声喧扰,议论纷纷
熊腰虎背	熊/虎/身形	腰粗壮如熊,背宽厚如虎,隐喻人身体魁梧健壮
画龙点睛	画/龙/点/睛	隐喻写文章或讲话时,在关键处用几句话点明实质,使内容更加生动有力
火烧眉毛	急/火/眉毛	以火烧到眉毛隐喻事到眼前,非常急迫
盲人摸象	盲人/摸/象	隐喻看问题总是以点代面、以偏概全
绵里藏针	棉絮/里/针	隐喻外貌和善,内心尖刻,也隐喻柔中有刚

2.归化翻译

所谓归化(domesticating),即将原文中出现的译语文化概念用译语的表达方式还原出来。主张归化翻译的代表人物是奈达,他认为翻译时译语要符合目的语读者的语言习惯和文化习惯。因此,归化翻译可以消除源语和目的语语言和文化的隔阂。归化翻译的优势是译文顺应目的语读者的需求,通俗易懂、地道流畅;缺陷是原文的语言文化要素容易丢失,对目的语的语言、文化的丰富和发展无益,也不利于各民族文化的交流。归化翻译策略下的主要方法是意译,即采用转义,对词汇意义和修辞作适当处理,自然流畅地再现原文意义。

手语意译是指考虑汉语和手语两种语言诸多方面的差异,考虑两种语言蕴含的不同文化背景,根据成语的大意用自然手语来翻译,而不做逐字逐句的翻译。手语意译更能够体现手语文化的语言特征。在翻译某些具有文化特色的成语时,手语翻译需要准确理解汉语成语的含义,采用意译的方法,以利于聋人理解。例如"逼上梁山":①左手伸拇指,右手掌心朝下,不断压制左手拇指,表示压迫。②左手拇、食指成半圆形,虎口朝上,右手握拳从左手虎口向上伸出,表示反抗。隐喻不得不做某件事情。在翻译诸如此类的隐喻表达时,手语翻译要了解成语中蕴含的文化信息,熟谙其喻义,并用意译方法用自然手语表达,才能为聋人所接受。(表1-4)

表1-4　汉语成语的归化翻译示例

成语	手语打法	隐喻义
挨挨挤挤	双手掌心向上,五指弯曲,指背相贴,左右互推一下	以手指隐喻人,形容人多杂乱
不屈不挠	(1)左手平伸,掌心向上,右手食、中指弯曲置于左手掌心。(2)左手五指成半圆形,虎口朝上;右手握拳,手背向内,手腕边碰向左手虎口边垂下拳头。(3)双手掌心向外,同时向两边摇晃(跪/垂头/不)	以一个人不跪下、不丧气来隐喻在压力和困难面前不屈服,表现十分顽强
川流不息	双手掌心相对,五指张开,前后移动两次	以五指不停移动隐喻事物像水流一样连续不断
浩浩荡荡	双手掌心向下,伸五指,同时向前移动	以五指代表人,隐喻前进的人流声势浩大
囫囵吞枣	一手蒙住眼睛,一手拇、食指相捏成一个圆,往嘴里扔	把枣整个咽下去,隐喻对事物不加分析思考,笼统地接受
生机勃勃	(1)双手食指边往上升边转动。(2)双手掌心向上,五指边张开捏合、边往上移动	以双手向上移动隐喻生命力旺盛的样子
有机可乘	(1)左手伸五指侧立,右手伸拇指、小指移向左手下面。(2)右手拍一下前额,伸出拇指	隐喻有机会可以利用,有空子可以钻
马首是瞻	(1)左手伸食指,指尖朝上在前;右手五指张开,指尖朝上在后。(2)左手向左(右),右手也向左(右)	隐喻服从某一个人的指挥或乐于追随某一个人

续表1-4

成语	手语打法	隐喻义
黯然销魂	双手五指张开,手指弯曲,掌心朝上,置于胸部,然后向下一顿,并五指收缩,头微倾,目光呆滞	隐喻心神沮丧好像失了灵魂
偷天换日	(1)双手五指张开,双臂上举,一左一右,交替转动。(2)五指弯曲,掌心朝外,一左一右,并互相变换位置	隐喻暗中改变重大事物的真相来欺骗、蒙混别人
骑虎难下	(1)左手五指张开,掌心朝下,中指突出,表示一只虎。(2)右手食、中指张开,"骑"于左手背上,并转动几下,表示无法下来	隐喻做事遇到困难,但中途停顿又会造成重大损失,因而不得不干下去

在一般情况下,当归化与异化被看作翻译策略时,异化均衡是最理想的状态。"归化"与"异化"究竟谁是翻译的本质特征,这取决于翻译的目的。译词还是译意,译形式还是译内容,这是一个自古以来一直在争论的问题。如果以译词和形式为主,那么异化是本质特征。但若以译意和内容为主,归化则为本质特征。翻译目的最主要、最具有普遍意义的,应该是求意。翻译是把一种语言文字转换成另一种语言文字,以达到彼此沟通、相互了解的目的。因此,归化是翻译的主流,异化主要指语言层面,若大量采用异化手段,则会妨碍沟通交流。

(三)顺应理论

语用学源于20世纪七八十年代的欧美国家。研究范围包含交际双方利用语言和语境表达意义,并对话语进行解码和推理的过程。比利时语用学家维索尔伦(Verschueren)在他的新著《语用学新解》(*Understanding Pragmatics*)中,提出了"顺应论",以一个全新的视角去理解和诠释语用学。维索尔伦认为:语言的使用是一个连续不断的选择过程,在语言结构的语音、语调、词汇或语法结构等任何层面都发生着选择。语言使用者要选择心目中最需要最合适的对象进行交际,因此,在语言选择时存在不同程度的顺应意识。语言使用者之所以能够在语言使用过程中做出种种适当的选择,是因为语言具有变异性(variability)、商讨性(negotiability)和顺应性(adaptability)这三个特征。变异性是指语言具有一系列可供选择的可能性;商讨性是指语言的选择不是机械的,而是在高度灵活的原则与策略的基础上完成的;顺应性是指语言使用者在具体的语境条件下,从可供选择的言语中做出符合交际需要的选择。这三个特征相辅相成,其中最重要的一环就是顺应性(胡伟华,2016)。

维索尔伦认为,交际者的语言选择必须符合交际双方的情感因素和情绪、愿望、意图等认知因素。维索尔伦顺应论的核心是"动态顺应",即在语言选择过程中,必须积极顺应具体的语境和语言结构,交际过程是一个动态的顺应过程。翻译是两种语言之间的转换,既是一种思维活动,又是一种语言活动,是同时运用两种语言表达思维内容的活动。翻译实践的过程,是译者进行语码选择与转换的过程,同时,译者的思维与认知、社会文化等诸多因素会影响其语码选择的过程。顺应理论之于翻译具有很强的解释力,同时还能指导翻译实践。翻译活动中,语言外部因素影响和制约着译者宏观层次的选择顺应,而微观层次的顺应在于译者根据交际的具体情境灵活采用翻译策略。如:直译、加注、释义等。

维索尔伦认为,人类的语言使用过程是对语言外部语境和语言内部语境一系列因素的顺应。隐喻的使用也是如此。作者使用隐喻经过了结构客体、语境关系等一系列动态顺应过程,实现隐喻功能的高度突显,从而为读者感知、认同,进而产生共鸣。维索尔伦的语用顺应论可用来指导汉语新词的手语隐喻翻译研究和实践。首先,手语翻译员为了充分理解新词隐喻,往往将自己置身于交际语境中来理解作者创建该隐喻时的影响因素;要仔细分析该隐喻的本体、喻体及其"映射"途径,通过顺应与选择,尝试性地理解新词的隐喻。其次,手语翻译员通过顺应手语语言内部语境和语言外部语境这一动态过程,从众多隐喻翻译译文中选择出"最佳"的手语译文,同时确保隐喻义高度突显。

另外,由于汉语新词的隐喻通常带有浓郁的文化色彩,因此,文化的处理是隐喻翻译的一个重要方面。在语用顺应论的指导下,手语翻译员在翻译中更易于解读隐喻并合理再现其喻体特征和文化内涵。通过顺应隐喻的语言和交际等语境相关因素,手语翻译可通过对新词隐喻中本体、喻体及其关联方式的分析,充分了解新词隐喻的语境及其交际目的,做出顺应性解释。接着,手语翻译结合手语和汉语的语言与文化差异,大力顺应聋人的认知模式、思维习惯和审美定势等因素,最大限度地保留新词的喻体特征和文化内涵。下面以汉语新词的手语翻译为例,介绍顺应理论在手语翻译中的运用。由于汉语新词的手语翻译也需要顺应具体语境,从而选择合适的翻译方法,因此同样可以借鉴顺应理论来指导翻译过程。在汉语新词的手语翻译这个连续选择和顺应的过程中,译者要不断地进行动态顺应,包括顺应不同的翻译目的、手语和汉语的差异、手语表达习惯以及聋人可接受心理等具体语境。

1. 对翻译目的的动态顺应

20世纪70年代,德国的汉斯·威米尔(Hans Vermeer)创立了功能派的奠基理论——翻译目的论。他认为翻译是人类的一种有目的性的行为活动(1983)。同其他言语交际活动一样,翻译是一个连续选择的过程,翻译行为的每个环节都需要译者做出各种选择。翻译涉及双语间的转换活动,选择层次更为复杂,贯穿着多方面因素的互动选择机制。翻译活动的选择与交际需要有着直接的关系,选择是为了顺应翻译的目的(梅晓娟和周晓光,2008)。翻译的标准之一是忠实,译者必须把原语完整而准确地表达出来。因此,手语翻译应采取各种方法,逾越语言障碍,使汉语新词的意思用手语准确无误地传达出来。同时,翻译也是一种文化的传播活动。如果翻译目的是体现原语文本的文化背景,让听者了解异域文化形象,领会其语用隐含意义,可以采用异化策略(宋华,2012)。

翻译要求译文与原文等值,也就是实事求是。在翻译具有文化特色的隐喻性汉语新词语时,如果聋人手语中没有对等词语,手语翻译就需要从汉语中引进这些词的所指对象,创造出这些词的等值符号,帮助聋人理解这些所指对象。这时往往采用造词、直译法,来顺应翻译的目的,以保持、传播新词文化。翻译这类隐喻新词最理想的翻译方法是映射对等翻译,它是指源语的源域和目标域直接投射到目的语中同样对应的源域和目标域,完成从源语到目的语的翻译,是一种对应映射的关系,源语和译语的源域和目标域也是对等的关系。这种情况适用于源语和目的语中具有"共同的非文化知识"(shared non-cultural knowledge)的某些隐喻新词(刘冰泉和张磊,2009)。这种映射对等翻译相当于从认知的角度提出的直译。由于人类对认知体验具有相似性,聋人和听人具有某些相似的认知过程,因此会出现认知对等的隐喻表达方式。人们常常选择相同的喻体视角来理解同一抽象事物。由于具有隐喻的"喻体共知性",即这些喻体特征和本体有相似性,是一般人可以共知的物象(刘法功,2007)。因此,这一类隐喻,手语翻译员可根据聋人和听人相同的心理运行机制,采用直译的方法,达到对等映射的等效翻译。通过直译还可以促进聋听文化交流,向聋人传递汉语新词的文化知识。译者应遵循关联顺应原则,对那些聋人较易理解的汉语新词选用直译的方法进行表达,达到手语和汉语的最佳关联。例如"车奴、草根"等词语,这类新词多半可以采用映射对等的直译方法,保持源语的文化特征,丰富手语词汇,便于汉语新词文化很好地传播到聋人群体,帮助他们更好地融入主流社会。

2. 对手语表达习惯的动态顺应

塞莱斯科维奇和勒代雷指出,翻译不是从语言到语言,译员也不是鹦鹉学舌。如果译员没有理解源语的意思而只是从语言到语言进行直译,或者说意思没有理解透彻就硬译,可能会造成意思的扭曲,影响交流的效果(2007)。正如美国翻译理论家奈达所言:翻译即译意。汉语和手语的语言表达习惯不尽相同,它们属于两种不同的语言系统。汉语有声语言是线性语言,而手语是立体的视觉语言,因此两种语言在表达习惯上有很大的差异。手语是一种视觉语言,具有形象生动的特征。汉语新词语翻译成手语时,大多数情况下不能完全对应汉语的语序逐字翻译,应该顺应手语的特点和表达习惯,用形象生动简洁易懂的手势翻译汉语新词,帮助聋人准确理解。如果能在手语中找到和汉语新词语类似的表达方式和对等文化,那么我们就可以采取意译的方法,不能拘泥于语言符号之间的转换,即用符合手语表达习惯的方式准确表达出汉语新词的含义。意译法追求"达意",就是抓住汉语新词的意欲表达的内容实质,牺牲新词的语言风格和形象喻体,尽量使手语自然流畅,符合手语的语言使用习惯,而且忠实表达原文所隐含的内容。由于意译法不拘泥于源语语言形式,不能沿袭源语的词法结构,因此,翻译时应根据手语的语言习惯寻找对应的手势语。

3. 对聋人可接受心理的动态顺应

翻译是译者和接受者心理间的交流,接受者认知世界诸因素会影响翻译策略的选择。因此,译者应该顺应接受者的认知世界进行翻译过程中的策略选择。美国翻译理论家尤金·奈达认为,虽然翻译标准是忠实原文,但如果翻译没有考虑到接受者的接受能力,传递信息效果就会大打折扣,那么对原文的所谓"忠实"就没有意义。翻译的重点应当是读者对译文的反应,而不是语言的表现形式。翻译时倘若仅取其"形"而舍其"义",或逐字硬译,翻译便生硬晦涩,不能确切表达原意。因此,翻译应该突出语用功能,达到传递信息的目的。翻译是内容和形式相互转化或推移的过程,是基于一种新的语言把原语的内容和形式重新加以统一。有些形式因素纳入内容中去;有的内容因素提升到形式上来。"解释性翻译"的理论依据就是这种内容和形式相互转化或推移的规律(张健,2012)。汉语中的许多新词译成手语时必须找到相关的隐喻来引起聋人共同的心理图式,虽然手语中的源域和目标域与源语中的不对应,发生了偏移,但是进行偏移等效翻译后,隐喻所产生的语言效果是一样的。

　　语言的认知表达功能决定了语言之间的可接受性,可接受性不仅指语言本身,而且指语言所传递的信息,即所译的词义能让对方在心理上认同。心理需求是认知语境的一种。汉语新词的手语翻译要顺应聋人的心理需求,克服交际隔阂,达到交际目的。根据奈达的观点,在汉语隐喻新词的手语翻译中,译者可以放宽"信"的尺度,必须对聋人的可接受心理做出相应的调整,注意其本体、喻体与喻义在各自语言中约定俗成的关系,进行适当的"解释性翻译",使汉语新词的翻译更好地被聋人接受,使聋人一目了然,提高汉语新词手语翻译的准确性,符合聋人的需求,从而提高翻译的效果。在翻译实践过程中,学会灵活运用这一技巧,视野就会更加开阔,可以更加大胆地进行创造性翻译,使得手语翻译更加得心应手。比如"杯具",刚接触这个词聋人可能并不知道这是"悲剧"的谐音词,不了解其意思,翻译时,就应该采用解释性翻译,打出"悲剧"的手语:一手握拳,在胸前转动几圈。(表1-5)

表1-5　汉语新词解释性翻译示例

汉语新词	翻译方法	手语
菜鸟	解释性翻译	(1)右手拍一下左手手背,再伸出小指;(2)一手拇指和中指置于嘴边相互捏合几下
跌股	解释性翻译	(1)右手伸食指,在脸部绕一圈;(2)右手五指撮合从脸部往外一扔
翻墙	解释性翻译	(1)双手五指交替抖动,如打字状;(2)左手侧立,掌心向内,右手侧立,掌心向右,从左手内伸到手背外
拼客	解释性翻译	(1)一手掌心向上,拇、食、中指互捻几下;(2)双手掌心向下,握拳,从两边向中间靠拢
海龟	解释性翻译	(1)双手横伸,掌心向下,五指边抖动边向两边移动;(2)一手伸拇、食指从外向内移动

　　翻译是两种语言符号间进行转换的一种创造性的语言实践活动。目前,翻译界凸显的一大难点是隐喻式表达法的翻译。由于汉语和手语语言体系的不同,手语翻译常常无法在手语中实现和汉语的寓意等值,无法接通汉语与手语隐喻的文化内涵,导致隐喻翻译效果不佳。比利时学者维索尔伦的语用顺应论认为,语言的使用是一个连续动态的顺应、交际过程,这为手语翻译员深入理解源隐喻、顺应认知模式,从而做出完成交际目的的隐喻手语翻译提供了理论依据和行动指南。翻译是一种高难度的活动,而没有先例可援的汉语新词语的手语翻译则更难、更复杂。新词语层出不穷,包罗万象,手语翻译时又

常无定规可循。要真正翻译好这些新词,就必须吃透原意,准确理解这类词汇的内涵意义。在顺应论的指导下,手语翻译员需要不断地进行动态顺应,顺应不同的翻译目的、顺应手语的表达习惯以及聋人可接受心理等具体语境。然后根据具体语境动态地确定相应的手语翻译策略和方法,既要忠实于原文内容,又要摆脱字面的束缚,按照手语习惯清晰表达原文的意思,契合聋人的心理需求。力求做到从属性和创造性恰到好处地结合,以提高汉语新词手语翻译的准确性和可接受性,从而更好地传播新词文化,帮助聋人获取更全面准确的信息,加强聋听交流和融合。

第三节　手语传译质量标准

　　翻译标准指翻译活动必须遵循的准绳,是衡量翻译质量的尺度,是翻译工作者不断努力以期达到的目标。翻译的质量标准历来是翻译理论研究的核心问题。翻译质量评估肩负着规范翻译行为、提高翻译质量、为建立语际转换机制提供合理途径的重任,而且可以丰富译学理论,有利于翻译教学质量的进一步提升,提供鉴别翻译优劣的依据、标准和尺度。我国翻译界公认的有影响的翻译标准是严复的"信、达、雅"。这三字标准在中国近现代翻译理论界具有深远的影响,后人对"信、达、雅"做出了很多新的阐释,赋予其新的内容和要求。英国爱丁堡大学教授泰特勒在《论翻译的原则》一书中提出了"翻译三原则":一是译文应完全写出原作的思想;二是译文的风格和笔调应与原文的性质相同;三是译文应和原作同样流畅(何江波,2010)。也就是说,翻译首先要内容忠实,其次是风格笔调一致,最后是语言自然流畅。严复和泰特勒提出的翻译标准两者不谋而合、殊途同归。

　　忠实和通顺是翻译最基本的要求。手语传译是一种特殊的翻译传播行为。手语传译首先是翻译,翻译的标准忠实、通顺、美好或信、达、雅对于手语传译质量评估具有重要参考意义。然而手语传译不仅仅是简单意义上的翻译或语码转换,而是跨文化的以语言为载体和途径的特殊复杂的交际、认知活动。手语传译的质量标准因为手语传译独特的认知、交际等特征而呈现复杂性。影响手语传译质量的因素众多,既有人的因素,如译员自身的翻译表现,手语传译交际活动的其他参与者,如发言人、听众、活动主办方、其他在场译员、译员雇用方等不同的视角和期望,还包括交际活动中非人的因素,如交际背景、目的、内容、方式等。因此,手语传译质量标准可以从两个方面讨论:一是手语传译的基本标准,即主要考量译员翻译表现的手语传译一般质量标准;二是手语传译标准的多重视角,即手语传译交际活动所有参与者不同的质量视角以及交际中非人因素影响下的质量视角。

一、手语传译的一般质量标准

　　根据一般翻译标准及手语传译的现场性、及时性等特点,译员很难做到翻译既准确又精致,手语传译标准在某些方面有别于笔译标准,而接近口译的标准。因此,手语传译质量的基本标准可以概括为准确、及时、通畅,即"准、快、顺"。"准"是指完整准确地传达发言人的意图,译员传递的信息应当与发言人的信息量等值,"准"是手语传译质量的根本前提。"快"是指反应快,强调的是译员手语传译反应的迅捷度。这里的"快"既不是手语传译时任意加快语速,也不是抢译,而指员在"准确"基础上,及时表达,避免出现心不在焉、慢慢腾腾等现象。许多手语传译活动都是同步传译,能否迅速反应显得格外重要。传译表达得快速及时,在有限的"反应时间"内即刻做好不同语言之间的转换,既不任意加快语速,又不拖拉。译员应对自如、技巧熟练的最好表现是从现场实际情况出发,该快则快,宜慢则慢,随讲话者的语速感情及时表达。因此,传译迅速及时成为衡量手语传译质量的重要标准,也是手语传译质量的重要保证。"顺"是指译员的译语通顺流畅,即便译者"准确"译出了讲话原意,译语也忠实于源语思想内容,但由于句子不通顺,用语晦涩难懂,同样达不到使双方顺利交流思想的目的。所以,我国翻译界几乎普遍认同"顺",即"通顺易懂"是传译质量标准之一,同时这也是一切翻译质量的重要标准之一。译员表达时应做到一气呵成,而非磕磕绊绊、结结巴巴。手语传译中译员是否能够通畅表达会影响交际氛围、交际者的心态并进而影响整个交际活动的效果。因此,"顺"是手语传译质量的重要砝码。

"准"是翻译首要的标准,是翻译质量的前提。翻译不准确,有内容实质上的错误,其他便无从谈起。"准"就是忠于源语的思想内容和感情,不能与源语的本意有原则的差异。如果传译时翻译者曲解了原意,改变了讲话的实质内容,那翻译就不能完成交际和交流的目的了。所以,"准",即"准确"是一切翻译以及手语传译质量的首要标准。准确的前提是忠实。根据法国释意学派理论,忠实应包括三个层面:忠实于发言人、忠实于目标语、忠实于受众(卢信朝,2007)。具体地说,忠实于发言人指译员的手语传译要准确地反映发言人的意愿,忠实于目标语要求译员的手语传译忠实于目标语的表达方式,忠实于受众指译员的手语传译要能使受众最方便地理解目标语,从而理解发言人意愿。简单地说,三个忠实包括手语传译的应传达度、可接受度、可理解度。

(一)忠实于发言人的意愿

译员传译应该传达发言人的发言意愿,即应传达度,包括理解是否准确和理解是否全面两个方面:理解是否准确,重传译的质,即译员的理解是否与发言人的意愿一致;理解是否全面,重传译的量,即译员的理解是否全面地反映发言人的意愿。译员的语言和认知水平,发言现场各种干扰,发言人发言风格如语音、语调、逻辑、口误等因素都会影响译员对发言人意愿的理解。

(二)忠实于目标语规范程度

译员手语传译时的表达可以被目标语规范接受的程度,即可接受度,包括发音或手势、语调或表情、术语规范、语法规范和内在逻辑五个方面。具体地说,译员的目标语表达应该符合语音或手势标准,语调或表情合理,术语使用规范,语法结构规范,话语层次清晰、逻辑连贯等要求。

(三）忠实于受众

译员的手语传译表达能够被受众理解的程度，即可理解度，强调译员要在充分反映发言人发言意愿、充分尊重目标语表达习惯的基础上，以更便于受众理解为目的对自己的表达进行调控，要特别注意选词用句的可接受性。影响受众理解手语传译表达的因素很多：表达是否准确、完整、清晰，是否符合目标语习惯，文化差异，受众的认知水平是否接近于发言人或译员等。后两点则是译员提高其手语传译可理解度的重要方面，即提高跨文化交际能力，简化认知任务或对受众进行恰当的认知补充，以最大限度降低受众认知难度。有时，受众由于教育程度、工作背景等原因造成某一主题上的认知水平低于发言人的认知水平，此时译员手语传译时需要进行适当调适，如在尊重发言人意愿基础上合理简化源语信息，或为受众提供一定的认知补充等。

译员必须在尊重发言人、尊重目标语和尊重受众这三者之间寻找最优平衡。应传达度、可接受度和可理解度是一组矛盾，如尊重了发言人可能会牺牲受众的理解，而尊重受众又可能违背发言人发言意愿，或者影响目标语的可接受度。虽尊重发言人是译员的最大任务，而其他二者同样需要兼顾。因此，手语传译中译员实现"准确传译"的过程就是译员在尊重"发言人、目标语、受众"之间不断进行动态平衡的过程。另外，还要注意译员的仪态、行为，手语要流畅美观，包括手语传译表达的内容和方式，风度气质和行为举动等应在确保"准确、及时、通畅"的基础上，起到悦人心目、和谐氛围、促进沟通的效果。

综上所述，手语传译质量的基本标准包括准确、及时、通畅。即译员对发言人发言的应传达度、目标语表达的可接受度、受众的可理解度、译员反应的迅捷度和表达的通畅度。准确是手语传译质量的根本前提和核心；迅捷度和通畅度是手语传译质量的重要保证。但是，"准确、及时、通畅"是一种基于译员手语传译表现为观测点的手语传译质量基本标准。现实的手语传译交际具有复杂性，我们还必须以多重视角来看待手语传译标准。

二、手语传译的多视角标准

手语传译质量的基本标准是比较理想化的一般性标准，而现实手语传译交际还包括发言人、受众、雇用者、其他在场译员、会议或活动组织者等，传译活动还受交际规模、场合、现场环境与设备等多种因素影响。因此，每场手语传译活动都有其特殊性。下面，从"人的因素"和"环境的因素"分别来谈谈手语传译质量标准。

（一）手语传译中人的因素

1. 发言人和受众

手语传译交际中源语发言人可能基本不懂手语或比较精通手语。在不懂手语的情况下，他们通常会观察译员的传译迅捷和通畅及聋人反应。如果译员出现卡壳、犹豫或聋人面露迷茫的表情时，发言人可能会归咎于译员的传译表现。显然，这种判断非常主观,却也有合理性。在同步传译中,发言人无法听到或看到译语,所以基本只能靠受众反馈来评估译员表现。如果发言人比较精通手语,比如在我国的汉语/手语的学术会议传译现场,许多发言人对手语比较精通,他们也可以评估译员的"准、快、顺"的综合表现。

受众也可以分基本不通源语或比较精通源语这两种。不通源语的受众基本依靠译员的表达来理解源语,他们主要通过自己对译员传译的"快、顺"做判断以及对手语传译目标语的理解加上对发言人发言表情、仪态与目标语进行对照等手段来评估手语传译质量。对于目标语是否准确传达发言人意愿,他们一般难以评估。精通源语的受众则不同,在同步传译中,他们会边听边看,或边看边听,有意识地对译员的表现进行评估。同样,由于受众往往不是手语传译专业人士,他们对手语译员的期待特别高,也会造成对译员的传译评价不合理。

2. 译员

译员一般是比较优秀的双语者,比现场其他人更加了解手语传译的性质特征,在手语传译时,译员往往要对自己的输出进行监控,因此他们也能对自己的表现做出一定评估,而且译员对自己的传译质量评估一般比较客观。然而,手语传译是复杂的繁重认知负荷下的活动,译员在传译过程中没有精力也不可能进行细致、高效的评估。因此,译员自身评估同样是有限的。手语传译现场,由于传译任务繁重,一般有两个或多个译员轮流工作。因此,其他译员可以对手语传译质量做出评估。他们既精通手语,又没有认知负荷所带来的压力的干扰,但是他们的评估往往倾向于理想化,觉得自己上场传译应该会更好。

手语传译活动中,译员的直接服务对象是发言人和受众,他们是手语传译质量最主要的评估者和反馈者。发言人和受众二者关注的焦点是发言意愿或信息,发言人希望自己的发言内容能够被完整、准确地传递,受众希望能够从发言人发言里获取所期待的信息。从交际动机来看,两者的交际动机接近,都是希望以信息的流畅、高效传递促进彼此交流。一般来说,发言人希望自己的意愿都能被较好传递,但对受众来说,他们会集中精力去获取一部分自己所感兴趣的或关乎其利益的信息,而和自己关系不大的信息则可能不去关注。如果发言人和受众有比较明显的利益冲突,那么这种冲突有可能会转嫁到手语译员的传译表现中去,这些因素都会导致不可能完全客观地评估译员的传译表现。

(二)环境的因素

1. 传译方式和环境

传译方式不同,对传译质量的评估方式也会不同。如同步传译便于交际信息及时、迅速传达,节约了时间,缩短发言人与听众的时间、空间交际距离,因此同传更注重传译的"迅捷度"。迅捷不仅指话语启动与语速,更要关注传译是否能紧跟源语。而交替传译占据了更多交际的时间与空间,译员因要以发言人身份现场发布译语而成为受众聚焦的目标,因此演讲艺术、个人的职业形象、举止风度更受关注。当然,手语同传和口译同传不一样,手语译员也是现场聚焦的目标,同样要注意职业形象,比如手势动作幅度要适应不同场合,要穿深色服装、不戴首饰、不涂指甲等。

传译发生环境的差异同样引起各方对传译质量期待的差异,如大型会议传译、旅游陪同传译与电视媒体传译。会议传译对译语与源语意义风格是否一致,译语是否做到术语正确、语法规范、逻辑清晰、意义完整,语音语调或手势表情是否恰当等期待更多;而旅游陪同传译更强调译语的流畅、迅捷,译员气质、个性及协调、沟通与解决问题的能力,即更强调译员的交际能力;媒体传译则对译员的心理素质、形象气质、手语流畅度、优美度有着较高要求。

2. 传译规模和内容

大型国际会议往往对传译质量要求较高,包括译语是否忠实源语,术语是否正确,译语是否完整、连贯、清晰、易懂,语音语调或手语是否地道以及译员声音、风貌等,而小型的会谈则更强调译员的综合交际能力等。

不同的传译话语内容对传译质量标准有不同的期待。重要的学术研讨传译对术语准确度要求较高,重大商务谈判传译对数字传译准确性、观点清晰性等比较强调,而宴会传译则强调译语的流畅度、迅捷度、语音语调、译员风貌气质等。论证话语的传译则除了译语完整性等要求外,还比较强调译语的逻辑性、各种态度的明确性,介绍性话语的传译比较强调译语的完整性、清晰度以及术语使用的准确性等。

综上所述,手语传译质量评估应该是主观与客观、定性与定量的有机统一。手语传译质量标准是相对的,传译质量的三个基本标准"准、快、顺"根据不同传译交际者和不同传译环境会发生着各种各样的变化。完美的手语传译根本不存在,或许有时发言人和受众的评价标准完全不一,一个译员在这场会议传译表现优异,可能在另一个媒体场合传译失败。因此,一个真正优秀的译员应以促进传译各方更好的交际为根本目的,根据各种交际因素及时调整、平衡各个质量标准的角色,应将标准灵活运用于各种现实的手语传译任务中,而不是一味追求自身传译的"准、快、顺"标准。

第四节 手语传译员的素质

手语传译是一项非常复杂的工作,因此对手语译员的素养要求很高。一般来讲,手语译员应受过专门的职业训练并具备以下素质:

一、扎实的双语能力和口头表达能力

手语译员应该是属于语言敏感型的人。对语言(手语与母语)的捕捉能力要强。对于新生事物要感兴趣并及时记住一些新闻新语的表达。手语传译大部分场合都是同步传译,同传译员在工作中是没有时间可以考虑的,因此,平时的语言积累对造就一个成功的手语译员至关重要。除了要有扎实的双语能力外,手语译员还要有较强的口头表达能力。比如电视新闻传译,为了能紧跟口播者,手语译员的打手势速度一般在 120 个/分钟左右,而一般手语者的语速为 75 个/分钟左右。因此,手语译员一定要手语流畅、"伶牙俐齿",口译时要做到言之有序、言之有物。手势、吐字清晰,语言语调流畅、利落。

二、熟悉翻译理论和常用技巧

长期以来，人们对手语翻译这个职业存在着误解，以为能打手语的人就能做翻译。事实上，大量的事实证明翻译是一项专业技能，必须经过专门的培训。而手语翻译的工作方式有别于人们正常的听说方式，手语又是一种特殊的语言，有着自身的表达特点，因此，更是需要经过专门的培训。同时，手语译员要熟悉翻译理论，指导自己的翻译实践。手语译员还要掌握传译的一些常用技巧，通过培训，手语翻译员在记忆力、注意力、表达能力和心理素质等方面都能得到很大的提高，方能胜任手语传译这项特殊的工作。一般来说，手语译员的经历越丰富，他的翻译技巧就越成熟、越精湛。

三、较强的逻辑思维能力与应变能力

手语传译一般是与源语发言人的发言同步进行的，翻译活动必须在源语发言人讲话结束后瞬间内或同时结束。译员必须有较强的逻辑思维能力，按听到的或看到源语的句子顺序，把整个句子切成意群单位或信息单位，再使用连接词把这些单位自然连接起来，译出整体的意思。应变能力是对同传译员综合语言能力的最大考验，手语同步传译与发言人的讲话几乎同步进行，译员不可避免地会遇到意想不到的困难。此时，译员的应变能力对于保证同传的整体质量就显得十分重要。实际上，相当一部分与会者作大会发言时是将念稿与即兴发挥交替进行的，译员务必留心，必须时刻准备应对讲话人抛开讲稿，"海阔天空，离本万里"。在传译工作中，一旦遇到突发性事件，还要做到沉着冷静、应付自如。训练有素的翻译员无论外部因素多么纷繁复杂，他都能够做到遇事不惊、灵活应变。一旦发现发言人的语速过快，对某个专业术语不能及时反应，听和译不能很好衔接，他能及时调整心态，排除干扰，变被动为主动。

四、掌握百科知识

手语传译的技能包括三大板块：一是翻译技巧；二是专业知识；三是语言功夫。三大板块中的后两个都要求译员要不断地学习、积累。如果译员对新知识的习得缺少兴趣，则很难应付日新月异变化的翻译题材。

译员除了拥有卓越的语言技能之外，还要掌握一般的交际用语，掌握专业术语，如银行用语、医学用语等。除了具备扎实的语言功底、成熟的翻译技巧之外，进入手语传译行业还需要有很强的求知欲望，由于职业的需要，译员在做翻译的同时也往往要与很多领域的知识打交道，因此有人称"同传是任何领域的半个专家"，掌握广博的知识是做好传译的重要前提。著名的口译专家让·赫伯特（Jean Herbert）曾说过，做一个好的译员要既是专才，又是通才。手语译员所要翻译的内容没有完全一样的，所翻译的内容涉及面宽，包括全球发展的方方面面，如政治、经济、文化、科技、人口、环境、卫生、战争、和平等。因此,要求手语译员要"上知天文、下知地理"。越是熟悉的题材,对手语译员的翻译质量则要求越高。

五、良好的心理素质

手语同步传译是一项压力巨大的工作,初涉译坛的手语译员经常会觉得上台翻译时"心发慌、手发抖、嘴发紧",平时熟悉的内容也有可能会译得一塌糊涂。这主要是因为心理素质欠佳所造成的。手语同传最大的挑战莫过于心理压力。如果译员在传译现场压力太大,便会显得惊慌失措、手足无措、力不从心。处于这种状态,即便有超认知能力恐怕也是无力回天的。可见,了解译员的心理素质不可小视,译员需要懂得并掌握一些减轻压力的方法。懂得如何缓解压力,学会在高压下生存的技能。对于新手来说,怯场是自然的、正常的,这是必不可少的心理反应。对于怯场的心理反应,与其说是将它消除,不如想办法将它减轻。手语译员要具备良好的心理素质,要能做到"处乱不惊"。要有较强的情绪控制能力,在任何情况下都要保持镇定。如果情绪不稳定,就会出现怯场现象,影响理解,影响翻译质量,译员甚至会出现"大脑空白"现象。

要保持良好的心理素质,主要靠平时的训练,基础打扎实了,自然有了自信心,心理状态也便容易调整了。手语译员要增强使命感,培养顽强的自制力,克服心理障碍,养成一种镇定自若,坦然处之的心态,使自己的现场翻译水平得以正常发挥,顺利实现两种语言的转换,保证传译的质量和效果。

六、团队合作精神

专业化的手语传译工作一般都是2~3人一组,每人翻译20~30分钟,轮流进行。这不仅要求从事手语传译工作的译员个人素质好,还要求译员之间组成一个和谐的整体,互相配合,做好整个翻译工作。团队合作体现在以下几个方面:一是分工,可以按各个译员的优势进行分工,这样可以在翻译过程中做到取长补短;二是译前准备工作,分头进行准备工作,然后互相交流,节约时间,提高效率;三是轮空休息的译员应帮助在线译员做好辅助工作,包括提示、清除干扰等。比如在手语口译时,遇到发言人打手语方言,手语理解难度较大时,可以两个人同时上场,一人口译,一人在边上辅助,遇到译员卡壳的时候,边上的译员可以提示,帮助其顺利完成翻译工作。总之,在手语传译过程中,译员要互相体谅、互相支持。

七、职业道德

手语译员应该遵守职业道德规范。如:准确翻译、保守秘密、保持中立等。手语译员应该忠实准确地表达被翻译的信息,使用用户最容易理解的语言。如遇发言有错误,手语译员应该谨慎和迅速地,提醒发言者的错误和疏漏。手语译员在翻译活动中应该注意保护用户的个人隐私,但是当司法机关依法要求披露用户的个人信息和翻译内容时,手语译员应该给予配合。在法庭、医疗等特殊需要的领域要求译员保持绝对的中立立场,但是在会议翻译中,译员可以接受会议相关各方的咨询并提出建议,同时也无法完全避免因个人喜好而对发言内容做出价值判断,但是作为专业译员,在传译过程中,还是应该尽可能地减少个人立场对沟通过程的影响,特别是不能以自身观点代替或扭曲发言人的观点,翻译时译员也不应该对会议发言人进行任何评论。另外对超出自己能力范围之内的翻译任务不应该接受,哪怕报酬很高。一旦接受了翻译任务,就要按时、按质完成,要表现出良好的业务水准。

在实际的手语传译工作中,由于会议组织者、发言人、听众甚至技术服务人员对手语传译工作条件缺乏了解,往往会导致手语译员的工作条件达不到正常标准。手语译员在遇到工作条件不达标时,要有责任、有勇气主动进行沟通,争取合理、达标的工作条件,如果译员未及时提出异议而导致翻译质量问题,不仅译员的业务能力受到质疑,而且会败坏译员在业内的职业声誉。

第二章 手语传译的基本原则

第一节 忠实原则

一、忠实原则阐述

（一）忠实性原则的内涵

AIIC（国际会议传译员协会）曾做过一项调查，研究用户如何评估传译服务，调查发现"理想"的传译员首先要考虑对源语信息的忠实，这是最重要的标准。

"忠实性指的是译员表达的信息与源语要传递的信息一致。"（陈菁和肖晓燕，2014）由此可见，忠实性是传译质量的重要标准。要做到忠实地表达，首先要将源语包含的字面意义和隐含意义，按照源语的表达特点都表达出来。而要将源语的内容准确地表达出来，对源语的理解是关键。只有真正理解了源语的意思，才不会随意添加译者的思想或情感。

勒代雷指出，忠实性表达要符合译语讲话的习惯（2001）。汉语作为有声语言，表达习惯和手语有很多的不同之处，这些差异在传译中会造成一定的转换困难。当我们在进行汉语和手语互译的时候，必须在头脑中快速进行两种语言的表达形式转换，做出符合汉语、手语表达习惯和表达效果的翻译。对传译人员来说，这意味着扎实的双语基本功，深入了解汉语和手语，准确掌握汉语和手语这两种语言的表达方式，从而做出符合目的语语法和使用习惯的翻译，实现对目的语的忠实表达。

根据 Dejean Le Feal 的观点，成功的翻译能在目的语和源语两者的听众之中达到同样的效果（1990）。传译表达的最终接受者是听众。只有让目的语的听众对翻译过来的表达能够充分理解，产生和源语观众同样的共鸣，才是做到了忠实传递信息，才做到了对听众的忠实。传译者根据听者期待调整自己的翻译，来表达对于听众的忠实性。

传译表达的忠实性是传译质量的一个十分重要的评价标准，应给予重视，掌握适当的方法，准确而又完整地将源语的语言与风格都表达出来，同时对源语、目的语和观众负责。

(二)"三个忠实于"理念

根据勒代雷的观点,"译员要使自己的译文准确传达源语讲话信息、讲话风格、情感色彩,不能不顾源语信息内容而随意阐述;要符合译语讲话习惯;还要让听众一听就懂"。我们可以说,忠实原则主要表现在以下三个方面:①忠实于讲话人;②忠实于译入语;③忠实于听众。这三点忠实原则,必须用于这个传译过程中,渗透到内容理解的各个层面。

(1)忠实于讲话人。为了正确理解交际意义,译员必须抓住讲话的内在逻辑。而要做到这一点,译员就必须正确领会讲话的目的。为了随时抓住讲话的要旨,译员必须始终和讲话人站在同一立场上,必须始终注意讲话人的身份和资历,保持同一观点,还要考虑到讲话人的文化背景。译员不仅要充分理解讲话人表达的外显意思,更要传达出内涵意思。译员不能掺杂任何个人的观点和意愿。

(2)忠实于译入语。在听懂并理解源语所表达的意义和经过传译记忆之后,译员要用符合译入语习惯的方式,把讲话人的意义重新表达出来,并且使这些句子满足以下两点要求:①要表达出源语的全部内容。②要易于听懂。译语应做到尽量通顺、自然,让不懂源语的听众能够通过译员所译的目标语明白源语发言的意义,而没有生硬之感。

(3)忠实于听众。在即席传译的场合,讲话人十分关心自己的话是否对听者产生自己预期的效果,而听众为了便于理解讲话内容,把注意力集中在了译员身上。译员应该意识到这一点,并用自己的语音语调、身体语言、面部表情等协助再现源语的感情色彩,使听众达到与源语听众一样的效果。另外,译员可根据听众的反应来判断他们是否成功的接收到了源语的信息,必要时做适当的调整或解释,帮助理解。

(三)忠实原则与传译

"忠实"标准是笔译质量评估最基本或最常被运用的标准,但传译评估标准不能完全套用严复对笔译做出的"信、达、雅"标准,也不能完全遵循西方翻译理论的"等效翻译"标准。传译的"忠实"和笔译的"忠实"不尽相同,对于笔译员来说,他们有更多的时间修改和润色文章,直到觉得译文真实表达了原文的文本信息、文体风格、修辞手法和感情色彩等。传译员受到时间的严格制约,他们需要面对客户对信息的实时接收与反馈。交替传译和同声传译都要求传译员在较短时间内将接收到的信息重新翻译转化,传递给听众,所以原语信息的声音很快会从译员的记忆中消失,只有语义留在记忆里,这就使得对原语的翻译是从语义出发而不是从修辞或语言结构出发。也正因如此,传译员相对于笔译员来说有更多的自由,因为对他们来说最重要的是言语信息而不是承载这些信息的遣词造句。正如安德森(Anderson)所说,同声传译的目的不是在两种语言之间建立语言上的对等,而是去传达听到话语的意思(1990)

因此,在传译中,译员在文体风格和言语信息方面做出改动通常是可以接受的,这并不是不忠实原语信息,因为口头表达中会遇到很多不可控制的因素,如有时演讲者产出的句子不完整,如果译员能够把演讲者原语漏掉的信息用目的语翻译出来,把一句话补充完整,演讲者会觉得译员提供了更好的服务;有时演讲者出于习惯或缓冲思考重复表达,这时他们是不希望译员重复翻译的。因此在评估传译质量时应考虑译员是否用正确的翻译方法和合适的技巧传达了讲话人的信息。译员应该忠实于讲话者,尽量不改变信息,不删除信息,不增加信息。

二、忠实原则的实现

(一)信息的理解与传达

传译员要实现传译的忠实性,首先要做的是理解。准确地理解发言人要表达的真实意思是传译的基础。如果没有充分的理解,在传译时就会输入错误的信息,进而输出不忠实的译文。在传译时,译者应该能主动提取内容中的主要信息与次要信息。主要信息是信息传递者最需要表达的观点与信息;次要信息包括铺垫信息、语言特点引发的信息和个人信息等。主要信息应该是优先传递的,次要信息按照铺垫信息、语言特点引发信息和个人信息等优先级依次考虑加入。

其次,译员还要借助自己的重新表达手段,使源语听众所理解的"意义"与译入语听众所理解的"意义"之间对等。正是这两步对等规定了传译的忠实所在,也就是说,传译员一面作为源语的接受者,要忠实于讲话人;另一方面,传译员作为译文创造者,也要忠实于自己的听众。

(二)风格与形式的继承

"所谓翻译,是指从语义到文体在译语中用最贴近而又最自然的对等语再现源语的信息"(谭载喜,1984)。对传译来说,这个要求也同样适合。在进行传译的时候,我们要注意,语义方面,我们要把源语的内容完整而又准确地表达出来,既包括源语表达出来的表面上的意义,又包括源语所隐含的内涵意义。在文体方面,我们要将源语表达的语言特点尽量表达出来。这也就是哈里斯(Harris)认为的译员在重复表述信息时,应尽可能保证一致的表述风格(1995)。综上所述,传译表达的忠实性原则要求我们在进行传译表达的时候,既要忠实地传递源语表达的语言内容,又要忠实地按照源语表达的语言风格和场合。常宗林指出在适当的语境中使用适当语言才能保证得体性(1995)。如娱乐性节目的翻译要遵守幽默的语言风格,会议等正式场合要按照严肃的语言风格等进行表达。这也就是基于"功能加忠诚的原则"的基础上,做到传译表达过程中的忠实于源语,忠实于目的语,忠实于听众。

第二节 释意原则

一、释意原则阐述

(一)释意原则的内涵

20世纪60年代,巴黎高等传译学院一批教师在从事传译教学与实践的同时,以认知科学理论为指导,围绕着传译过程中意义的感知、理解、记忆、提取与表达进行了坚持不懈的探索,创立了国际传译界第一套系统的、用于解释传译心理过程、同声传译教学与实践的理论——释意理论。1968年,法国著名传译专家达妮卡·塞莱斯科维奇(D. Seleskovitch)发表《国际会议译员——会话与交际问题》一文(L'interpretet dans les conferences internationals. Pairs:Minard Letters Modernes),被视为释意理论的奠基之作。在随后的十几年间,塞莱丝科维奇教授及释意学派的其他研究人员逐步总结和提炼出一套较完整的传译理论,即释意理论(the interpretive theory/ the sense-based theory)。

该理论的核心思想是:译员理解、传译和表达的对象不是源语的语言形式,而是讲话人或作者要表达的意义和思想,译员的中心任务是剥离源语外壳,抓住意义实质。因此释意理论要求译员在分析并整理源语语言后,应该刻意地去除源语的外在形态和语言结构等形式上的束缚,仅抽取源语的信息,就其信息内涵重新组成译出语。简单来讲,释意理论所建立的传译程序为:理解原文—脱离源语语言外壳—用译出语表达理解了的内容与情感。

(二)释意原则与忠实原则

"释意"作为释意理论的核心观点,提倡传译人员在进行传译的时候,需要传递的是讲话人的中心内容,并不是其语言的形式。有些人认为,"释意"原则与传译时需要重视的"忠实"原则有一些冲突,其实不然。因为在进行"释意"的情况下,必须以"忠实"原则为前提,否则,"释意"就变成了无效行为。

在"释意"原则下,传译人员在进行传译的过程中必会经过"脱离源语语言外壳"的阶段。为了检验传译人员是否准确传递了说话人的中心内容,释意学派通过提出"忠实原则"这一标准来进行判断。在释意理论中,传译是由三个部分组成的,分别是讲话人、传译人员和听话人。传译活动正是这三方共同进行的一次交际活动。忠实原则的三个表现因素,即忠实于讲话人、忠实于译入语和忠实于听众,仍然作用于"释意"的过程中,确保该传译不会随意阐述,脱离译语的讲话习惯。

因此,传译人员在使用"释意原则"的同时,也必须继续遵守"忠实原则"。第一,做到理解源语。译员需要把准确理解讲话人想要表达的意义作为传译的基础。如果译员处于未能充分理解讲话人的情况下进行传译,则会造成错误地接受信息,从而导致传译出的译语不忠实于源语。第二,译员需要利用其语言知识和认知知识,将源语听众所理解的意义和译入语听众理解的意义进行对等传译。换言之,传译人员一方面要接受源语,并且需要做到忠实于讲话人;另一方面还需要做出符合译入语表达的译文,做到忠实于译入语听众。

释意派传译理论中的忠实原则是存在其动态性和灵活性的,我们既要强调译文的流畅性,又要强调译文必须忠实于原文。在一些特定情况下,有些看似违反了广义上忠实性原则的传译不仅是忠实的,其灵活的处理会更好地实现传译的目的,从而取得更成功的交际效果。

当然,释意理论不得不承认,译文相较于源语,总会发生不同程度的偏移。阿尔比为此提出了意义忠实的三大参照要素:原作者的"欲言"、目的语以及译文的读者。这三大参照要素是一个不可分割的整体,它们构成了一个三维关系,如果我们只忠实于其中的一点而不及其余,意义的忠实并没有得到实现(袁筱一,1997)。

(三)释意原则对不同传译模式的影响

1. 对交替传译的影响

随着对释意理论的进一步了解,人们逐渐意识到释意理论在交替传译中的应用。笔记是交替传译中的重要组成部分,译员们通过笔记可以弥补短时记忆和长时记忆的缺陷,同时学者们也留意到笔记是脱离源语语言外壳的重要手段之一。传译员在交替传译中,会通过笔记为自己留下关键信息和记忆线索,通过笔记我们也可以发现,译员在听源语信息时关注的是文章中的意思,而不是说话人在讲演中所采用的语言。在笔记中译员已经脱离了源语语言外壳,把完整的语言段落转换成了少量单词、符号,从笔记中很难看出源语中使用的词汇或表达,但是段落的意义已经通过笔记进行了清晰的传达。

在交替传译中由于译员有充分的时间对获取的信息进行分析与处理,因此,在交传中译员可以通过记笔记的形式更好地理解源语,并且脱离源语语言外壳进行释意。译员在听的过程中理解所听到的内容,然后通过自己的短时记忆和笔记提取源语的信息,在译出语重述的过程中,译员并不在意源语中使用了何种词汇,也不是机械地词对词的传译,而是对获取的信息进行重组,脱离源语外壳后用易于听者理解的方式传达全部的概念。所以在交替传译中译员可以充分释意。

2. 对同声传译的影响

同声传译中译员要理解原文所表达的主要意义,就意味着听、说、想几乎是同步进行,是三种交织、共存的配合过程。部分学者认为在这一过程中,脱离源语语言外壳是比较困难的,因为在发言者一开始说话时译员很难跟上讲话者的思路和逻辑,译员往往会传达语篇中的大部分词汇和表达,却忽视了语篇中的逻辑关系。这是因为译员不能摆脱源语的束缚,造成只见树木不见森林的结果。但是部分学者的研究指出,尽管在同声传译中时间较为有限,最开始译员很难脱离源语的外壳,只是单纯地跟着原文走,但是随着获取信息的增多,逻辑变得明了,时间允许的情况下译员就会展开释意,而且同传中释意技巧的使用并不比交替传译的少。因此,同传译员无须等到原文讲话者演讲结束才能明白大意,只要译员从原文意思的理解入手,就可以清楚明白地表达源语的意思。所以在同声传译中释意模式的运用是平等的,只是释意技巧的使用会受到主题、场合等的影响。

二、释意原则的实现

(一)信息重构

在释意理论中,作为传译人员,需要做到"得意忘形"。即,译员在进行传译时不应将精力放在词对词、句对句上,而应理解源语所要表达的内容,译其主要内容。在演讲中,演讲者经常会重复使用相同的词语或是成为排比的近义词。这种方式在某些时候是为了起到强调的作用,有时也会加重语气,抑或使句子对仗工整,还有些情况则是为自身的思考取得一些时间。在这样的情况下，如果译员把句子中所有词语全部传译出来，会造成句子冗长，亦会为听众造成一定的负担感。因此，译员需要按照实际情况，重组源语信息，用更加简单明快的方式表达出源语的思想内容。

（二）逻辑重组法

释意理论中的核心观点指出，传译的过程就是脱离源语语言外壳的过程，传译人员需要脱离语言的束缚，把握讲话人想要表达的中心思想，并用译入语的表达方式将源语准确传译出来，做到听众能够理解源语的意思。在手语口译和口语手译的过程中，因为手语和汉语之间的语法有差异，表达的方式也不相同，所以传译人员在进行传译工作时，需要对句子重新进行逻辑排序，把讲话人想要传递给听众的信息重新展现出来。

第三节　简约原则

一、简约原则的阐述

简约原则是格莱斯会话原则中最重要的原则之一，即语言言简意赅，简约而有条理。该原则现今经过充实、扩展后，被广泛应用于口笔译工作中。在传译中，简约原则的应用具体表现为简化技巧。

简约的技巧是指同传译员在不影响原文主要信息传达的基础上对原文中出现的无法用目的语处理的材料或原文中出现技术性较强的材料，在直接译入到目的语中很难被目的语听众所理解的情况下而采取简化语言形式、解释、归纳、概述源语信息的一种翻译原则（仲伟合，2001）。简约原则实际上是在忠实原则前提下，对释意原则的进一步优化和补充。

简约原则是同传译员将信息加工后的源语信息用译语进行传达时需遵循的原则。该原则要求译员在不影响源语信息传达的前提下，适当采用简化、归纳、概括、省略等方式来酌情调整无法直接用译语处理的材料或源语中技术性较强的内容。在同传过程中，通常有两种情况下采用简约原则：一是充分考虑听众的理解以及接受能力的情况下，或是由于知识背景或者理解能力有限，听众无法理解专业性极强的信息，译员需采取一定的策略保证信息的传递。或是听众较为专业，对于发言中的一些信息不言自明，不需要过多的解释性语言，此时译员可采取省略或归纳策略等实现核心信息的传达。二是同传译员遇到信息量集中且速度快的情况下，高强度的信息加工与处理任务会使译员在某些地方无法快速反应做出最佳的表达方式，采用简约原则不仅可以缓解耗费脑力搜寻完美表达带来的认知压力和心理压力，而且可以使译文通顺达意，简洁明了，保证同传的质量。

国外学者琼斯列举译员在现场传译中必须遵循的十大"金科玉律"，其中包括：尽可能使用简短的句子；每句话都要有意义。也就是说在同传时，在现场尽可能使用简短的句子,这样会比较容易把握。同时,不要把发言人所讲的无意义的"废话"也翻译出来,每句话都应该是有意义的,这同样体现了简约原则。综合国内外学者对简约的研究,以充分达意、不损害源语的忠实度为前提,肯定了简约原则对于争取同传中的宝贵时间,提高译文的通顺流畅性,加强听众对信息的理解的积极作用。

二、简约原则的实现

(一)省略策略

译员需对发言人的信息进行取舍,对于已知信息、重复信息、空语意信息、修饰词和范畴词在听力记忆环节就大胆地省略,从而减轻听力及认知负荷,使译文简洁明了,逻辑清晰,规整而见方圆。已知信息是指发言过程中不言自明的信息,例如:根据上下文可轻易推测出的信息,及听众的专业知识已经覆盖的信息。重复信息是指发言中反复提及的相同或相似的信息。对于此类信息可根据现场情况酌情处理。对于修饰词和范畴词,可剔除次要信息,保留核心信息,避免机械地逐字对应。

(二)归纳概括

该策略主要适用于列举项过多、信息密集的情况及对数字的模糊处理中。传译现场时间有限,译员往往承受着较大的压力,短时间内处理罗列过密集的信息会加大译员的认知负荷,译员应对这类信息迅速舍弃,把更多精力集中在核心信息的处理上。对数字的处理分为两种情况:一种是现场压力大,核心信息密集出现,且数字的重要性较低,在这种情况下,译员可以对数字进行模糊处理,可适当牺牲数字的准确性来换取其他核心信息的准确无误。另一种情况是,在商务会谈、合同谈判、科技研究等数字占绝对重要地位的场合,要求数字的高度准确和严谨,否则可能酿成大错,导致严重的后果,此时译员必须准确地翻译数字,不可有半点差池。

(三)简洁表达

考虑到手语汉语的语法和行文差异,在翻译的过程中多用简单句和短句,增强译文的节奏性、逻辑性、结构性,而少用复杂的从句,不为听众造成理解上的困难的同时又可大幅度降低译员的认知负荷,不至于为思考句式结构的搭建而浪费过多时间,丢失核心信息,导致译文大打折扣。

(四)译前准备

对促进译员表现、增强传译质量有至关重要的作用,不可小觑。在带稿同传任务的译前准备阶段中,译员就要按照简约原则,对原稿的内容删繁就简,减少译员的认知负荷,以求在传译过程中有更好的表现。

第三章 手语传译的准备

第一节 素养准备

一、知识的准备

手语传译涉及的领域广,内容题材丰富,从政治、经济、文化到医疗、司法、科技,任何一个领域都有手语传译的需求。手语传译员需要不断学习、积累各类知识扩大视野、充实知识储备,同时还应具备灵活产出的能力。也就是说手语传译中的知识准备一方面是"量"的累积,另一方面也要通过对知识的整理实现"质"的提高。

长期知识准备是对新知识的日常点滴积累和对旧知识的归纳、整合和拓展。通过积累、整理、运用等手段不断拓展手语译员知识面、充盈知识储备,并实现知识从单一积累的"量变"到形成系统化知识经验网络"质变"的过程。首先,知识只有在积累到一定量时才能为相关信息的理解与产出发挥积极作用,所以知识的量变是基础。其次,一个人的知识再丰富,如果不能形成一个知识体系,许多不常用的知识容易逐渐流失,各知识点之间也难以发挥协同效应以构建有效的认知体系。此外,知识的运用对知识的积累有促进作用,有目的地运用知识是学习和掌握更多知识的内在驱动。

(一)广博储备

知识的积累无法一蹴而就,需要大面积、持续性的输入。知识的积累主要依靠看、听、说的方式,通过高频输入从知晓到熟知,从熟知到自如运用。获取广博知识的常见方法有听新闻、读报刊、浏览网络资源等。在大量的信息输入后,应选择性提取有用信息,通过概述新闻要点、撰写时事评论、组织辩论演讲或模拟场景发言等形式消化、吸收知识。

(二)系统整理

系统化整理专题知识可以使手语译员对各个可能出现的题材有较全面的认识,形成相应的知识体系,并在不断的积累中丰富和完善这一体系,形成有助于提高手语传译工作效率的图式,实现知识储备在"质"上的转变。

知识的整理是将零散的、杂乱无章的知识按照专题或主题分门别类。在整理专题知识时首先应以不同主题为单元系统化列出知识要点,然后收集素材充实各个要点内涵,最后寻找各个要点内部和相互之间的联系,并添加与之相关的信息。各个单元知识的内在联系越紧密,结构化程度越高,理解和存储的效果也就越好。

(三)模拟实践

储备知识的目的是使用,手语译员对知识的积累和整理都是为了在需要时能加以运用,所以知识准备还必须包含有意识、有针对性的频繁激活。可设计模拟情景实践,兼顾知识的运用,并通过练习分析哪些知识在哪一类翻译场景或主题下较常见,体会知识的积累与增长如何促进传译技能的提高。模拟手语传译情景并配合不同的传译主题能更真切地体会到知识运用的多样性,帮助提高准备的效率并检验准备的效果,是将知识的准备和时间相结合的很好的手段。

二、技能的准备

(一)扩充语言储备,激发大脑活跃区

手语传译的及时性使翻译中漫长的炼词酌句无法进行,其目的语的产出极大地受到时间限制。语言的及时性要求译员的语言储备具有可得性和易得性。可得性确保译员有充足的语言储备来应对手语传译中各类主题所涉及的语言知识,易得性要求译员能从语言储备中及时地提取相关的词汇和表达,以避免出现"卡壳"或"停顿过长"等有损传译质量的现象。为提高语言的及时性,译员需尽可能地扩充大脑活跃区的语言储备。

译员可运用以下三种方法练习。

(1)综合利用主动刺激和被动刺激。被动刺激主要以读和听的方式来实现,主动刺激主要以说和写的方式来实现。综合起来就是在读和听之后,采取复述、转述、概述、改写等方式对接收的信息进行加工处理,在此过程中提高所用语言的活跃度,使其成为活跃区的储备。

(2)提高刺激频率。经常被刺激的词汇更容易为译员所用,因为词汇使用的频率决定编码和解码的速度。掌握有效的刺激方法很重要,如将词汇放入具体语境或语篇中以体现上下文的衔接和各信息点的关联比简单的重复更有效率。

(3)合理利用关联刺激。积极寻找语言之间的关联,大量搜集相同线索下有联系的词汇、句式和表达。这些关联可能是以主题为线、以词根为线或以词义为线的。通过关联刺激可以将许多知识点串联起来,这样也就扩大了活跃区的范围。

总之,综合运用集中刺激方法可以有效扩展积极区语言储备,满足传译对语言使用及时性的要求。然而,传译所涉及的题材包罗万象,其中的专业术语、各类词汇难以穷尽,在搜集时多数只能成为消极区词汇,另外活跃词汇如果长期不用也会变为消极词汇。因此,平时在搜集、储备语言时还应注意归类、定期整理并做好记录,在需要用时可通过高频度联系将其快速转化为活跃词汇。

(二)培养语用意识,提高用词准确性

在传译中,译员应尽最大可能保证语音(或手势)、词法、句法使用正确,并保持与源语的表述风格基本一致。因此,在平时的训练中译员就应保持好严谨的语用意识,并根据不同的语境选择相应的语言。

提高用词的准确性可通过区分近义词、规范词汇搭配、培养语用意识等方式实现。

(三)减少干扰因素,产出流畅译文

译员由于紧张、思路不清晰、双语转换不及时、表达习惯不良等诸多因素,在产出译文时容易出现语速过快、过慢、停顿不当、重复和来回修改等情况。这些都会影响听(观)众对源语信息的接受和对译员的信任度。

语速均匀便于受众接收信息、消化信息,从而确保信息的有效传递。过多的不当停顿也会扰乱受众对信息的接收,同时这些停顿所反映出的犹豫和不自信也会降低受众对译员的信任度,应尽最大努力避免。

(四)培养跨文化意识,夯实双语功底

翻译作为一种跨文化的交际活动,其目的的实现在很大程度上依附于译员在交互的文化间的协调作用。译员想要成功地完成这种跨文化的分析过程必须熟悉两种文化,这就需要长期充分的积累文化知识和文化素养。译员应在平时的训练中培养并建立跨文化交际意识,注重文化的对比,提高文化差异的敏感性。

聋人文化中与语言相关的一些特点也需要译员注意。如:手语在表达中会有重复、解释的情况;手语使用时经常会用短句表达;手语日常社交中的礼貌原则被弱化等。

三、心理的准备

传译实践是高压力的交际活动。传译的心理准备就是针对译员的各种压力源,进行长期、系统的心理素质训练,提高应对压力的自我调节能力,为完成传译任务做好充分的心理准备。

(一)心理压力的定义及影响

心理压力是指个体因刺激事件或情境而形成的、伴有躯体机能及心理活动改变的紧张状态。心理压力会在四个方面产生影响:在生理方面,短时压力会导致呼吸急促、心跳加快和注意力不集中,长期压力会影响新陈代谢,导致慢性疾病;在心理方面,压力会导致诸多不良情绪;在行为方面,短期压力会造成工作效率及责任感下降,长期压力则易导致职业倦怠;在认知方面,压力会大大降低记忆力、语言能力、反应能力和学习能力(时雨等,2009)。

(二)如何做好心理准备

1.学习心理知识,理解压力来源

面对心理压力,译员如果能够理解压力的来源,就能够更好地适应压力、缓解压力。

译员的压力主要来自以下三个方面：

（1）工作环境：译员经常要在不熟悉的环境里工作，有时工作的场合又是较严肃的环境（如国际会议、法庭审判等），有时会议现场环境嘈杂和现场受众的反应等都会给译员带来极大的压力。

（2）传译任务：任务的内容和难度、工作的时间和强度、讲话人的身份与讲话习惯等都可能成为译员的压力来源。

（3）译员自身：译员的个性、心态、心理素质、评价忧虑和自信心水平等自身因素都可能成为心理压力。

2. 寻找适应自身的方法，释放压力

缓解心理压力的途径多种多样，因人而异。在了解自我、完善自我过程中树立自信心，并将系统的心理素质训练长期坚持。

3. 模拟训练，适应压力

心理学研究表明，压力与活动质量和活动效率呈倒U形曲线关系。适度的压力会启动大脑的应急机制，保持大脑兴奋度和注意力，提高认知能力与短时记忆力，从而提升活动质量和活动效率。因此，译员不仅要学会释放压力，同时要在平时的训练中营造模拟现场适应压力，以达到更好的传译效果。

第二节　译前准备

这里所讲的译前准备是指译员为了某一次传译活动所做出的具体准备。

一、收集资料，熟悉讲稿

正式会议之前，主办方一般都有一些相关的资料，如会议的议程、演讲人简历、讲稿、与会者名单、往届活动情况等。有时候主办方会主动提供给译员资料。然而，在很多情况下，主办方因工作繁忙或对于手语传译不太了解，常常会忘记或忽略这个环节，译员应该主动与主办方联系，争取拿到尽可能多的资料。

译员需要向服务对象了解以下情况：

（1）首先要了解主题内容属于哪一种行业，这些信息帮助译员形成对任务的初步印象，调动大脑中的知识体系的储备，查阅相关背景资料，是手语传译准备工作的基础。

（2）了解传译任务的性质和基本情况。译员可根据传译的性质（同声传译或交替传译）及场合（演讲、会议或陪同传译等）等进行准备。

（3）了解并索取相关资料。向主办方询问是否能得到相关资料以供准备之用。如果事前得到资料可根据得到的资料进行准备，拿到讲稿后可以先练习翻译成手语。因为大多数发言人不会一句一句将稿件念出来，一旦实际发言与讲稿有出入，现场要及时应对。同时建议事先将讲稿精读理解其中的每一个信息点，解决其中的语言和词汇的障碍，做到心中有数。

二、主题内容的准备

收集好资料后就需要根据所了解的主题内容做一些桌前调研。

(一)知识的准备

首先尽可能多地阅读了解所得到的资料内容,然后可利用互联网或图书馆等了解更多背景信息。对相关话题和专业知识了解得越充分就越能做到成竹在胸。

其次要了解服务对象的文化背景及风俗习惯,如有可能尽量做到与服务对象见面。

(二)语言的准备

首先是准备发言人是否使用通用手语及本人的手语特点。

其次准备相关领域的专业术语词汇。

三、其他准备

译员为了顺利完成此次传译任务所做的其他辅助性准备和到达现场后的一些准备。

(一)着装

手语译员在大部分情况下需要着正式的职业装,样式以简洁为主,色彩以黑色或与译员手部(或环境)形成较鲜明对比的深颜色为好,女性可以化淡妆。在某些特殊场合,如酒会、晚会等,也可以穿与当时场合协调的晚礼服,但应注意首饰的佩戴以不影响翻译效果为准则。在陪同旅游等较随意的场合可以穿自己觉得舒服的便服,但应注意颜色以及不要过于暴露。

(二)文具

提前准备好笔、笔记本、电子词典等文具用品。至少准备两支以上的笔以按压式的为佳。也可以带上方便携带的电子词典或者笔记本电脑,便于在翻译间隙查阅资料。

(三)文件准备

反复检查是否将所有的文件资料准备好并放进自己随身携带的文件包。发言稿最好按发言顺序依次放好。

(四)交通工具

提前确定自己以何种交通方式到达活动现场。首先确认主办方是否有人来接,如果没人接,重大传译活动最好不要自己开车,因为一旦路上发生意外状况,自己可能束手无策。在计划出发时间时要考虑到可能出现的各种意外情况,并争取提前30分钟抵达现场。

(五)饮食

如遇重大活动或是行程密集的活动,之前不宜喝水过多或吃得太饱,但可适当带点巧克力、糖果饼干之类的小点心和一瓶水以备不时之需。

（六）现场准备

到达现场后应确认自己的位置，将自己的材料按自己熟悉和方便取用查阅的方式摆放好，检查麦克风（包括音量），与主办方确认流程，尽可能与先期抵达的聋人发言人（或聋人观众）略作交谈，熟悉他们的手语习惯，并就不太清楚的专业问题进行请教。有时候在临近活动开始，译员可能变得非常紧张，这时不妨尝试下快速缓解紧张的几个小方法，例如：腹式呼吸法（深呼吸）、情境想象法（如想象自己在海边或草原等）、音乐放松法、松紧法（用力握拳再放松，反复几次）、默念口号（如默念"你可以的"）等。

译前准备虽然发生在工作之前，但准备做得充分与否将直接关系到译员的工作状态和最终的传译质量，因此，必须认真对待。

练习1：

在新时代的伟大征程中创造残疾人更加幸福美好的新生活
——在中国残疾人联合会第七次全国代表大会上的致词
(2018年9月14日)
韩 正

各位代表，同志们：

中国残疾人联合会第七次全国代表大会今天隆重开幕了。我受习近平总书记委托，代表党中央、国务院，向大会的召开表示热烈的祝贺！向全国广大残疾人、残疾人亲友和残疾人工作者致以亲切的问候！向关心支持残疾人事业的社会各界人士表示衷心的感谢！

这次代表大会，恰逢改革开放40周年。40年风雨征程，我们党团结带领人民进行改革开放新的伟大革命，极大解放和发展了社会生产力，极大增强了社会发展活力，成功开辟了中国特色社会主义道路，推动我国发生了翻天覆地的变化。在改革开放大潮中，我国残疾人事业乘势而起、因时而进，取得了举世瞩目的成就，广大残疾人生活状况发生了根本性改变。残疾人事业发展壮大，有力推动了改革开放和社会主义现代化建设事业，从一个人群、一个侧面映照出中国特色社会主义的蓬勃生机，展示了我国社会文明进步的良好形象。

这次代表大会，正值中国残联成立30周年。30年来，在党的坚强领导下，全国上下共同努力，推动残疾人事业不断融入经济社会发展大局，健全了党委领导、政府负责、社会参与、残疾人组织发挥作用的残疾人事业领导体制和工作机制，构建了保障残疾人生命健康权、生存权、发展权的制度框架，确立了国家扶持、市场推动、公办民办并举的残疾人事业发展格局，形成了比较完善的残疾人事业思想理论体系、政策法规体系、组织体系和业务体系。残疾人"平等、参与、共享"的目标得到更好实现，关心帮助残疾人的社会氛围更加浓厚，残疾人事务国际交流合作更加活跃。我国残疾人事业发展成就得到国际社会普遍赞誉。

这次代表大会，是在中国特色社会主义进入新时代的重要时刻召开的。党的十八大以来,在以习近平同志为核心的党中央坚强领导下,党和国家各项事业取得全方位、开创性成就,发生深层次、根本性变革。伴随着国家发展新的进程,我国残疾人事业也取得历史性进展和显著成就。党中央坚持以人民为中心的发展思想,对残疾人格外关心、格外关注,明确提出"全面建成小康社会,残疾人一个也不能少",残疾人工作成为"五位一体"总体布局和"四个全面"战略布局的重要内容,残疾人获得感、幸福感、安全感持续提升。短短几年里,我们在国家层面上建立起了覆盖几千万人口,包含生活补贴、护理补贴、儿童康复补贴等内容的残疾人专项福利制度;我们在全国范围内将数百万农村贫困残疾人作为打赢脱贫攻坚战的重点人群,精准施策、特别扶助,集中解决因残致贫问题;我们在实施健康中国战略中高度重视和关注每个残疾人的健康问题,加快实现残疾人"人人享有康复服务"目标;我们国家各行各业、社会各个方面都在努力消除障碍,越来越多的残疾人接受更好教育、实现就业创业、平等参与社会,有了更多出彩的机会。

各级残联和残疾人工作者增强"四个意识",坚定"四个自信",紧紧围绕时代主题,大力弘扬人道主义精神,认真落实党中央关于群团改革的系列要求,推动残疾人事业上了一个新台阶。广大残疾人紧跟时代前进步伐,自尊自立、努力拼搏、奉献社会,创造了许多令人敬佩的业绩,他们身上表现出来的自强不息精神,是伟大民族精神和时代精神的真实写照。

全国8500万残疾人正在以主人翁的姿态投身经济社会发展。这种前所未有的变化,只有在社会主义的中国、只有在新时代的今天,才能真正实现。

新时代我国残疾人事业发展取得显著成就,根本在于以习近平同志为核心的党中央高度重视和坚强领导。习近平总书记对残疾人有着特殊深厚的感情,始终把残疾人这一困难群体的冷暖疾苦放在心上,处处为残疾人脱贫奔小康撑腰鼓劲,关心残疾人的生活、学习和健康,鼓舞残疾人更加勇敢地迎接生活的挑战、更加坚强地实现人生的梦想。

习近平总书记对残疾人和残疾人事业发展提出了一系列明确要求,深刻阐述了新时代残疾人事业发展的价值理念、地位作用、目标方向、重要任务和责任要求,科学回答了新时代怎样认识残疾人、怎样发展残疾人事业以及怎样做好残疾人工作等重大问题。这些重要论述,从为中国人民谋幸福、为中华民族谋复兴的高度,把我们党对残疾人事业发展的规律性认识提高到一个新的高度,为新时代中国特色残疾人事业发展指明了前进方向,提供了根本遵循,是我们做好残疾人工作的思想指引和行动指南。

党的十九大描绘了决胜全面建成小康社会、开启全面建设社会主义现代化国家新征程的宏伟蓝图,对推动新时代残疾人事业发展提出了新要求。新时代的中国充满着新的希望,新时代的发展迎来了新的机遇。我们要以习近平新时代中国特色社会主义思想为指引,不忘初心,牢记使命,推动新时代残疾人事业更好发展,在实现中国梦的伟大征程中创造残疾人更加幸福美好的新生活。

推动新时代残疾人事业发展,必须坚持树立正确的价值理念。残疾人是社会大家庭的平等成员,是人类文明发展的一支重要力量,是坚持和发展中国特色社会主义的一支重要力量。我们要充分尊重残疾人的尊严,挖掘残疾人的潜能,发挥残疾人在残疾人事业中的主体作用,鼓励残疾人在实现人生梦想的同时,共同推动中华民族的美好梦想早日实现。

推动新时代残疾人事业发展，必须坚守弱有所扶的原则立场。对残疾人等特殊群体要采取特殊帮扶政策。我们要把更多注意力放在残疾人等困难群众身上，制定特惠政策，给予特别关爱，送去党和政府及全社会的温暖。

推动新时代残疾人事业发展，必须完成决胜全面建成小康社会的关键任务。为残疾人做更多事情，也是全面建成小康社会的一个重要方面。我们要认真贯彻落实党中央关于打赢脱贫攻坚战的决策部署，聚精会神解决好因残致贫的问题，尽快补上农村残疾人服务短板，确保残疾人共奔小康目标如期实现。

推动新时代残疾人事业发展，必须促进残疾人全面发展和共同富裕。让广大残疾人安居乐业、衣食无忧，过上幸福美好的生活，是我们党全心全意为人民服务宗旨的重要体现，是我国社会主义制度的必然要求。全面建设社会主义现代化国家，残疾人事业也要现代化。我们要认真分析不平衡不充分的发展在残疾人事业上的突出表现，系统研究新时代残疾人事业发展的重大课题，科学设计残疾人事业现代化的目标、路径和策略，同步开启残疾人事业现代化新征程。我们要顺应残疾人过上美好生活的新期待，不断健全残疾人事业政策法规体系，加强残疾人社会保障制度和服务体系建设，加快推进无障碍环境建设，切实提高残疾人事业科技应用水平，进一步保障残疾人平等权益，促进残疾人融合发展，实现残疾人共享经济社会发展成果。

推动新时代残疾人事业发展，必须把推进残疾人事业当作分内责任。残疾人事业是中国特色社会主义事业的重要组成部分，各项建设事业都要把残疾人事业纳入其中。我们要统筹推进"五位一体"总体布局，协调推进"四个全面"战略布局，使各级党委和政府、残联组织及社会各方面都能共同承担责任，推动残疾人事业融入党和国家事业发展大局，进一步完善关爱扶助残疾人的长效机制，不断健全残疾人权益保障制度。

各级党委和政府要高度重视残疾人事业，健全党委领导、政府负责的残疾人工作领导体制，完善政府主导、社会广泛参与、残疾人组织充分发挥作用的工作机制。各级政府残工委要发挥牵头作用，统筹协调重大问题。工会、共青团、妇联等人民团体要发挥各自作用，基层组织要落实好各项残疾人工作。坚持国家扶持、市场推动的原则，完善残疾人事业经费投入保障机制，扩大政府购买助残服务规模，提高残疾人公共服务能力和水平。

全社会要携手残疾人共同走向美好未来。要加强残疾人事业社会治理和服务创新，探索健全全领域的社会动员机制和搭建全方位的残疾人服务平台，积极培育助残社会组织，培养助残志愿者队伍，发展公益助残项目，形成全社会关心关爱残疾人的良好氛围，推动我们的社会更加开放、包容和文明。

各级残联要发扬优良传统，切实履行职责，团结带领残疾人继续开创工作新局面。要紧紧围绕时代主题，牢固树立"四个意识"，坚决维护习近平总书记党中央的核心、全党的核心地位，坚决维护党中央权威和集中统一领导，把残疾人团结在党的周围，带领残疾人听党话、跟党走。要积极推进改革创新，切实增强政治性、先进性、群众性，将残联组织建设得更接地气、更加充满活力，不断提高联系、凝聚、服务残疾人的能力。要坚持眼睛向下，立足基层，面向群众，多为残疾人做雪中送炭的事，及时将党和政府的温暖传递给残疾人,使残联组织和残疾人工作者真正成为残疾人信得过、靠得住、离不开的娘家人、贴心人。

广大残疾人朋友要乘着时代东风,更加自尊、自信、自强、自立,自觉将个人理想和中国梦紧密相连,热爱祖国、热爱生活、主动学习、增长才干,努力投身改革开放和社会主义现代化建设,在新时代广阔的舞台上,在为国家发展和社会进步作贡献的过程中,焕发出生命的光彩与魅力。

代表们、同志们!

让我们更加紧密地团结在以习近平同志为核心的党中央周围,锐意进取,扎实工作,奋力开创新时代残疾人事业发展新局面,为决胜全面建成小康社会、夺取新时代中国特色社会主义伟大胜利、实现中华民族伟大复兴的中国梦而奋斗!

练习2:

张海迪出席中国听力语言康复研究中心与台湾雅文儿童听语文教基金会签约仪式

2018年11月14日,中国听力语言康复研究中心与台湾雅文儿童听语文教基金会签约仪式在京举行。中国残疾人联合会主席张海迪,台湾雅文儿童听语文教基金会、明门集团董事长郑钦明出席签约仪式并致辞。张海迪代表中国残联为郑钦明先生颁发爱心奖牌。

张海迪首先欢迎远道而来的台湾同胞,向雅文儿童听语文教基金会、为听障孩子健康成长付出心血的老师和家长表示真挚的感谢。她说,多年来雅文儿童听语文教基金会与中国听力语言康复中心合作,在大陆培训了师资,引进了先进的语言康复方法,帮助成百上千的听障儿童学会说话,走出无声世界,也给许多家庭带来了希望。这是人与人之间应该激扬的大爱精神。

张海迪强调,党的十九大提出"发展残疾人事业,加强残疾康复服务",健康中国2030战略把实现残疾人"人人享有康复服务"作为重要目标,中国残联七次全国代表大会,对残疾人康复工作制定了新目标。我们要继续保持开放创新的理念,积极开展交流合作,不断提高康复服务能力和水平。希望双方在新的合作中,融合各方力量,帮助更多的残疾儿童走向幸福美好的明天。

台湾雅文儿童听语文教基金会、明门集团董事长郑钦明在签约仪式上发表了热情洋溢的讲话,他介绍了自己和夫人将听障女儿培养成才,并在1996年成立了雅文儿童听语文教基金会,将世界普遍应用的听觉口语法推广应用的历程。他希望中国听力语言康复中心为听障儿童融入社会做出新的贡献。教师代表也介绍了听觉口语训练对康复教学带来积极意义,以及在师资培训和文化交流方面取得的成果。

张海迪主席、郑钦明董事长还参观了中国听力语言康复研究中心扩建项目。张海迪强调,听力语言康复中心建设科技含量高,一定要做到国际化、高标准、严要求,重细节。推动康复事业发展要有前瞻性目光,重视高精尖人才的引进与培养,也要为中国康复大学建设和人才的培养做出积极贡献。

中国残联康复部、中国听力语言康复研究中心、全国各省级听力语言康复中心等部门负责人、雅文儿童听语文教基金会教师代表以及全国部分听觉口语教师代表出席签约仪式。

练习3：

中国残联七大选举产生新一届领导机构

中国残疾人联合会第七次全国代表大会16日上午在京闭幕，宣布了中国残联第七届名誉主席、主席团和执行理事会名单。

一、中国残疾人联合会第七届名誉主席：邓朴方

二、中国残疾人联合会第七届主席团主席：张海迪（女）

副主席：周长奎、吕世明、程凯、刘再军、侯晶晶（女）、陈国民、黄悦勤（女）、沙马友古

三、中国残疾人联合会第七届执行理事会理事长：周长奎

副理事长：程凯、贾勇、王梅梅（女）、相自成

理事：李庆忠、杨洋（女）

练习4：

中国残联与中国科学院研讨加强无障碍智能技术研究与应用

11月14日，中国残联无障碍环境建设推进办公室与中国科学院自动化研究所召开研讨会，就加强无障碍智能技术研究与应用进行了广泛研讨。中国残联副主席、无障碍环境建设推进办公室主任吕世明，中国科学院自动化研究所所长徐波，中国盲人协会、中国残联维权部、计财部、中国残疾人辅具中心、中国残联清华大学无障碍发展研究院、《中国科学院院刊》与中国科学院自动化研究所等相关同志出席。

党和国家对无障碍环境建设高度重视，全面小康社会需要进一步完善残疾人公共服务体系，帮助残疾人跨越科技鸿沟，共享经济社会发展成果，决不让残疾人"掉队"。我国8500万残疾人与2.41亿老龄人口对无障碍智能产品有着迫切需求。现阶段我国无障碍智能产品科研实力亟须加强，迫切需要高科技成果有效转化，优化提升市场无障碍产品及辅具。2016年国务院印发《"十三五"加快残疾人小康进程规划纲要》对研发无障碍产品、加快发展辅具产业、提供辅具服务等做出新的部署。中国残联积极配合科技部门将无障碍产品与辅具逐步纳入国家重点专项研发计划，支持并推动关键技术突破、推广及转化。

吕世明表示，当前残联系统正在积极贯彻落实习近平总书记关于残疾人事业的重要论述和中央关于加强群团改革的要求，希望与中国科学院等科研机构建立长效沟通机制，加强交流、深化合作，共同落实李克强总理关于加快无障碍设施建设和发展辅具产业的批示，融入国际前沿发展领域，推动经济实用、环保智能的无障碍产品与辅具的科技研发和服务创新，使无障碍智能产品实用化、轻量化、便携化，尽早进残疾人家庭、到残疾人身边。由于无障碍智能产业门类广泛、产业链长，建议各相关领域之间强优联手，建立产业联盟、整合资源，突破核心技术，提升转化效能，用最前沿的科技解决残疾人最现实的需求，共同打造落地见效的优质精品，切实满足残疾人的期盼，助力共奔小康。

练习5：

彭丽媛同参加2014年亚太经合组织领导人非正式会议的部分经济体领导人夫人出席"促进残疾人共享经济社会发展成果"主题系列活动

10日，国家主席习近平夫人彭丽媛同参加2014年亚太经合组织领导人非正式会议的部分经济体领导人夫人出席由中国残疾人联合会主办的"促进残疾人共享经济社会发展成果"主题系列活动。

上午，彭丽媛在北京会议中心迎接印度尼西亚总统夫人伊莉娅娜、加拿大总理夫人劳琳、日本首相夫人安倍昭惠、马来西亚总理夫人罗斯玛赫、新西兰总理夫人布罗娜、新加坡总理夫人何晶、巴布亚新几内亚总理夫人琳达、泰国总理夫人娜拉蓬。

彭丽媛和来宾们参观了中国残疾人事业展览。观看残疾人才艺展示：自闭症儿童色彩斑斓的画作，汶川地震中双腿致残的羌族女青年绣制《八骏图》，聋哑陶艺师塑造极富表现力的泥人，失去双臂的女青年用灵巧的双足裁剪出浸透喜庆的大红"福"字，盲人编织师用棕榈草扎出栩栩如生的禽鸟，肢残工艺师在内画瓶中绘制精美的图案，断臂口书书法家以口代手写下俊逸的大字"百花盛开"。中国残疾人展现的乐观向上、自强不息的精神风貌和精湛技艺让彭丽媛和来宾们深受感动。她们与每位残疾人亲切交流互动，赞叹连连。在展示厅"我的梦"展板下，彭丽媛和来宾们俯身与听障小朋友做起益智拼图游戏，与孩子们手把手完成他们心中的梦拼图。彭丽媛和外宾们还深情鼓励小朋友们活跃身心、快乐成长。

随后，彭丽媛与来宾们共同出席"促进残疾人共享经济社会发展成果"主题会议。彭丽媛在致辞时表示，残疾人是社会大家庭的平等成员，尊重、关爱残疾人，为残疾人创造良好环境，是全社会的道义和责任，也是推动社会公平公正发展的必然要求。我们要建立更加公平、包容、可持续的社会环境，促进残疾人共享经济社会发展成果。让我们对每一个残疾人多一份理解和尊重，多一份关心和帮助。让爱与残疾人同行。

国务委员王勇出席会议并讲话。他表示，中国政府一直高度重视残疾人工作。经过全社会不懈努力，中国已经实现了残疾人事业与经济社会的协调发展，探索走出了一条具有中国特色的残疾人事业发展道路。中国政府愿与亚太各国和地区一道，更加重视残疾人问题，形成更加紧密的区域交流合作机制，让广大残疾人成为亚太合作发展的受益者、参与者和推动者。

中国残联负责人宣读了会议通过的《促进残疾人平等参与和融合发展的联合倡议》。

联合国秘书长潘基文专门向主题活动发来视频致辞，高度评价中国政府为促进亚太和世界残疾人事业做出的重要贡献和发挥的积极作用，希望更多的亚太经济体把残疾人事业列入发展战略。国际残疾人联盟主席戴蒙德发表讲话，希望亚太和世界各国为保障残疾人权益、增进残疾人福祉继续做出努力。

世界和亚太地区主要残疾人组织负责人、亚太经合组织经济体相关政府负责人、中国社会爱心人士代表200多人出席会议。

会议结束后，彭丽媛同来宾们一起观看了残疾人艺术家的精彩表演。《千手观音》《化蝶》《雀之灵》等一个个节目美轮美奂，表达了残疾人对美好生活的向往，展现了他们顽强拼搏、克服困难、超越自我的精神风貌。

练习6：

阿里巴巴集团董事局主席马云：让有梦的残疾人共享人生精彩

非常感谢主席女士，女士们、先生们，我非常高兴能够参加这个残疾人共享经济社会发展成果论坛，我想借此机会给大家分享一些故事，为了节省时间，我就改成中文发言了。

我在网上认识了一个淘宝的店主，她的名字叫张颖，十多年以前她是非常漂亮的护士，但是由于生孩子的原因，突然出现了下身没有知觉，从此以后就非常的不幸。但是我见到她的时候，她是一个非常乐观的女孩子，她在淘宝上开了一个店，专门卖那种绣的衣服，她是完全靠手臂支撑工作，每天要工作很多时间，我问她你为什么那么高兴？她说我绣的这些东西是给别人买去当礼物送人的，她说我希望我的每一针都给别人带去快乐、带去信心。

通过这个网店，她不仅自己赚了一些钱，还带动很多朋友一起创业，我看到有一幅画17米长，她和她的朋友花了三年时间把这幅画绣好以后卖给别人，她说我卖的不是钱，我给别人带去的是希望、是机会、让别人看到了未来的前途。

所以，说到残疾人，很多人的第一反应，就是我们去帮助别人，给予别人，我觉得帮助残疾人、帮助这些弱势的不幸的人群，不仅仅是一种责任、不仅仅是一种业务，也是我们这些人的福气，帮助他们才能帮助自己。一个美好社会的标准，无论你健康与否，都有权利参与社会，贡献自己独特的价值，一个社会的文明和谐程度，不是看那些聪明、能干的人过得怎么样，而是看那些比我们承受更多不幸、痛苦的人，能否通过自己的努力找到自己的机会。中国目前有8500万残疾人，而处于就业年龄段的大概有3200万人，这些年轻人需要有公平参与、平等机会和发展的资源，通过自身的努力，来实现人生的价值。

我相信在APEC地区，因为我自己在ABAC工作了三年，我相信在APEC地区，我们应该做的、可以做的、必须要做的事情还有很多，但我个人认为，给残疾人最好的支持，就是给他们就业，给他们机会。互联网给残疾人提供了很多在线教育、消费、就业、创业、分享等很多的机会，可能是其他行业很难改变的，我记得那年四川大地震以后，我们第一个在四川设立了残疾人就业服务中心，因为那边我们设立了呼叫中心，其实呼叫中心是非常适合残疾人做的。今年9月份阿里巴巴在美国上市，路演结束以后，投资银行给了我一个礼物，这个礼物是一个四川残疾人的女孩（丁红煜）自己画的一幅画，我非常感动的是这个女孩说如果没有互联网、没有淘宝、阿里巴巴这样的网站，是不可能把我一个贫困山区的孩子让世界认识，让自己的画能够卖出去。所以我坚信人类应该想尽各种各样的办法，来降低残疾人就业的门槛，互联网恰恰能做到，让原先不能纳入的就业、创业大军能够加入到互联网中去。截止到今年3月底，淘宝上创业的人已经有6万多人，成交额到了50亿元人民币，很多残疾人卖家不仅仅在创业过程中找到了就业机会，还把钱拿出来帮助别人就业。所以互联网独特的工作方式，使更多的残疾人获得了平等的就业、创业机会，所以我希望也呼吁APEC地区所有各国政府能够加大在互联网上支持残疾人的力度，能够让残疾人在创业自力更生中面对更多的机会，各国政府要共同制定政策，积极为残疾人争取更好的社会福利,为弱势群体创造更多的就业机会,让残疾人分享社会成果,利用自己的努力,创造美好的人生,共享人生精彩!谢谢!

练习7:

北京大学校长王恩哥:教育促进残疾人发展

尊敬的各位领导,各位嘉宾:

上午好!

首先,请允许我代表北京大学对论坛的召开表示最热烈的祝贺!同时也为北京大学参与主办"促进残疾人共享经济社会发展成果"主题论坛感到高兴和荣幸。我认为,本次论坛是亚太经济体在关注残疾人发展方面的一个突破和标志性成果。

我们都知道,在人生过程中享受优质教育是每个人天生的权利。教育是人的全面发展的基础,教育对残疾人发展和共享经济社会发展成果更具有举足轻重的作用。联合国通过的第一个保护残疾人人权的公约——《残疾人权利公约》中特别要求缔约国确认残疾人享有受教育的权利,在不受歧视和机会均等的情况下实现这一权利,要求缔约国确保在各级教育实行包容性教育制度和终生学习。

为充分保障残疾人接受教育的权利,中国政府专门颁布了《残疾人教育条例》,并在《中华人民共和国残疾人保障法》中也专设"教育"一章,并规定"国家保障残疾人享有平等接受教育的权利"。

在国际社会和包括中国政府在内的各国政府、很多非政府组织以及社会各界的共同努力下,残疾人教育得到改善。但在世界范围内残疾人接受优质教育的机会还比较少,这在发展中国家特别是边远和贫困地区尤其严重。

高等教育对残疾人平等参与政治和社会经济活动至关重要。北京大学是中国大陆率先招收残疾大学生的高校,也是首个设立残疾研究方向研究生学位的国内高校。

从2005年5月北京大学人口研究所参与第二次全国残疾人抽样调查工作开始,北京大学就致力于残疾人教育和发展,与中国残联紧密合作,签署了全面合作协议。北京大学以人口研究所作为开展残疾与发展项目研究的主要阵地,开展了一系列重大活动,取得了重要的国内外影响。北京大学与中国残联合作共建了第一个国家级残疾人事业研究机构——北京大学中国残疾人事业发展研究中心,联合成立了中国第一个专门针对残疾人事业发展研究的教学培训基地——北京大学中国残疾人事业教学培训基地,开展专业机构领导干部培训,已经集中培训了301名全国市地残联理事长,和23个省1000多名学员,包括残工委主任、分管残疾工作的副市长、基层残联理事长等。已完整培养残疾方向在职硕士研究生18人,其中包括肢体残疾人5人,视力残疾1人,取得了较好的社会反响。

在这里,我特别想指出,在讨论教育与残疾人共享经济社会发展成果这个题目时,不能仅仅局限于针对残疾人的教育。《残疾人权利公约》中强调,在各级教育系统中培养尊重残疾人权利的态度。北京大学爱心社自2012年起创办"手语文化节",邀请在京高校和社会团体参加,让学生和社会对手语文化有更深入和生动的理解,对残障朋友的生活有更多的关心和关注。2014年手语文化节走出校外,用流行的"快闪"方式号召全社会关注手语、关注聋人文化，缩小聋听的界限。这是一种好的尝试。今年，北京大学特别支持人口研究所开始招收残疾服务与管理方向的社会工作专业硕士，针对性培养应用性社会服务专门人才。

APEC 非常关注残疾人的发展，今年 8 月在与北京大学联合召开"精神健康"研讨会中专门讨论了精神残疾问题。今年 10 月北京大学和 APEC 共同成立了北京大学 APEC 健康科学研究院，我们又增加了一个高水平的残疾研究和教学平台。

我们非常高兴今年中国残联借 2014 年第二十二次领导人非正式会议在北京举办之机，主办残疾人主题活动，希望通过 APEC 经济体的共同努力，为残疾人提供优质教育，使每个残疾人都有机会发挥自己的潜能，更好地参与社会经济和政治活动，提高生活水平，共享经济社会发展成果。

谢谢大家。

练习 8：

中国残联在江西赣州实施文化助残项目

近日，中国残联与江西省残联在江西省赣州市 100 个城乡社区实施"残疾人文化进社区"项目。中国残联宣文部负责人介绍，项目通过向残疾人配发品种丰富的图书，就近就便组织残疾人参与文化活动等方式，切实将文化惠民落实到残疾人所在社区。赣南革命老区文化助残项目，是为丰富革命老区残疾人精神文化生活而采取的一项特别举措，以使他们更方便地获取文化资源，共享文化发展成果，使其精神生活更有寄托，融入社会更有尊严。

练习 9：

《残疾人保障法》立法后评估启动现场调查工作

2011 年 11 月 22 日至 24 日，《残疾人保障法》立法后评估现场调查人员培训班在湖南长沙举行。中国残联维权部主任薄绍晔出席培训班并讲话。湖南省残联理事长肖红林、湖南省残联副理事长于洪礼出席培训班并致辞。北京、山西、安徽、湖南、广东、四川等调查地区省级残联维权部门负责人、各调查市县调查员共 40 余名同志参加了培训。

薄绍晔主任在讲话中指出，今年是《残疾人保障法》实施二十周年，全国人大选择《残疾人保障法》开展立法后评估是落实国家关注民生、加强和谐社会建设的重要举措，是对残疾人事业发展和残疾人权益保障的高度重视。随着中国特色社会主义法律体系的形成，国家原来"宜粗不宜细"的立法原则正在发生变化，今后国家立法将更注重立法质量。开展《残疾人保障法》立法后评估，就是要对《残疾人保障法》规定的法律制度的合理性和实施情况进行全面评估，进而促进该法的进一步完善，为发展残疾人事业和维护残疾人权益提供更好的法制保障。开展实地调查是《残疾人保障法》立法后评估的一项重要工作。通过实地调查深入了解《残疾人保障法》实施情况，掌握残疾人生活和需求的基本情况，为立法后评估工作提供基础数据支撑。调查地区省级残联要提高对实地调查工作的重视，切实做好本地现场调查工作的具体落实和督导。各调查市、县要按照调查要求，认真组织好本次实地调查工作,准确理解和掌握调查内容,如实、客观反映调查情况,圆满完成调查工作。现场调查结束后各调查地区要及时提交现场调查工作报告。

中国社会科学院人口与劳动经济研究所林宝教授就这次现场调查工作的具体程序、内容、要求、技巧等进行了培训。培训班还对所有与会人员进行了一次性测验,并对与会人员在一次性测验中反映出的问题进行了分析,进一步提高了与会人员实际操作能力和对调查工作的重视。

练习 10：

中国残联/联合国儿基会残疾儿童合作项目介绍

联合国儿基会历来积极关注和支持中国残疾儿童的生存、保护和发展问题。中国残联与联合国儿基会的合作已经持续了四个多周期,近二十年来,通过这个项目,我们在为残疾儿童和家长提供社区康复服务、促进地方残联骨干队伍建设、引进国际先进管理经验方面做了许多有意义的尝试,并且对世界领先的残疾儿童教育模式做了积极的探索,从理论和实践两个层面为全国的残疾儿童康复和教育工作提供了理论依据和成功的经验。

前三个周期(1988—2000 年)的项目活动主要集中在残疾儿童的康复领域,对全国的社区康复工作起到了示范、辐射和推动作用。

第四周期(2001—2005 年)合作项目以改善残疾儿童的生活状况和接受教育的条件为目标,努力实现残疾儿童的平等参与,促进我国残疾儿童社区康复事业的进一步发展。从该周期开始,在总结以往几个周期合作的经验的基础上,合作项目的范围有所扩大,除了继续开展基层残疾儿童社区康复方面的工作之外,还在全国性调研、残疾儿童的融入式教育(随班就读)、社会指导与服务、社会宣传等领域进行了合作。另外,从 2005 年开始,联合国儿基会向第二次全国残疾人抽样调查中涉及残疾儿童的部分给予了强大的支持。

2006 年,中国残联与联合国儿基会的合作进入第五周期(2006—2010 年)。本周期合作项目的主题是"知识与立法"。主要内容包括:基于第二次全国残疾人口抽样调查框架对残疾儿童状况进行全面调研,建立监测体系并开展更深入的调研;对现有的涉及残疾儿童的法律法规进行汇总和分析,发现其与新的国际标准之间的差距,为开发符合国际标准的有关残疾儿童的新的立法做好准备;开展针对残疾儿童的宣传,创建关心爱护残疾儿童的社会氛围,帮助残疾儿童树立自信,更好地融入社会。

由于近年来中国经济取得了举世瞩目的高速发展,国际社会对华援助的总额呈现逐年减少的趋势。但在这样的背景下,联合国儿童基金会向"残疾儿童"合作项目投入的资金额度却在逐年增加。

练习 11：

我国残奥单板滑雪队孙奇勇夺世界杯冠军

11 月 14 日至 15 日,2018 年残奥单板滑雪荷兰世界杯两站赛在兰德赫拉夫举行,本次比赛有 19 个参赛队的 54 名运动员参加,比赛设坡面回转项目。我国运动员孙奇在男子坡面回转比赛 LL2 级别中两次荣获金牌，为我国残奥单板滑雪项目首次获得国际赛事金牌。

男子 LL2 级别是残奥单板滑雪竞争最为激烈的级别，参赛运动员多，水平较高。孙奇在比赛中战胜了实力很强的芬兰运动员 Suur-hamari Matt，该运动员在平昌冬残奥会比赛中获得坡面回转项目铜牌和障碍追逐项目金牌。

第四章 手语传译的听辨

第一节 注意力分配模式

一、手语传译注意力分配模式

在传译活动中,译员要在至少两种不同的语言文化系统中游走,接收和处理来自不同渠道的信息,应对极其丰富的话题内容,还要通过不同方式进行信息的再传递。与我们日常先听后说的交流方式不同,手语传译是一个"一心多用"的过程。译员要在极短的时间内完成听(视)、理解、翻译、打(手语)、说等多重任务,即译员嘴里或手上翻译着上一句,耳朵或眼睛已经在听(看)下一句了。这就决定了手语同步传译是一项复杂的多项任务同时处理的活动。

(一)多任务处理模式概念

从认知科学角度研究口译的丹尼尔·吉尔(Daniel Gile)创立了一套口译多任务处理模式(又译脑力分配模型)。他强调了口译的多任务处理中注意力资源的限制性,多任务处理也成为了区分普通的语言交际与口译交际过程的显著标志。丹尼尔·吉尔将同传视为包含四个任务的过程,用公式 SI=L+P+M+C 进行表达。其中,L(the listening and analysis effort)为听力分析;P(the production effort)是翻译输出;M(the memory effort)是短期记忆;C(the coordination effort)为对任务 L、P、C 的协调。

在同传过程中,译员必须对多项任务同时进行处理,这四个过程会重合。丹尼尔·吉尔认为复杂的同传对译员提出了处理能力总需求 TR,它应是各单项能力需求 LR、MR、PR 及 C 的总和,用 TR=LR+MR+PR+C 表示。在这个公式中,TR 并非各单项任务能力需求的简单叠加,它需要四项任务处理相互配合。而同传译员的处理能力有限。因此,成功的同传必须保证总体处理能力需求 TR 不超过译员具备的总体处理能力 TA,同时,还需保证译员的单项任务处理能力高于同传的单项任务需求,即 TR<TA,LR<LA,MR<MA,PR<PR,CR<CA。

(二)注意力分配模式的机制

在对注意力分配模式的验证过程中,丹尼尔·吉尔进一步提出了"走钢丝假说",指出在口译的绝大部分时间里,译员的认知负荷总量始终接近于大脑可供使用的信息处理总量,因此,任何阶段的认知负荷的增加都可能导致大脑的信息处理总量的"饱和"(saturation),引起译员注意力资源分配的不均,造成工作记忆的负担以及口译表现的失误。因此,译员好比是在走钢丝,每一步都面临着巨大的困难和挑战,即便口译中未出现任何特殊的困难,口译仍有可能出现错误和遗漏。

尽管对走钢丝假说的验证在一定程度上证实了口译中的注意力总量"饱和"现象的存在,但是"注意力饱和"不一定是由于可供使用的总注意力容量的不足,也可能由局部的注意力容量"饱和"所引起,即在口译的某个环节投入过多的注意力而导致其他环节的处理容量不足,造成对注意力总量的分配不当。对此,他进一步提出局部认知负荷的概念,局部认知负荷指口译中的某一具体环节出现的困难,影响了译员对其他任务的处理效果,通常以小句为单位,指前句的认知负荷对后句信息处理造成的困难。在一个句子的处理上耗费过多的注意力往往会阻碍对下一个句子的理解,甚至影响到对其后多处的理解,引起一连串的连锁反应。局部认知负荷包括句间信息密度、特殊语言困难、停顿、句子长度等微观层面上的变量对口译信息处理造成的困难。

受注意力容量的限制,传译第一阶段必须满足两方面的条件:首先,过程中所有任务所需的注意力总量应不超过译员大脑可供使用的注意力总量;其次,各个任务所需注意力容量也不应超过大脑可供分配的注意力容量。因此,译员必须在处理多项任务时保持注意的合理分配,在某一任务中投入过多精力势必影响对其他任务的处理效果。同时,注意力分配模式为口译中的漏译、错译现象提供了较为合理的解释,"一旦译员的注意力供给极限不能满足所需要的注意力总量,就会发生错译或漏译。译员的注意力供给量在进行口译操作时往往达到饱和状态,如果遇到'困难诱因',诸如专有名词、列举、密集信息等情况就会使注意力需求超过译员所能供给的极限,错译和漏译必然会发生"。

二、影响注意力分配的因素

根据这一模式,要使传译顺利进行,译员本身具有的对各项任务的总体处理能力必须等于或超过各项任务需要的总体处理能力。如果译员任务需要的总体处理能力超过译员具备的总体处理能力,译员便无法胜任传译的工作。在传译实践中,造成译员注意力分配失衡的因素主要有:

(一)译员语言能力的欠缺

语言能力直接关系到译员对源语信息的正确解读和表达的质量。语言能力的欠缺必定会增加译员分配到处理听力分析和言语表达任务上的精力,进而影响对其他任务的处理。如:在把手语转译为汉语中,译员的手语水平难以达到聋人相当的水平,碰到不熟悉的手语,可能分散译者的注意力。译员将调动更多的精力来辨识这些陌生的手语,从而影响对意思的解读和记忆。而在汉语转译为手语中,由于汉语是我们的母语,在处理听力理解任务时,一般都可能做到即时理解和记忆,但在表达时,储存在记忆活跃区的手语词汇能被迅速地提取,但储存在记忆被动区的手语词汇则需花费较多的精力,有时甚至想不起来。

(二)译员认知知识的欠缺

认知知识是思考的结果,阅读之成果,同时也是百科文化知识和专业知识的启动。认知知识是长期存在于大脑的整体物,属于非语言的,每个人为理解话语可从中汲取需要的内容。共享认知知识是听话者领会说话人意思的基础。译者同说话人在认知层面上越接近,就越容易听懂说话人的意思。反之,认知知识的匮乏,会加强译员处理听力理解任务的难度,稍一犹豫、思索都会使译员错过源源涌进的新信息,导致译员注意力分配失衡。

(三)干扰注意力的语言现象

译员在分析信息的过程中,由于一些独特的语言现象,不得不分配更多的注意力,而削弱处理其他任务的精力。干扰注意力的语言现象主要有以下三种。

1. 高信息密度

首先,高信息密度是诱发问题的一大来源。高信息密度体现为两种形式:一是源语语速,语速过快容易引起信息密度的增加。然而,也有些发言人虽然语速快,但是提供的信息内容很少,信息密度也相对较低。二是源语的信息内容过多或过于复杂引起的高信息密度或称语篇难度,即便发言人的语速较慢而提供的信息内容多,也会导致信息密度的增加。从信息内容来看,数字、术语、列举、专有名词等因其包含的冗余成分少而需要投入更多的注意,因此可能造成注意力分配失衡而出现错误。从语篇形式来看,有稿演讲比即兴演讲的信息密度大,因为后者往往包含发言人的一些停顿、犹豫或修正之处而降低了信息密度。

2. 语言差异

有关源语和译语的语言差异问题,口译学界存在两种看法:一种是以巴黎释意学派为代表,强调"释意"是口译过程中的共性,而语言差异对口译过程不会产生特殊的影响,因为言语理解在所有语言中都是相同的;另一种观点是以吉尔、塞顿等学者为代表,认为语言差异性问题会在不同程度上影响口译的进程及口译策略的选择。

源语和译语在词汇和语法方面的相似性也会对口译产生影响。如果两种语言的相似性程度较高,口译员在理解过程中的认知负荷则相对较低,同时在译语表达过程中也容易进行译语组织。然而,相似程度高也可能导致源语语言形式对口译造成的干扰,译员可能容易过于跟随源语的语言形式,而忽略了以意义传递为核心的口译原则。

3. 输入信息质量

信息的质量好坏同样会对口译信息处理产生影响,如噪声、发言人的口音、语言表达的准确性及连贯性、手语的规范性等。据相关研究发现,源语语段分布及韵律的失常引起口译员的误解,并影响译语的修辞效果,如源语信息省略引起的不连贯使译员需要更加集中注意寻找前后信息的关联,而源语中插入其他信息则阻碍译员区分新旧信息,概言之,二者均增加了译员的认知负荷。Mazzetti 指出,该问题对译入母语造成的困难大于对译入外语造成的困难,说明其对外语听辨的影响较大,而母语听辨因此受到的影响较小(1999)。

(四)译员的心理素质

传译中,译员的心理素质是翻译成败的关键。译员心理素质的好坏特别体现在克服困难时,控制情绪、调节行为的心理活动。紧张是传译活动特有的心理特征,适度的紧张有利于译员集中注意力,但过度的紧张甚至怯场,则妨碍传译的顺利进行。准备不充分、场面规模、灯光、噪声、翻译时的失误、单项任务处理失败,都会引起译员的紧张情绪。若译员沉溺于自己的情绪,不能解脱出来,则会严重削弱处理传译各项任务的能力。

三、注意力分配训练技巧

(一)影子练习

跟读者在听源语讲话的同时,以落后于讲话人 2～3 秒的时差,如影随形地用同一种语言重复听到的内容。该练习的目的在于使译员适应"一心多用"的同传工作方式,初步具备听辨、理解、记忆、复述、监听等多任务同时处理能力。

(二)倒数练习

倒数练习要求用另一种语言无间断地从"100"倒数至"1"。倒数时不得出错,不得"听一会儿,数一会儿",也不得忽快忽慢,或声音太小等。数完后若发言人讲话未发布完,可重数一遍,直至发言结束。最后,还要求重述听到的源语大意。该方法的目的在于训练"边听边说"的同时,将听到的信息与自己所讲的信息分开,使译员抛开源语词语外壳,转而关注话语意义,避免机械地重复源语从而形成逐字翻译的坏习惯。

(三)影子练习+倒写数字练习

在做影子练习的同时,在纸上不停地倒写出阿拉伯数字(如从 100 写到 1)。这样译员在听的同时还需注意数字书写,它强制性地在听辨源语的过程中设置了注意力干扰。当听力材料比较难时,我们书写数字的速度就会慢下来,甚至会漏写数字。理想的效果是书写数字时能保持匀速并正确。

(四)影子练习+概述练习

随着熟练程度的提高,译员可以将"听说差"逐渐拉大到落后于讲话人半句到一句话,方式可以从对源语讲话的逐词忠实复述,改为对讲话内容的概括和综述。材料的语速也可从慢速过渡到正常速度乃至快速,甚至可以伴有现场杂音等。

(五)左右手分工练习

左右手同时做不同的动作,比如"左手画方,右手画圆",左手做唱歌动作,右手做弹琴动作等。还可以玩"四个打八个"游戏,即左手比八,右手比四,左手的"枪口"对准右手射击,然后左右对换,如此反复。这类的练习对手语翻译工作大有好处。

练习:

(一) 影子练习+数字书写

任务要求:下面你将听到一段汉语讲话,请跟录音做影子练习,并同时在纸上从1往后匀速写阿拉伯数字。

1. 冰心写作《繁星》和《春水》的时候,正值"五四"新文学活动的高潮期至高潮刚刚过去之后。几年前,李大钊、胡适、陈独秀、鲁迅等人,刚刚发表过"思想启蒙"和"文学革命"等主张。冰心比他们年轻,五四运动爆发时还是一名学生,她的家庭环境优裕,就读的又是教会学校。所以,她与当时活跃于思想界的男性作家们不同,她接受的思想除了爱国主义、民主主义之外,还有基督教教义和爱的哲学。在当时那种文学社团如雨后春笋般涌现的社会环境里,冰心成了文学研究会中的一员。文学研究会的"为人生"的创作主张,在冰心的"问题小说"里也得到了充分的体现。然而,只有组诗《繁星》和《春水》,才能更直接地反映冰心这位青年知识女性内心的感触和情思。

2. 互联网有今天,四个特征、八个字最关键:开放、透明、分享、责任。假如你的管理不能具有这样的实质,开放、分享、透明的、承担责任这样的思想,你的企业一定走不久。我希望大家记住有梦想很可贵,但是坚持梦想更可贵,把梦想变成现实的正确方法更为可贵,一个优秀企业是管理出来的,优秀员工是管理出来的,优秀的商业模式也是管理出来的,不是谈出来的。我刚才讲员工是管理出来的,决定一个生态系统不是老虎、狮子和大象,我们所有公司都为招一个好的 VP 感到骄傲,但是生态系统的决定要素是微生物,决定一个公司最好的素质是你的基础的员工的素质。决定中国教育的水平绝不是大学有多少、大学有多大,而是小学办得多好。

——马云演讲节选

(二) 影子练习+倒数练习+概述练习

任务要求:下面你将听到一篇汉语讲话。在听录音的同时,匀速地从100往1倒数。倒数时不得出错,不得"听一会儿,数一会儿",也不得忽快忽慢,或声音太小等。讲话结束后,请概述其主要内容。

1. 世界各国都认识到,也承认,中国取得了成功。2018年是改革开放40周年,在中国共产党的正确和有力领导下,在各级政府持之以恒的推动下,在中国人民40年坚韧不拔的努力奋斗中,中国从一个贫困落后的国家,成长为在世界位居第二的大经济体。世界各国不仅看到中国城市拔地而起的高楼大厦和四通八达的高速铁路和公路,更看到了中国人的改变,看到了他们对更加美好的生活、更多知识技能、更丰富精神世界的追求。

"联接中外、沟通世界",是习近平总书记提出的党的新闻舆论工作的职责和使命。他指出:"在全面对外开放的条件下做宣传思想工作,一项重要任务是引导人们更加全面客观地认识当代中国、看待外部世界。"习总书记多次强调,要加强国际传播能力建设,精心构建对外话语体系,增强对外话语的创造力、感召力、公信力,讲好中国故事。

为此,我们需要让自己的知识、信息和政策通达国际社会。例如,能不能有更多中国人写的好书、好的视频音频资料被翻译出来,向外部世界传播?能不能在所有关心中国问题的论坛上有中国人去介绍情况?能不能在所有愿意采访中国人的媒体上有中国人去发表意见?能不能有一天,但凡涉及中国的事件和问题,第一个向国际社会提供一手信息的是我们自己?

总之,我们需要不断改进和完善国际传播的方式方法。在座有许多年轻人,你们有更好的知识基础,有更加开阔的视野,同时,你们面对的是更大的国际舞台,世界期待着你们的声音。希望大家勇敢地面对挑战,不断学习和摸索,认真了解国家的历史和现实,吃透党的方针政策,跟上形势的发展变化,增强自身能力建设,成为中国新一代成功的传播者。谢谢。

(傅莹演讲节选)

2. 学习无论对于一个国家或是一个政党乃至一个人,都是极其重要的。著名作家王蒙说:一个人的实力绝大部分来自学习。本领需要学习,机智与灵活反应也需要学习,健康的身心同样是学习的结果,学习可以增智、可以解惑、可以辨是非。

学习是把钥匙。我们无论在学习、工作抑或是生活中,都强调和重视"拓宽视野"。著名科学家牛顿说过:"如果说我比别人看得更远些,那是因为我站在了巨人的肩上。"牛顿之所以能够看得远,是因为站得高,视野开阔。在我们人生中,有许多未知的领域,而学习就如一把万能钥匙,可以为我们打开一扇扇大门,让我们开眼看见更广袤更精彩的世界。海伦·凯勒在出生19个月的时候,因为一场高烧,不仅失去了视力,还失去了听力,她的世界是黑暗而又寂寞的,然而她以坚持不懈的学习,不仅会读书和说话,还成为一位学识渊博、掌握五种语言的著名的作家和教育家。海伦用学习这把钥匙打开了一个崭新的世界。

第二节 语音听辨

一、听辨概念

著名口译理论家吉尔将口译中的听辨称为"听力与分析负荷"(listening and analysis efforts),即"所有与听力理解有关的活动,包括译者辨析语音符号、识别字词含义到最后确定讲话人所表达的意思等"。传译可被视为由输入和输出两大部分构成。输入为听,听讲话者发言,即 L;输出为说或打(手语),将听到内容传译为目的语,即 P。这是同声传译的两大显性过程。而在 L 和 P 两大过程中,还隐藏着记忆 M 和协调 C 两个隐性过程。输入,是同声传译的第一步。如果译员没有听懂发言,无法完成好 L,那么即使有再好的记忆、翻译和协调能力,译员也无从下手进行之后的 MPC 三项任务。

国内学者、口译专家卢信朝从认知心理学的角度定义了口译听辨的概念。他认为,听辨是整个口译活动中一个相对独立的过程,位于口译过程的前端,始于信息输入,止于但又服务于信息存储。听辨是整个口译交际的前提,没有听辨则无法进行口译,听辨的质量直接决定口译的质量。听辨是一种综合技能或技能体系。听辨过程中,译员综合运用知觉、注意、联想、预测、推断、表象、记忆、思维等认知元技能,和信息解码、意义建构、集成、提取、分析、综合等微技能;译员自动化、半自动化地对各种元技能和微技能优化配置使用,以达到最优的听辨效果。

二、语音听辨特点

成功的传译首先取决于译员能否快速、准确地获取源语讲话的信息。语音听辨是传译过程中的第一阶段。准确地感知语音是正确理解信息的前提。语音感知指的是听者由感知系统接受到语音刺激后,经过初步分析找出语音的音位学特点,然后依据记忆系统中相关的语音知识,对信息进行整合完成语音识别的过程。

译员在依赖"听"来实现语音的输入还需要有"辨"的能力,即能主动地、及时地对接收到的语音进行分析、推测和校正。口译中译员对语音的理解具有较鲜明的特点:从理解任务的广度而言,译员不能以自己的意愿来选取需要理解的内容,而是要尽量理解讲话人想要表达的所有内容;从理解深度而言,传译员不能只为了回应信息,而要推动形成表述动机,深度加工信息;从难度而言,传译员往往需要在"一次性"的接收过程中理解到位。

听辨分析任务包含所有与理解相关的操作,从口译员接收语音信息,对其进行分析,识别源语词语,直到最后确定源语的意义。听辨分析具备几个特点:

首先,听者接收到的语音信号本身具有不稳定性,无论是不同人的发音还是同一个人的不同次发音都是变化的。语音信号接收后的下一步是词语识别,这一过程中语音信号被进一步分析,听者根据自身的语言知识、前后语境及现场情境才能识别语音信号所指代的具体词语。

其次,口译中的听辨理解不仅仅限于词语识别层面,还涉及译员对源语的推断和预判。因此,译员在口译中的理解努力相比普通听众更为艰难,译员必须专注于发言人所说的一切,而与会者可以只选择他们感兴趣的部分。同时,译员本身具备的背景及专业知识不如与会者,因此在理解专业性强的讲话内容时需要付出更大的努力。

可见,口译理解过程并不是一种机械式的自动化的过程,而需要口译员的高度注意集中,同时调动自身具备的一切知识,包括语言知识、背景知识、语境知识等。

三、影响语音听辨的因素

如果现场噪声过大,发言语速过快、带口音,内容信息密集,数字、缩略词过多,专业表达过多,句式结构复杂,语法和词汇使用不正确,语言和推理异于常规等,都会对译员的源语理解处理能力提出更高需求。如果译员平时训练不到位,那么临时遇到这些困难时,无法应对,必然造成传译任务的失败。

因此，为了更好地完成输入任务，译员在传译听辨时要注意力高度集中并积极地听，听的过程中不仅要使用自己的语言能力，还要有意识地调用自己语言外的知识，包括百科、主题、场合知识，还需了解讲话人的身份、立场观点、主题、场合和听众的类型。平时必须加强听力训练，包括抗干扰训练，练习语速较快、信息密集的篇章，数字训练，广泛听各种口音、内容、风格的讲话等。只有提高练习量、加大练习难度，不断积累，才能够应对可能出现的输入困难，为接下来的记忆和翻译输出走好第一步。

四、语音听辨训练技巧

主题信息识别与提取是译员必须具备的听辨习惯。因为在传译听辨理解过程中养成提取主题信息和抓关键词的习惯，能够让我们在传译记忆中化繁为简，有效减轻记忆的负担。

（一）识别主题信息在传译中的作用

译员在听辨理解过程中一定要学会区分哪些是主要信息，哪些是次要信息，善于识别主题信息，才能准确传译发言人的内容。在听辨时如果不抓住这个主干，可能我们听取的只是碎片化的信息，缺乏信息的主干，信息是无法组织起来的。

善于识别主题信息的作用如下：

（1）确保传译质量。同步传译过程中，在源语发言难度较大或语速较快时，译员可能不得不遗漏某些信息点。比如在电视新闻的手语传译中，口播语速极快，译员不可能翻译出全部，如果善于识别主题信息，那么遗漏的可能只是某个次要的细节，这样的传译仍然是合格的。但是如果译员随机翻译，听到的翻译，来不及的就遗漏，遗漏了主要信息的传译就是不合格的。

（2）帮助译员记忆。善于识别主题信息，可以让译员在记忆中围绕主题信息有主有次地建立信息架构，这样记忆会更有成效，译语组织也会更有条理。

（3）满足客户需求。在连续传译中，并不是所有客户都需要详细翻译，有时客户要求译员只作概括式的翻译，因此，译员必须能够识别主题信息才能做到概括翻译。

（二）识别主题信息的方法

主题信息，指的是能够概括或者代表整个语篇或者一个语段的中心内容。主题信息意味着源语语篇或语段中的信息是有主次之分的，有的信息是核心内容，其他的信息是次要内容，而且有的信息可能是离题的话、不相干的乃至冗余的内容。如果善于听取主题信息，就能够在传译听辨中把握整体的意义框架。我们来看下面一段话：

老化最重要的部分是血管老化。当人们变老时，供应不同器官的血管最敏感，更容易受到衰老的影响，因此研究血管老化非常重要。近日，佐治亚州立大学的一项新研究发现，禁食或限制热量摄入时产生的分子能够抵抗血管衰老，减少与血管相关的人类疾病的发生和严重程度（例如心血管疾病）。研究人员发现了一种在禁食或限制热量摄入条件下产生的重要小分子。β-羟基丁酸分子是一种酮体或含有酮基的水溶性分子，在食物摄入量低,限制碳水化合物饮食,长时间强烈饥饿时由肝脏从脂肪酸中产生。研究人员发现β-羟基丁酸可以促进细胞分裂并防止细胞老化。

如果提取主题信息,这个语段可以精简为:老化最重要的部分是血管老化。近日,佐治亚州立大学的一项新研究发现,禁食或限制热量摄入时产生的分子能够抵抗血管衰老,减少与血管相关的人类疾病的发生和严重程度。研究人员发现了一种在禁食或限制热量摄入条件下产生β-羟基丁酸分子可以促进细胞分裂并防止细胞老化。

主题信息一般由主题句和句中的关键词组成。首先,我们可以从语篇的标题中得知核心的主题信息,并以此为依据对将要听到的语篇内容进行联想和预测。其次,在听或看的过程中,发言人的每一个语段都会围绕一个主题来展开。通常,每个语段的主题句一般都出现在语段的开头。这样,就比较容易识别整个语篇和每个语段的主题句。

提取主题信息练习:

1. "微公益"行动的民间组织力量虽微,但其产生的"正能量"却不可低估。他们以自己的微薄之力催生爱心、传递善良,带给人们崇善向上的希望;他们以爱传爱,以善扬善,汇聚成一股股爱的暖流。在湖北钟祥,"小红帽义工"集合起一群个体劳动者,他们坚持走街串巷做好事,为城市增添了一道美丽风景;在江西丰城,活跃着一群"萤火虫"志愿者,他们以"萤火虫虽小,也要为社会送去微弱的光亮"的执着,将爱心传递。"众人拾柴火焰高",当个人的想法上升为一个群体的意识的时候,当个体的行为演变为一个群体的自觉行动的时候,它的影响就会变得巨大而深远。

2. 为了充分利用现代信息技术,提高阅卷的效率和质量,今年我市中考将首次实行网上阅卷。网上阅卷采用试卷和答卷分离的方式进行。客观题由计算机自动判分;主观题采用图像切割技术,按题号将考生答卷切割后解决,由不同的阅卷教师图像通过网络在计算机上对考生答卷的电子图像分别进行评分,最后再由计算机系统自动进行核分和成绩校验。

3. 一场百年不遇的特大干旱正席卷西南大地,给当地经济社会发展和人民群众生活造成极大困难。灾情还在持续,当群众最需帮助的紧要关头,干部、党员能不能冲锋在前,真正成为查实情、解民困的"主心骨",将直接决定抗旱救灾能不能取得胜利。

水库龟裂、河谷断流、农田板结……灾情已经持续数月,有许多边远贫困群众饮水十分困难;春耕在即,大面积的田土迫切等待灌溉、翻犁。抗旱救灾任务艰巨,时间更为紧迫,眼下能不能带领和组织群众抢夺时机开辟水源、抗旱保苗,打赢抗旱救灾这场硬仗,是摆在各级党组织和党员、干部面前的一道考题。

立党为公、执政为民是我们党的根本宗旨。在抗旱救灾的考验面前,党员、干部必须深入一线,尤其要到灾情最重、抗灾难度最大的地方解民忧。想不想挑重担做表率,敢不敢豁得出来、冲得上去,是检验党员、干部品质最好的"试金石"。

4. 新闻发布会在南昌正式启动。本届大赛由共青团江西省委、省中小企业局共同主办,共青城青年创业就业基金协办,南昌银行作为冠名单位和唯一金融合作机构,为本次大赛搭建金融服务平台。大赛的目的主要是通过打造青年创新创业服务平台,帮助青年提高创业意识、增强创业能力、促进创业计划转变为创业行动,培养和扶持一批青年创业者,进一步提高我省创新创业水平,帮助广大中小企业健康发展,为我省实现"发展升级、小康提速、绿色崛起、实干兴赣"的战略目标做出积极的贡献。

据介绍,大赛分报名、海选、初赛、复赛、半决赛和总决赛等六个环节进行,赛期从9月持续到12月,设冠、亚、季军各1名,分别奖励10万元、5万元和3万元等创业资金。

5. 我国目前从事专业文物修复的人才约400人,但馆藏文物已达1200万件,且有相当部分破损严重。按照妥善修复保存文物的要求,必须对所有文物进行定期轮修。如果依照国际通行的文物修复标准,以每位修复师每月修复一件文物计算,仅轮修一遍现有的1200万件馆藏文物就需要至少2500年。针对大量文物需要修复、修复力量又严重不足的情况,文物部门连年举办系列文物修复培训班以培养人才。但不断出土的大量文物却让这种修复仍显得遥遥无期。

6. 京剧是中国的国粹。作为一门古老的艺术,京剧的服装、脸谱更易被人喜爱。不同的服装类型反映不同人物身份特征。富贵者的服装缀满精美的刺绣;穷困者的服装则简单朴素,少有装饰。脸谱是京剧中塑造人物形象的重要手段,它是用不同的颜色在脸上勾画出来的。脸谱的颜色让人一看便知角色的善恶。比如白色代表奸诈,黑色代表正直不阿,黄色是骁勇,蓝、绿色多用于绿林好汉,金、银色多用于神佛等。

7. 苏州是一个具有悠久丝绸文化历史的城市。它有栽桑、养蚕、缫丝和织造的传统。苏州的丝绸是皇家贡品,早在唐宋时期就在世界范围内享有盛名。苏州市有自然优势,日照充足,雨量充沛,土壤肥沃,这些给蚕茧的高产和丝的高质量提供了合适的环境。它一直是中国丝绸原料的主要产地和集散中心。

8. 中国人在7000年以前就开始用谷物酿酒。总的来说,不管是古代还是现代,酒都和中国文化息息相关。长久以来,中国的酒文化在人们生活中一直扮演着重要的角色。我们的祖先在写诗时以酒助兴,在宴会中和亲朋好友敬酒。作为一种文化形式,酒文化也是普通百姓生活中不可分割的部分,比如生日宴会、送别晚宴、婚礼庆典等。

9. 汉语热指近年来越来越多的外国人开始学习汉语的现象。在很多国家,学汉语的人数在迅速增长。据统计,全世界已有109个国家、3000多所高等学校开设了汉语课程。一项调查显示,他们学习汉语的主要目的是去中国旅游、从事贸易活动、了解中国和中国文化。汉语热背后的原因是中国经济的飞速发展,它使中国的国际地位和影响力得到了提升。全球"汉语热"传达了世界各国人民渴望了解中国文化的信息。

10. 为了促进教育公平,中国已经投入360亿元,用于改善农村地区教育设施和加强中西部地区农村义务教育。这些资金用于改善教学设施、购买书籍,使16万多所中小学受益。资金还用于购置音乐和绘画器材。现在农村和山区的儿童可以与沿海城市的儿童一样上音乐和绘画课。一些为接受更好教育而转往城市上学的学生如今又回到了本地农村学校就读。

(三)提取句子中的关键词

一般来说,一个句子主题信息隐含于关键词中。关键词一般体现为句中的实词,尤其是充当主语、谓语和宾语的实词。实际上,主、谓、宾都是意群。我们在听辨时注意抓住这些意群中的关键词,就能够准确把握每句话的意义。

例一：

1. 我不看对青少年有害的黄色书刊。
2. 赵州桥高度的技术水平和不朽的艺术价值,充分显示了我国劳动人民的智慧和力量。
3. 我清楚地看见他来了。
4. 这对于一般见异思迁的人,对于一般鄙薄技术工作以为不足道、以为无出路的人,也是一个极好的教训。

详析：

1. 碰到有否定词"不、没、没有"等的句子要把否定词保留在句子主干中。

主题信息:我不看书刊。

2. 主语、谓语、宾语的中心词是并列结构的,要把整个并列结构找出。

主题信息:技术水平和艺术价值显示智慧和力量。

3. 主谓短语作宾语的句子应把整个短语保留在主干里。

主题信息:我看见他来了。

4. 再长再复杂的单句都可用此法简缩成非常简洁明了的句子。且句子主干中只有一套主谓语部分。

主题信息:这是教训。

例二：

说到木耳菜的营养价值,首先要说的是钙含量。100克的鲜木耳菜,含有钙166毫克。大多数人都知道菠菜是一种含钙丰富的植物,相同量的菠菜,含钙仅有66毫克,而且菠菜中含有草酸,其钙不容易被人体所吸收。木耳菜就不一样了,木耳菜的钙含量比菠菜多,草酸却很少,所以更能起到补钙的作用。

这个句子的关键词是"木耳菜的钙含量",虽然句子中插入了菠菜的钙含量、草酸等信息,但是只要识别了主题信息,整句的意思就变得清晰了。

提取关键词练习：

1. 有偏执性人格障碍的患者容易把别人无意或者好意的言行当作恶意,常怀疑他人欺骗、伤害或"暗算"自己,怀疑恋人或伴侣对自己不忠,对周围的人怀有敌意,有报复之心。有超价观念,对自我能力评价甚高,遇事好争辩,容易与他人发生争执,坚持认为自己是正确的一方,听不进不同的意见,不相信与其想法相异的事理或事实。遇到困难或失败时,总是指责他人或环境,对别人的拒绝、过失等耿耿于怀,常会固执地追求不合理的利益或权利,长年累月地纠缠在某件事情上。

2. 蝴蝶鱼,属蝴蝶鱼科,是热带海洋观赏鱼的名角之一,有120余种,90%生活在印度洋和太平洋。它们拥有美艳的体色、娇美的轮廓,两侧扁平椭圆的体型,既小又尖的嘴巴。许多蝴蝶鱼尾部都有一个似眼的黑圆斑点,那是它们用来诱骗攻击者的假眼,作用在于使攻击者错误地攻击其坚硬的背鳍刺端,以确保自己的安全。其食性以藻类、海绵珊瑚为主,有些品种也会吃一些小动物及浮游生物。

3. 年画是民间很常见的一种图画,大多于农历新年到来时张贴。年画画面线条单纯,色彩鲜明。传统年画多为木版水印制作,主要产地有天津杨柳青、苏州桃花坞和山东潍坊等;现代年画则多为机器印制。年画的常见题材有合家欢、看花灯、胖娃娃、五谷丰登等,也有以神话传说和历史故事为题材的,多含有吉祥喜庆的意义。年画历史悠久,早在宋代就有相关记载;清代中期,年画尤为盛行;至今还深受人民群众喜爱。

4. 微信圈里大家情意绵绵,现实生活中却很少相见;和妻子同睡一张床,却经常在微信里留言道晚安;参加宴会聚餐,忙着拍照发微信;陪伴在父母身边,却只顾将自拍照修饰后发到微信圈里让朋友点赞。

5. 正如今天人们对生活质量的要求和对事物的评价一样,追求本色、原色和自然才是最好,对食品的要求也应当是原色原味和自然的营养。这个原理放之四海而皆准,只有符合进化的自然本色,在外观上才是最美的,在功能上才是最好的,在本质上才是最优的,在营养上(就食品而言)才是上乘的。这也是为什么营养学家总是鼓励人们吃新鲜的、原色原味的食品的原因,甚至连烹饪能避免就避免。因为一加热,食品中绝大多数有益于人体(营养和抗病)的酶就会被破坏,起不到应有的作用。

6. 黄山位于安徽省南部。它风景独特,尤以其日出和云海著称。要欣赏大山的宏伟壮丽,通常得向上看。但要欣赏黄山美景,就得向下看。黄山的湿润气候有利于茶树生长,是中国主要产茶地之一。这里还有许多温泉,其泉水有助于防治皮肤病。黄山是中国主要旅游目的地之一,也是摄影和传统国画最受欢迎的主题。

7. 我们的饮食习惯对于健康和强壮的身体而言是非常重要的。比起吃肉类和大米,我们当中多数人更喜欢吃甜食和冰淇淋。如果我们餐后吃甜食和冰淇淋,甜食和冰淇淋对我们没什么害处。但是如果我们餐前吃,将会影响我们的胃口。因此,保证每天在固定的时间吃饭对于我们来说很重要。其他因素,比如兴奋或焦虑,也都会影响我们的食欲。

8. 黄河是亚洲第三、世界第六长的河流。"黄"这个字描述的是其河水浑浊的颜色。黄河发源于青海,流经九个省区,最后注入渤海。黄河是中国赖以生存的几条河流之一。黄河流域是中国古代文明的诞生地,也是中国早期历史上最繁荣的地区。然而,由于极具破坏力的洪水频发,黄河曾造成多次灾害。在过去几十年里,政府采取了各种措施防止灾害发生。

9. 春节是中国最重要,也是最热闹的古老节日之一。春节象征着团结、兴旺以及对未来寄予新的希望。据记载,中国人过春节已有四千多年的历史。中国是个多民族的国家,各民族过春节的形式各有不同。但是无论中国的哪个地方,人们都会在春节期间全家团圆,吃年糕,饺子以及各种丰盛的饭菜。人们张灯结彩,燃放鞭炮,并互相祝福。

10. 四合院是中国的一种传统合院式住宅。一个标准的四合院通常由一个庭院及其四周独立的房屋构成。不同方位的房屋有着不同的名称。坐北对着庭院入口处的称为正房,东西两边的称为厢房,坐南朝北的称为倒座房。长辈或一家之主住正房,晚辈住厢房。倒座房可以用作厨房、储物间、客厅或书房。四合院如今已经成为观光景点,并为世界各地的游客所熟知。

第三节　手语理解

手语传译有两种形式,一种是译员一边聆听和理解发言人讲话的内容,一边同时打手语;另一种是一边看着聋人的手语,一边同步将手语信息用口语表达出来。在传译过程中,理解源语至为重要,要求译员注意力高度集中,时刻对获得的源语信息进行理解和处理。对听人来说,对源语是汉语的信息理解和加工相对容易,而要理解源语是手语的信息比较困难。故对听人来说,对手语的理解和掌握直接影响传译的成败。

一、手语的概述

手语是聋人群体使用的主要沟通工具,它是用手的变化、面部表情、肢体动作来表达信息,是一种视觉空间语言。聋人博士杨军辉给手语的定义是:"手语是人们在聋人环境中使用手的形状、动作、位置和朝向,配合面部表情和肢体动作,按照一定的语法规则来表达特定意思的交际工具。"我国手语语言学开拓者龚群虎则认为中国手语是"中国聋人群体使用的形义结合的手势—视觉沟通符号体系"。

(一) 手语是一门语言,具有语言学意义

手语是一门真正的语言,而不是有声语言的附庸或替代品,主要体现在以下三方面:

(1)手语和有声语言一样,具有它特有的语言结构。有声语言一般都是由语音、词汇和语法三部分构成。而手语也具有明显的语言学特征,它具有丰富的词汇系统和独特的语法规则,而语音在手语中表现为"语形"。有声语言是用特定的语音表达特定的意思,而手语的"语形"是用特定的手势形状表达特定的意思,虽然表现的形式不同,但表达的功能是一致的。

(2)手语作为聋人的主要语言,已经成为他们思维的工具。语言不但是交际的工具,而且也是思维的工具。语言是现实的思维,是思维的物质外壳;语言的外壳又总是包含着思维的内容。对聋人来说,他们思维的成果可以通过手语来帮助条理化,通过手语来巩固,通过手语把它传递给别人,同时手语也可以帮助聋人思维逐步深化。相对于使用有声语言的健听人,聋人的思维易受手语的影响,更为直观、感性。如:有声语言中的"领导同意我外出学习",在手语中表达为"我/外出/学习/领导/同意",聋人在组织文字语言时就会受手语影响,写为"我外出学习领导同意"。

(3)手语不但具有稳定性,也具有发展性。处在一定阶段上的语言具有稳定性的特点,但随着社会发展,语言发展,交际需要,语言又在不断发展变化中。手语也是如此,既具有一定的稳定性,又在不断发展。如《中国手语》一书中收录手语词5586个,而新发行的《国家通用手语词典》中收录的手语词增加到8000个左右。如20世纪90年代初流行的手语"寻呼机"一词现已被淘汰了,而涌现了一大批新科技用语和网络用语的手语词汇。

（二）手语的地域差别

如同有声语言存在地域差别一样，手语也有不同的"语种"和"方言"。

正如有声语言中存在各种语种，手语中也存在形形色色的语种。中国聋人使用中国手语，美国和部分加拿大地区聋人使用美国手语，英国聋人使用英国手语，法国有法国手语，日本有日本手语。美国人、英国人和澳大利亚人都用英文，但是使用不同的手语。大陆和港、澳、台都使用汉语，但手语词汇不完全相同。各种语种之间除了"吃饭""睡觉"等极少数生活手语外，大部分词汇的差异是非常大的，所以在翻译不同语种的聋人手语时，需要不同语种的手语翻译参与。

正如汉语口语有各种方言一样，手语中除了语种差异，还有方言差异。总体上说，中国手语分为南方手语（以上海为代表）和北方手语（以北京为代表）两大派，而每一派内部不同地区的手语又有差异。比如南方"萝卜"和北方"萝卜"外形上有差异，表达的手语也有所不同。虽然不同语种不同方言之间的手语是有一定差异的，但不同方言的聋人之间交流要比听人顺畅得多，如遇到不同的手语，稍加解释就能理解了。即使是不同语种的聋人之间的手语交流，也可以通过形象比画、面部表情、身体表演等方式达到基本的沟通。

二、自然手语的基本特点

目前，手语分为"手势汉语"和"自然手语"，"手势汉语"又称为"文法手语"，"自然手语"也称为"聋人手语"。"手势汉语"是汉语的手势符号化、视觉化，词序按照汉语词序进行线性的排列组合，与汉语的语法、结构和顺序表达完全相同，所以对听人来说，学习手势汉语和理解手势汉语相对容易上手，但文化程度较低的聋人理解手势汉语比较困难，而且有时候意思会变形，容易造成误会。

聋人群体在日常交流中更喜欢用自然手语，自然手语表达更具形象性，简单易懂，方便聋人交流。但对听人来说，自然手语的词汇学习还比较容易，要看懂自然手语难度较大。自然手语具有较强的指事性和形象性，表达单一简略，且具有自身独特的语法特点。所以要看懂手语，还必须了解自然手语的基本特点：

（一）手语"省略"现象

手语是一种视觉语言，为了让被感知者尽快、准确地接收信息，往往会省略一些汉语句子中的代词、量词、动词、虚词等修饰成分，让手语表达更加简洁易懂。

1. 量词的省略

量词是用来表示人、事、物或动作的数量单位的词。原生态的自然手语中没有量词的概念，一般是在名词后直接打出数词。物体的尺寸和形状，可以表示相关的实物，也可表示某一类事物，即"类标记"。聋人手语中的类标记和汉语中的量词都具有描摹事物的特性，模拟物品形状的手势动作中已经包含了量词的意义。因此，聋人手语中没有量词的手势单独呈现。如：3 朵花，自然手语表达为"花/3（朵）"。

2. 代词的省略

代词是具有代替、指示作用的词。在聋人手语中经常会省略代词,以相对于打手势者的位置来表达。如"我帮助你!"聋人手语就打"帮助"的手势动作,手势动作的运动方向从"我"到"你",这个手势运动方向就表示了不同的人称。以此类推,"你帮助我"只是变换了手势动作的方向,从"你"到"我"。这也符合视觉语言的特点,手语的位置、方向、运动等语言要素是与空间特性相联系的。

3. 动词的省略

聋人手语是用手的动作来表示的特殊语言,句中的手语词汇都产生于动作中。因此,聋人手语中常出现名词兼代动词的现象,动词省略,包含在宾语中来表达。这种现象在语言学中叫作"动宾一体"现象,有些名词和动词在意义和形式上是相互关联的,不同的只是在移动上。如:看书——书,遇到这种现象,要根据语境,联系前后词、上下句加以分析,才能准确理解聋人手语的意思。

4. 虚词的省略

虚词是不能单独充当句法成分的词,有连接或附着各类实词的语法意义。虚词分为副词、介词、连词、助词、叹词和拟声词六类。聋人主要是通过视觉来感知、获取信息的,他们在用手语表达的过程中,常常将所见到的事物、事件用手势打出,因此对他们来说"看不见"的,如"虚词"等,聋人手语中没有单独表达汉语虚词的手势动作,但虚词的意义并没有省略,而是把意义包含在其他词语的动作、表情或当时的交往情境中来表达。聋人在使用自然手语表述时,为快速传达语意,一般省略"的""地""得"这类不表示实际意义的结构助词。聋人手语中还往往省略表示状态、程度、处所等的修饰成分,如副词、处所词。如:"我的作业做完了"聋人手语中一般会省略"了",用完成的手势来表达。又如"我在同学家里吃饭"聋人手语的表达是"我/同学/家/吃","在、里"的意思已经包含在"同学家"这个词语中了,因此手语中就省略了这两个词。

自然手语中也没有原生的叹词和拟声词。如要表达"啊"的惊讶和疑问,可以通过口动和面部表情来表达。如果要表达类似于小狗"汪汪"的声音,手语往往通过手势模拟小狗,配合口动来实现。

(二)手语"倒装"现象

1. 谓语动词后置

"谓语动词后置"又称为"动宾倒装",是聋人手语中最常见的现象之一。聋人手语的表达遵循视觉优先的原则,按照事件在视觉中的时空发展顺序来陈述,常先表述某一事物的存在,再描述其动作等,于是在表达中就形成了与现代汉语语法以"施事+动词+受事"(SVO 句式)表达顺序不同的,按"施事+受事+动词"(SOV 句式)顺序来表达的习惯。如:"我开灯"在聋人手语中表述为"我/灯/开","爸爸修椅子"用"爸爸/椅子/修"表示,视觉在看到表述的主体"爸爸"和客体"椅子"后,才能看出主体对客体的动作。

2. 定语、状语等修饰词后置

有研究者认为,手语的词语排列受到"视觉过程的先后、所表达事物在主体心目中的地位轻重、先具体后抽象"三个因素的影响。同聋人手语表达中谓语动词后置现象的原因一样,聋人在对一个事物进行评价时,也常先说出这个事物是什么,再表达对它的印象。如:"美丽的景色"用"景色/美丽"表示,"热闹的超市"用"超市/热闹"表示。聋人手语中修饰中心词的状语也往往放在最后表述,体现了聋人手语表达中的先具体后抽象的表达习惯。如:"作业难做"用"作业/做/难"表述,"快点过来"用"过来/快点"表示。

3. 肯定、否定及疑问后置

聋人手语习惯先打出主题词或主要事件,再表达肯定、否定或疑问。对肯定、否定的表达常用"有、没有、行、不、可以"等来表示,如(我没有钱)"钱/没有、(不要跑)跑/不、(我没有吃饭)饭吃/我/没有"等都是先描述事物或事件再表达肯定、否定。聋人手语表达中常在最后表示疑问,并带上疑问的表情,如"发生什么事了"用"事情/什么"表示,"哪里有饭店"用"饭店/哪里"表示。

(三) 类标记谓语

类标记是结合位置、方向、运动及表情体态而构成的某种手形,是某一类客体的符号,指称一类具有共同特征的群体。出现在运动及位置动词中。含有类标记的手语短语或句子叫类标记谓语。例:类标记 LL,表示平面和圆形的物体(饼);类标记 CC,表示类似于容器的物体(碗、桶);含有数字 6 的类标记,表示直立的人类。

(四) 形容词、副词的表达

手语表达形容词和副词,通常依靠手势的速度、幅度和表情。如:他走得非常快。"非常"就依靠"走"的手势速度来表达。再如:我家的房子特别大。"特别"就依靠"大"的手势幅度来表达。表情是手语构成的一个重要因素,在聋人交流中扮演着极为重要的角色。表情充当了修饰和表达各种语气等语法上的功能。在表现副词的修饰作用时,也通过表情来完成。如在表达"美丽""很美丽""特别美丽"这些概念时,聋人会倾向于用表情的夸张程度、动作的幅度,来表现美丽的程度,而不会像汉语中一样,直接加上"很""特别"这些副词来修饰。

三、手语理解的技巧

把手语翻译成汉语,首先要能看懂手语。看懂手语的关键是看对手语的掌握程度,所以理解手语的前提是必须了解和掌握大量手语词汇和语法特点,包括通用手语、地方手语、手语惯用语、短语、省略及倒装现象等,大量的手势打法、惯用语和结构搭配必须在观察中获得,在练习中巩固。

其次,要掌握观看手语的技巧。很多人以为既然是手语,那么一定要紧盯着对方的手来观看,其实这是错误的做法,会遗漏许多重要的信息。在聋人手语中,面部表情和身体姿态是不可或缺的组成部分,承载着语法意义,有时,一个眼神、一个撇嘴、一个侧脸都可以传达丰富的意义。因此,在观看对方打手语的时候,视觉焦点要放在对方的面部,视野兼及对方的手部动作、身体动作,结合这三者来理解手语的意思。如在表达"有没有"等表示疑问的语气时,往往会上身微微前倾,脸部露出疑问的表情,末个手势稍加延长。

聋人也往往通过表情及手势的幅度来表达程度,如打"很冷",就是通过"冷"的手势幅度加强,我们在理解手语时就要考虑这些因素,在观察手部动作同时兼顾面部表情及身体动作。

再次,要联系实际场景和上下语境来理解手语。自然手语具有较强的指事性和形象性,常以指点和比画事物的方位和外形来替代手语。比如聋人在表达"这扇门"的时候,可能就直接抬手指一下门。在表达"买了一双鞋"时,"鞋"可能就不出示"鞋"的手势,而是直接指一下"鞋"。聋人在表达人名时,往往会用人物的标志性特征来表示,如"毛泽东"的手语就是打他脸上的一颗痣。聋人手语内容里有多个人物时,往往会先介绍人物的名字及方位,接下去可能就会直接用方位代替人物的名字,这时就要通过上下语境来理解手语。译者在这时反应要快,如果按照中国手语和汉语词序一一对应的打法,可能马上就不知所云了,甚至会影响后面的手语理解。自然手语的词汇量较少,据研究发现,聋人拥有的自然手语词汇量不超过 1200 个,而汉语的词汇量是非常广阔的,这就导致出现一个手语词汇代表多个汉语词汇的意思,译者在手语理解过程中对这种情况可结合上下语境加以理解,并根据需要适当地增加量词、动词、形容词和助词等。

训练示例:

1.录制聋人日常生活交流场景,根据聋人手语特点进行同步翻译训练,如开始直接翻译成汉语口语有困难,可先用书面语一句一句写出来,等熟练了再翻译成口语。重点检查是否理解聋人手语所表达的内容,遗漏了哪些内容,哪些手语信息没有捕捉到,并思考遗漏的原因。

2.开展手语译文和汉语的对比训练。

示例一:节选自聋人学生作文

聋人书面语:我的母亲行动不便,靠父亲一个人挣钱养活我和母亲。我家很穷,也没有自己的房子,一直租房子住。每当过年,不管家里多穷,妈妈一定会给我买新衣服,而她自己连一双袜子都舍不得买。虽然父亲钱挣得不多,也买不起贵的东西给我们,但只要是我想要的,他都买给我。父母亲希望我过得好,不想让我受苦。

手语译文:我/母亲/行动/不便,父亲/人/1/挣钱,我/母亲/养活。我家/穷,自己/房子/没有,一直/租房。过年,家里/穷,妈妈/买/新衣服/给我,她/自己/袜子/买/舍不得。父亲/赚钱/少,东西/贵/买不起,我/想要,给(父亲→自身)/买。父亲/母亲/希望/我/好,我/受苦/不要。

示例二:节选自聋人学生作文

聋人书面语:假如有人问我,世界上最爱我的人是谁?我最爱的人是谁?我肯定毫不犹豫地回答:"是奶奶。"现在我在外地读书,奶奶每隔几天和我开视频,奶奶总是目不转睛地看,看着看着眼睛湿润了……我听不见也不会说话,奶奶不会手语却用眼睛交流来表达奶奶对我的爱。

手语译文:有人/问我,世界/最爱/我/谁?我/最爱/谁?我/回答/奶奶/肯定。现在/我/读书/外地,奶奶/我/视频/开/隔几天,看/认真,流泪+++。我/听/没有/说/不会,奶奶/手语/不会,奶奶/眼睛/交流/爱。

示例三：节选自聋人学生作文

聋人书面语：那天，我和一群伙伴们，拿着自己自制的弓箭玩对射，边跑边射，玩得很开心。就在我们玩得最开心的时候，我的眼睛被射中了，当时就感到眼前一黑那只眼睛就看不见了。我当时以为只要休息会儿，过会儿就会好的，可是过了好长时间还没好，我开始慌了，害怕了，打电话给了我妈妈，妈妈带我去了医院。我的这只眼睛，从此就看不见了，还留下了一条疤。由于我两只眼睛视力不同，所以我总是斜着脑袋看书，离得黑板远就看不清楚，有时还会被同学们嘲笑。有时候，同学们只是和我开一下玩笑，可我虽然表面装着不在意，可是心里不知道有多难受。我开始不爱说话，下课后就睡觉。

那天/我/伙伴们，自己/做/弓箭/对射/玩，跑/射，玩/开心。玩/开心+++，我/眼睛/射（对方→自身），眼前/黑/眼睛/看不见。我/觉得/休息+/变好，时间/长/仍/一样，我/害怕，给/妈妈/打电话，妈妈/带我/去/医院。我/眼睛（指受伤的眼睛）/看不见，疤/有。我/两/眼睛/视力/不同，书/看（斜着脑袋），黑板/远/看/不清楚，同学们/嘲笑（我）。有时，同学们/开玩笑，我/表面/不在意，心里/难受/多。我/开始/说话/少，下课/睡觉。

练习：

1. 我和妈妈先打一场，爸爸蹲在一旁来当裁判，我们两人开始不相上下，中场我略胜一筹，可最后还是十分遗憾地输给了妈妈的扣杀。心中多有不甘，又和爸爸打，比赛十分激烈，散步的人们有的也驻足观看，可意想不到的是，羽毛球被爸爸一下打到了二层看台上。一位跑步的叔叔看见了，跑上二楼，把球从二楼抛下来，爸爸接到手里。我们连忙道谢，那位叔叔不好意思地摇了摇头，又去跑步了。

"好心人真多。"我心里嘀咕。爸爸也朝那个人笑了笑，妈妈也很高兴。真的，有时一个善举便可温暖许多人。

我和爸爸完成了比赛，爸爸还是赢了，我很不高兴，忽然又想到一个问题，为什么球会被打到看台上？与力度、距离、与球拍接触面积有怎样的关系？我便叫上爸爸，烈日炎炎，汗水直淌，爸爸和我反复实验，妈妈也协助我们，一次又一次把打上去的球扔下来。我们都很高兴，仿佛不在研究，只在三个人游戏罢了，后来，我们终于有了结果。说实话这些结果都在意料之中，但我们还是享受了一家三口研究、欢乐的过程。

2. 那天，我和往常一样，急匆匆去上学。走到半路，突然冒出一条米黄色的狗，把我吓得半死，我连忙扔下手中的牛奶扭头就跑。跑了一会儿后发现它并没有追我，只是站在刚才那个地方，绕着牛奶盒走了几圈，又低下头来小心地嗅了嗅，突然，它好像知道了什么似的，叼起牛奶盒一溜烟跑了。我恍然大悟：原来它"醉翁之意不在酒"，突然冒出来，是来打劫我的牛奶的。

我赶紧追了上去，可迟了，它早已没了踪影，真的，我找不到它，准备放弃的时候，突然发现地上有一道断断续续的水迹，这一定是牛奶盒落下来的。哈哈，天无绝人之路，那条狗太笨了，它怎么也不想想牛奶会滴下来留下水印。我顺着水迹一直来到一个小角落。

果然不出我所料，我发现了那条狗。它正趴在那儿一动不动地盯着它面前的小纸盒。对我的到来，它完全没有一丝反应。好啊好啊，你不仅抢我的牛奶还无视我的存在，我一定要让你好看！我悄然走了过去，想给它点颜色看看。但走近了才发现，那纸盒里竟有一只小猫。它浑身脏兮兮的，还没有我的巴掌大，面前正是那条狗"抢"来的牛奶，它伸出它那粉粉的小舌头，不断地舔从吸管上滴下来的牛奶。那条狗温柔地看着它，如同看着自己的孩子。我恍然大悟：原来那条狗抢我的牛奶，竟是为了给小猫喝的。像猫狗这样不同的动物，此刻却像家人一样。我被这友爱的一幕深深打动了。

第五章 手语传译的记忆

手语传译作为一种以信息传递为目的的语言交际活动,要求译员必须在有限的时间内用目标语忠实有效地将讲话人所表达的信息传递给目标语听众。手语传译的完成是"源语理解与分析、短时记忆和翻译产出"三项基本任务的配合过程。这三项任务中,短时记忆尤其重要。因此,短时记忆在手语传译中起着非常重要的作用,短时记忆能力是手语译员应培养的具体能力之一。

第一节 记忆的基本原理

作为复杂和高级的跨文化交际活动,手语传译对译员的看说能力和手语表达能力都有极高的要求。它不仅是对源语信息的理解和产出的精密处理过程,还对译员的记忆有着较高的要求。传译活动的心理认知影响着记忆的训练策略及效果,因此,在手语传译的记忆训练过程中,首先要了解记忆的基本原理才能更好地加以训练。

一、记忆的特点

手语传译活动不仅是语言层面的简单转换,还涵盖复杂的心理活动。传译的认知有其独特性、及时性与即席性,要求译员具有极强的手语汉语双语能力及记忆能力。传译中的记忆不是对源语言的直接复制,而是对信息的解码与编码之后的储存与提取。传译中的语言理解也是提取记忆信息对翻译内容整合推理的过程。

工作记忆揭示了影响同传认知的内在特征,因此对工作记忆的研究有助于人们更好地探索同传的本质。手语传译是一种特殊的语言活动。手语译员必须在发言人开始讲话后的数秒钟之内立即开始翻译,这就要求译员能完整准确地记忆发言的内容,大部分情况下只能完全依靠大脑记忆来完成手语传译,并且要保证信息呈现完整、前后逻辑衔接合理。因此,出色的记忆力是成功的手语传译活动不可缺少的前提条件之一。

首先我们要了解记忆的基本原理及记忆的特点。根据心理学的相关研究,记忆指的是人脑对各种信息的存储、提取及加工。因此,作为手语传译员,我们要提高存储的条理性,把握提取的线索。心理学把记忆分为三种:感觉记忆、短时记忆、长时记忆。感觉记忆持续的时间很短,是一种瞬间记忆;短时记忆的记忆容量为 7±2 个互不关联的信息单位,不需要激活,始终处于活跃状态,持续的时间在 20～30 秒;长时记忆容量几乎是无限的,但需要被激活,持续时间长达数日、数月乃至数年(仲伟合和王斌华,2009)。在手语传译中,译员主要运用的是短时记忆,这是由传译的任务决定的。在传译过程中,译员的记忆必须处于活跃状态,可以随时提取,但不需要持续太久。因此,手语译员必须有比较强的短时记忆能力。

在手语传译的记忆中,译员应该记忆的是句子的语义,而不是一个个的词汇。比如电视新闻手语翻译中,新闻口播的语速是 250 字左右每分钟,一分钟内,翻译员要准确记忆这 250 字是很困难的,就算全部记下,译员也跟不上口播的语速,即便能跟上,但是这种逐字翻译出来的手语是没法让人看懂的。记忆的特点决定了在手语传译时应该运用意义记忆的方式,在听辨理解的过程中要分析源语所表达的意义,作为记忆存储和提取的对象。平时,我们背诵一段文章要花一定的时间才能准确记忆,而如果复述一个长篇的故事情节反而比较简单,因为我们运用的是意义记忆的方法,不是背诵的准确记忆。因此,在手语传译中,记忆的方式是意义记忆。

二、记忆的工作机制

记忆分为感觉记忆、短时记忆和长时记忆三种。外部信息经过感觉通道,激活感觉记忆从而进入短时记忆。短时记忆是人几秒钟或几分钟内能够辨识和回忆的信息量,指记忆经验之后几秒钟或几分钟内的持留。短时记忆是唯一对信息进行有意识加工的记忆阶段,是信息进入长时记忆的一个容量有限的缓冲器和加工器。我们是无法意识到感觉记忆和长时记忆中的信息的,这些信息只有被传送到短时记忆中才能被控制和加工。因此,短时记忆也叫工作记忆。

短时记忆与感觉记忆、长时记忆相比,其明显特征之一是信息贮存时间短。短时记忆中信息保持的时间一般为 20 秒,非常短。但若对信息加以注意和控制,保持的时间则可以大大延长。记忆容量有限是短时记忆的另一特征。美国心理学家米勒认为短时记忆的容量是可变的,可以由一个变量来计量。他称这个变量为块(chunk),或记忆单位。米勒认为短时记忆的信息容量是相对恒定的,为 7±2 个组块。对于记忆容量来说重要的是实际的信息负荷,而不是这种记忆单位的数目(庄鸿山,2004)。因此,在不改变信息单位数目的前提下,我们就可以通过打破字母或者单词之间的界限,组成较大的记忆单位来扩大记忆容量。这就是短时记忆的组块理论。米勒的组块理论得到许多研究的支持。所谓组块是指将若干较小单位联合而成熟悉的、较大的单位的信息加工。它可以是无意义音节,也可以是彼此无关联的字母、单词甚至句子。

影响短时记忆广度的因素很多。组块的大小、复杂性和熟悉性等都会影响短时记忆的容量。短时记忆容量随着组块复杂性的增加而逐渐降低;复杂性与记忆保持量有显著负相关,内容越简单短时记忆容量越大;高频词的短时记忆容量比低频词大。短时记忆容量和主体的知识经验也有密切关系,知识经验越多,应用的组块数及每个组块所包含的相应的信息量也越多。

三、记忆的加工策略

认知心理学家巴德利(Baddeley)认为,工作记忆是负责信息存储和信息加工的一个资源有限的认知系统,是一种短时记忆性质的记忆体系(章美芳,2011)。一般情况下,译员须在3至10秒钟之内对源语进行编码并转换成译语。在传译过程中,译员的工作记忆是一种极为特殊的短时记忆,它在加工作业时必须具有信息短暂存储和信息加工转换的双重处理功能。

在传译过程中,并非所有经过感觉记忆的信息都可进入短时记忆,只有一部分被注意到或被意识到的信息才能进入短时记忆进行意义加工。因此,短时记忆首先接受的是感觉记忆筛选之后的源语信息。如果在短时记忆的持续时间之内,这些信息不能被全部输入,它们就会在组织好之前被遗忘。信息接收者对信息材料的兴趣、目的和期望以及对其熟悉的程度直接影响到注意程度。如果言语材料是译员熟悉和感兴趣的信息,则可以积极主动地激活记忆中已有的相关知识和经验,而目的和期望能够有效促进这一激活的过程。传译任务的性质决定了译员在听辨理解过程中的是"有意"识记。在进行言语理解的时候,译员的目的性和方向性越强,对信息的推导和分析也就更快。译员的工作动机越强,其对源语信息的理解、组织得越好,记忆效果也就越令人满意。由于短时记忆的容量有限,译员必须下意识地过滤、选取源语材料进行进一步加工,从而避免过重的记忆负担。

短时记忆要对进入的信息进一步加工才能更好地保持信息。短时记忆的认知加工策略主要有复述策略、组块化策略和组织性策略等。所谓复述策略,是指将注意力维持于学习材料上,运用内部言语在大脑中重现学习材料或信息刺激,以将其保持在短时记忆之中。主体对刺激信息的回忆量与其对信息复述的频率成正比。因为翻译是对源语信息的意义和思想进行传递和表达,而不是对源语信息符号的机械记忆与重现,在传译中,短时记忆并不是对信息的简单复述,其实质是在理解源语的基础上,对其主要意义和关键词语的记忆和加工。一般而言,有声材料进入语音存储阶段后需要出声或不出声的复述加工以进行保持,使相关信息在短时间内不会消退,然后进行信息加工转换,再输出译语。由此,短时记忆在执行信息存储和加工的双重处理功能时,复述起着重要作用。运用组块化策略可以通过增加个别单元上的信息载荷来扩大短时记忆容量。组织性策略是指译员在记忆过程中,根据不同的意义,将记忆材料组成各种类别,编入各种主题或改组成其他形式。通过从长时记忆中对话语模式知识、场景知识和百科知识等的记忆储备中提取与接收到的信息类别、主题相关的知识,将二者联合起来对话语信息进行加工并储存。

在传译训练中延长信息在大脑中的储存时间,扩大短时记忆的容量,可以改善手语传译的记忆。从瞬时记忆传来的信息转入长时记忆需要一定时间,短时记忆是瞬时记忆和长时记忆之间的缓冲器。复述可避免信息迅速遗忘,可以强化记忆效果,如果得不到复述,信息只能保持 15~30 秒,通过复述信息可以进入长时记忆。短时记忆还可贮存从长时记忆中提取出来的信息。将长时记忆中的信息提取出来,进行编码和释义,可以实现对话语的理解。因此,通过筛选信息,进行复述和组块可以增加记忆容量,促进信息存储和理解。在传译活动中,由于时间的有限性,译员应在很短的时间内,有意识地筛选、判断话语中的关键信息点,纳入短时记忆系统,为之后的传译输出服务。

第二节 信息整合

在手语传译中,记忆和听辨理解是密切关联的两个步骤,只有对源语有了清楚的听辨理解,记忆的内容才能明确,并做到思路清晰。译员要注意分析源语的意义,还要注意源语中的逻辑线索,这样才能有机整合源语的主要信息和次要信息,提高记忆的效率。

一、逻辑线索的作用

传译中的逻辑分析指"对讲话进行纵向和横向的分析"。纵向分析就是找出逻辑层次,分清关键信息和辅助信息;横向分析则是明确各信息间的逻辑关系。逻辑整理练习要求译员在听的同时,对信息进行逻辑分析。听完后首先概括原文的中心意思,然后说出围绕中心意思,原文阐述了哪几方面内容,其相互之间逻辑关系是什么。练习的目的在于训练逻辑思维能力。通过练习,译员在理解的前提下,可以更好把握信息的逻辑关系,使信息规整有序,并将信息组合成更大的单位,以增加短时记忆的容量。练习中,不仅要找出逻辑线索,还要找出关键词,这样记忆的内容就成了对源语的主要意义及相互关联的记忆。在翻译产出阶段,译员根据逻辑关系,利用逻辑线索和关键词去激活相关信息,就能恢复主要信息来完成忠实翻译。逻辑思维能力的提高有利于提高记忆力。

二、逻辑线索的分析

在手语传译的听辨理解、记忆的过程中,传译员都要紧跟发言人的思路,源语中的逻辑线索就是发言人思路的标志。逻辑线索有时间、因果、顺序、对比等。译员可以通过逻辑联系词来分析逻辑线索。表示因果关系的逻辑联系词有:因此、因为、所以、因而等。当然,在不同的语境中表示同一类逻辑联系的词也可能表示不同的逻辑关系。译员在听取信息的过程中,要学会迅速找出信息内容的逻辑关联。下面介绍几种信息组织的方法:一是顺序法,即时间顺序、因果顺序、事情发展顺序、从问题到解决方法的顺序等。二是方位法,从上到下、从左到右、从东到西、从南到北、从前到后等。三是过渡法,要注意表示逻辑关系变化发展的词语,如"然而""尽管""此外"等。四是关联法,一段话要抓住主题句、相关联的、支撑性语句帮助理解和记忆。

逻辑线索分析练习：

1. 环保部近日通报了今年进行的华北六省市地下水污染专项检查结果，受检查的2.6万多家企业中，几十家企业存在利用渗井、渗坑或无防渗漏措施的沟渠、坑塘排放、输送或者存贮污水的违法问题。环保部对这些企业的违法问题进行了查处。然而，88家企业共被罚了613万元，平均到每家企业只有7万元。但污染地下水造成的环境影响却无法用这7万元来挽回。

2. 德国海德堡大学国际冲突研究所周二公布最新一年"全球冲突晴雨表"报告。在"冲突晴雨表"分布图上，北美和欧洲大部分国家被涂上了代表"和平"的白色；中国则是黄色，表示为"危机地区"；俄罗斯和印度则是橙色，表示面临"地区冲突"；中东、非洲、中美洲部分国家还涂上了"红色"，代表"战争"。

研究人员担心，2014年许多危机可能在某个时候升级，甚至发展成战争。除了美国对叙利亚可能发动战争外，中国东海上有关钓鱼岛及其附属岛屿的争端也是一个"热点"。

3. 今年可以说是多灾之年，人们刚刚从土耳其、台湾大地震和美国飓风的恐惧中摆脱出来，强烈的飓风又袭击了印度东海岸，造成了至少79人死亡，数以万计的人流离失所。在受灾地区，建筑物、电线杆和通信设施被一扫而光，供水和供电完全中断。据统计，在本世纪至少有100万人死于来自印度洋的强烈飓风。为了减少灾害造成的损失，印度政府正在加强研究，希望能够了解北印度洋地区飓风的形成，加强预报工作，以减少损失。

4. 每天早晨，你都在定义你未来人生的模样。你对待每个早晨的态度，在很大程度上说明了你过这一生的态度。有人选择在最后一刻起床，随便抓点什么当早餐，或干脆不吃。很显然，他们不知道如何让生活井井有条。还有一种人，他们选择让每个早晨都过得有规律。他们起的较早，能在上班前搞定很多事情。这会让他们一整天都很轻松，并在上班时更有创造力。

5. 对于世界上很多国家来说，中国正迅速成为它们最重要的双边贸易伙伴。然而，中国和世界其他国家之间贸易不平衡的问题已经引发了关注。尤其是美国对中国的贸易赤字是最大的，达到了6000亿美元，这个数字创近十年新高。贸易纠纷也越来越多，主要是关于倾销、知识产权和人民币的估价。

6. 对联是由富有诗意的两句话组成，通常是押韵的。人们用所能掌握的最好的书法水平将它们写在红色竖纸条上。上联贴在前门的右侧，下联贴在前门的左侧。此外，横批是横着贴在门框上的。对联是中国独特文化的一部分。它也是一个同时与中国语言和文字相关的艺术。今天，对联常被用作中国传统节日的装饰。

7. 乌镇是浙江的一座古老水镇，坐落在京杭大运河河畔。这是一处迷人的地方，有许多古桥、中式旅店和餐馆。在过去一千年里，乌镇的水系和生活方式并未经历多少变化，是一座展现古文明的博物馆。乌镇所有房屋都用石木建筑。数百年来，当地沿着河边建起了住宅和集市。无数宽敞美丽的庭院藏身于屋舍之间，游客们每到一处都会有惊喜的发现。

8. 功夫是中国武术的俗称。中国武术的起源可以追溯到自卫的需要、狩猎活动以及古代中国的军事训练。它是中国传统体育运动的一种,年轻人和老年人都练。它已逐渐演变成了中国文化的独特元素。作为中国的国宝,功夫有上百种不同的风格,是世界上练得最多的武术形式。有些风格模仿了动物的动作,还有一些则受到了中国哲学思想、神话和传说的启发。

9. 中国经济的高速发展,带来了消费文化的日益流行,同时也催生了一批具有高学历,充分享受资本主义消费模式的年轻人,他们习惯于当月工资当月花光。因而被称为"月光族"。"月光族"一词出现于20世纪90年代后期,是用来讽刺那些出身富裕、接受高等教育、充分享受快餐文化的年轻人。

10. 如今,越来越多的大学生抱怨很难找到好工作。造成这一现象的原因如下:首先,大学生把在校的大多数时间都用在了专业学科学习上,只有当他们开始找工作的时候,才意识到自己缺乏必要的职业培训。其次,大学生之间的竞争也越来越激烈,这导致任何一名大学生找到工作的机会都变小了。因此,强烈建议大学生在课余时间做一些兼职工作,以积累相关的工作经验。

第三节　记忆的技巧

一、手语传译记忆的原则

在手语传译过程中,译员承受压力最大的是短期记忆。手语传译记忆的关键在于存储和提取两个环节。手语译员必须从这几个环节下功夫来提高传译记忆的效率。

根据手语传译记忆的运作方式,首先不能对源语进行机械记忆,而要在听辨理解过程中进行意义记忆,注意提取源语语篇的意义。

其次,缩小记忆的量,减轻记忆的负荷,要对记忆存储的对象有所选择,有意识地筛选记忆的对象。手语传译过程中要综合主题词、关键词、逻辑线索这三个主要的记忆对象,提取源语语篇的意义框架。

最后,译员要对记忆的信息进行"条块化"处理,厘清记忆的线索并扩大记忆的容量,便于提高记忆存储和记忆提取的效率。

另外,通过记忆的强化训练,手语译员可以在练习过程中学会分析语篇记忆的线索和提高记忆的提取速度。

二、手语传译记忆的常用方法

手语传译记忆主要是短期记忆,短期记忆主要方法有:信息视觉化、信息组块化以及信息联想(任文,2011)。

(一)信息视觉化

这是指将听到的内容在大脑里以画面的形式呈现出来。从心理学的相关原理来看,记忆的基本手段有:视觉记忆、声觉记忆和意义记忆。手语传译记忆的方法也离不开这三种基本手段。译员可以运用"成像法",即把源语语段所表达的意义框架想象成一幅图,或把源语语篇所描述的情景在脑海中构建视觉影像。

(二)信息组块化

这是指把相关信息集中归类到一个意义单位,扩大短期记忆的容量。一般来说,译员在听完一段话后,既不能用大脑全部按顺序记忆每一个词,也无法将全部内容速记下来。译员记忆的是话语意义,以"话语意义"为单位对信息进行重组可以大大增加短时记忆的容量。

(三)信息联想

这是指在听到某一信息时,脑子里联想起相似或相关联的信息,来强化记忆。译员可以把听辨理解中提取的信息点与一个自己熟悉的序列联系起来,如一序列的数字,一排建筑物等。译员能够通过联想和想象,把记忆的关键词和内容串联起来,这样才能够顺畅地表达对方的意思。这种记忆方法是通过对大脑敏感性点的刺激的了解,有针对性地开展训练,让译员在脑海中形成一个具体的景象,并且把景象现实化和视觉化,从而抽取记忆信息,完成记忆信息的翻译,提高记忆信息的能力。

对于手语译员来说,需要经过长时间的训练才能学会使用以上这些方法,因为这在一定程度上意味着要培养一种思维习惯。还有一类记忆方法是手语译员可以很快学会使用的,那就是在听辨理解过程中注意分析源语语篇的线索。具体地说,有的语篇是以时间顺序为线索的,往往会有一个开头、发展、结尾的顺序,如讲述经历、回顾历史;有的语篇是以空间次序为线索的,常常遵循由上至下、由外及里等空间次序,如景点介绍、说明物体构造;有的语篇是以对比、比较为线索的,正反对比、相同和不同之处对比等;有的语篇是以分类为线索的,由总到分,由大类到小类;还有的语篇是以逻辑论证为线索的,或者先说观点,再仔细说论据,或者先陈述原因,再得出结论(仲伟合和王斌华,2009)。

传译记忆的重点,除了主题词、关键词、逻辑线索构成的意义框架之外,还包括每个语段的开头和结尾。因为,开头往往会点明语段的主题,结尾往往会是语段的归纳总结。另外,开头和结尾能帮助译员清晰地整体把握内容。

记忆方法练习:

1. 九寨沟的瀑布更是让人流连忘返。树正瀑布、诺日朗瀑布、珍珠滩瀑布等。就拿珍珠滩瀑布来说吧,听说珍珠滩瀑布气势雄伟,有古代诗人李白写的"飞流直下三千尺,疑是银河落九天"之势。观赏了珍珠滩瀑布,果然如此。瀑布一泻千里,激起千朵浪花,像两条蛟龙似的直冲谷底,多么壮丽的景色啊!在阳光的照射下,若万颗明珠,闪着银光,珍珠滩就由此得名了。大自然的景观真是变幻无奇。真令人难忘。

2. 桂林的山真的是太壮观了!桂林的山又奇又秀又险啊!奇是这样的:桂林的山一座座拔地而起,每个都不连在一起,有的像老人一样,有的像巨象一样,还有的像骆驼一样,这真是奇峰罗列,形态万千啊!秀是这样的:桂林的山好像翠绿的屏障一样,又像新长出来的竹笋一样,色彩明丽,各个都倒映在水中!险是这样的:桂林的山危峰兀立,怪石嶙峋,好像不小心就会栽倒下来似的。

3. 中国地势西高东低。西部有世界上最高大的青藏高原,平均海拔4000米以上,素有"世界屋脊"之称,珠穆朗玛峰海拔8844.43米,为世界第一高峰。第二阶梯由内蒙古高原、黄土高原、云贵高原和塔里木盆地、准噶尔盆地、四川盆地组成,平均海拔1000~2000米。跨过第二阶梯东缘的大兴安岭、太行山、巫山和雪峰山,向东直达太平洋沿岸是第三阶梯,此阶梯地势下降到1000米至500米以下,自北向南分布着东北平原、华北平原、长江中下游平原,平原的边缘镶嵌着低山和丘陵。再向东为中国大陆架浅海区,也就是第四阶梯,水深大都不足200米。

4. 中国海岸线蜿蜒曲折,有众多的半岛,其中主要的半岛有3个,即辽宁省的辽东半岛、山东省的山东半岛以及广东省的雷州半岛。

辽东半岛位于辽宁省南部,由千山山脉向西南延伸到海洋中所构成。半岛南端老铁山隔渤海海峡,和山东半岛遥相接应,形成渤海和黄海的分界。北部以鸭绿江口和大清河口连线为界,习惯上包括沈丹铁路以西到浑河、大辽河地区。面积3.7万余平方千米。

山东半岛位于山东省东部,突出于黄海、渤海之间,隔渤海海峡与辽东半岛遥遥相对。地处胶菜河以东,又称胶东半岛。面积2.7万平方千米。

雷州半岛因多雷暴而得名。地处广东省西南部。介于南海和北部湾之间。南隔琼州海峡与海南岛相望。南北长约140千米,东西宽60~70千米,面积7800余平方千米。

5. "落雁",是昭君出塞的那段故事。汉元帝在位期间,南北交兵,边界不得安静。汉元帝为安抚北匈奴,选昭君与单于结成姻缘,以保两国永远和好。在一个秋高气爽的日子里,昭君告别了故土,登程北去。一路上,马嘶雁鸣,撕裂她的心肝;悲切之感,使她心绪难平。她在坐骑之上,拨动琴弦,奏起悲壮的离别之曲。南飞的大雁听到这悦耳的琴声,看到骑在马上的这个美丽女子,忘记摆动翅膀,跌落地下。从此,昭君就得来"落雁"的代称。

6. 热带季风气候。包括台湾省的南部、雷州半岛和海南岛等地。年积温≥8000℃,最冷月平均气温不低于16℃,年极端最低气温多年平均不低于5℃,极端最低气温一般不低于0℃,终年无霜。亚热带季风气候。我国华北和华南地区属于此种类型的气候。年积温在4500℃~8000℃,最冷月平均气温-8℃~0℃,是副热带与温带之间的过渡地带,夏季气温相当高(候平均气温≥25℃至少有6个候,即30天),冬季气温相当低。温带季风气候。我国内蒙古和新疆北部等地属于此种类型的气候。年积温低于1600℃~3400℃,最冷月平均气温在-28℃~8℃、夏季候平均气温多数仍超过22℃,但超过25℃的已很少见。

7. 科幻小说,是小说类别之一。用幻想的形式,表现人类在未来世界的物质精神文化生活和科学技术远景,其内容交织着科学事实和预见、想象。通常将"科学""幻想"和"小说"视为其三要素。是随着近代科学技术的蓬勃发展而产生的一种文学样式。从抒写幻想的方式来看,它应归属于浪漫主义文学的范畴。一些优秀的科幻小说也像优秀的浪漫主义作品一样,扎根于社会现实,反映社会现实中的矛盾和问题。其中某些杰出的科幻小说,往往能在科学技术发展的方向上,提供若干有参考价值的预见。有时,某些科学发明尚未出现,科幻小说里则已经进行生动的描绘,如潜水艇、机器人、宇宙航行等。

8. 现代交通工具已由牲畜拖拉演变为汽车、火车、轮船、飞机,效率大大提高,缩短了国与国之间,人与人之间的距离,从北京到纽约,如果坐飞机,只需要8个小时就可以到达,这在古代是不可想象的。但同时,如人们所说,万物都有其两面性。交通工具的发达,给人类带来了方便和快捷,却没有给人类带来幸福。首先是污染环境。由于运行交通工具需要消耗大量化石燃料,这些化石燃料燃烧后释放到空气中,使全球温室效应进一步增加。还有就是城市空气污染,汽车尾气的排放要占到80%,外加汽车噪声等,对人类身心健康带来了极大伤害。其次是资源枯竭。普通轿车一年耗油1800升,我国机动车燃油消耗每年超过一亿吨,而且仍在逐年递增。地球的不可再生资源是有限的,人类不久将会面临石油等资源严重短缺的问题。美国为了争夺石油资源,不惜在中东开战,搞得生灵涂炭,人民深受痛苦。再次是生态环境的破坏。修建公路、铁路需占用大量农田,破坏了周边生态资源,人类可耕作的土地日渐减少。许多石油资源丰富的国家,由于大量开采,地上及地下水资源均受到污染,生态环境遭到了严重破坏,原本美好的家园,清澈的河水,一去不复返。

9. 同学们,大学是我们儿时的梦想,是知识的殿堂,是人生新的起点。今天,新的梦想、新的目标、新的成功等着你们去开拓、去创造、去实现。在此,我想提三点希望:一、尽快转变学习观念,学会独立学习。未来的文盲不再是不识字的人,而是不会学习的人。大家尽快转变学习观念,在学习中不断摸索,向老师学习,向同学们学习,主动向老师、同学请教,让自己尽快地接受大学这种自主学习的方式,养成自我管理的习惯,渐渐地将学习由被动转化为主动。二、尽快适应新的环境,学会重塑自我。达尔文讲:物竞天择,适者生存。自然环境要适应,人文环境更要去适应。在与环境的互动性变化中,调整自我,重塑自我。在大学,学会做人与学会学习同等重要。三、尽快磨炼自我,学会认真做事。大学三年,你们要在这里学会如何从一个自然人成长为一个真正的"社会人"和一个"职业人"。要通过学习和各种活动锻炼自己的组织能力、活动能力、交往能力、表达能力、合作能力。

10. 残疾人职业教育是指"根据社会需要和残疾青少年的身心特点,实施的职前、职后的各级各类职业和技术教育以及寓普通教育中的普通职业教育的总称"。残疾人职业教育除了具有职业教育的一般特性外,还具有以下特点:首先,教育对象特殊。残疾人职业教育主要针对生理和心理有障碍的残疾人,所以教育的难度和成本增加;其次,教育内容不同。前者主要围绕职业以及技术开展各种教育,而后者除以职业和技术为方向外,医疗康复、心理咨询、社区服务等贯穿其职业教育的始末;再次,教学方式有差异。普通职业教育一般来说是采取大班授课,集体学习的方式,而残疾人的职业教育大多情况需要采取个别或小班教学的形式。

第四节　记忆力训练

　　同步传译要求译员在听辨源语讲话的同时,迅速完成对源语信息的理解、记忆、转换和目的语的组织、表达、监听与修正,同步表达译语,是一种难度极高的语际转换活动。在各种同传现场,同传译员以娴熟的翻译技巧和敏捷的思维,成功克服多重任务间的重叠和干扰及注意力分配困难,使听和说同时进行,让人惊叹。

　　手语传译对从业者的双语能力和个人素质要求同样很高,但是长期以来人们一直对它抱有某种误解,以为会手语就能做手语翻译。事实上,手语传译也是需要专业培养并经过大量的训练,才能成为一名合格的手语翻译员。具有良好双语基础和灵活反应能力的手语爱好者,只要有科学的方法和顽强的毅力,是完全可以掌握手语传译技术的。

　　手语传译员在翻译过程中,要充分理解源语的含义,同时需要有良好的记忆力,从而与源语发言人保持一定的距离,理解并梳理源语的含义及逻辑。译员提高心理素质也能辅助提高记忆能力。但关键方法还在于技巧训练与理解训练的紧密结合,在理解中改善记忆,在记忆中完善理解。那么如何提高译员的记忆力呢?手语传译的记忆力训练方法主要有复述练习、源语和译入语概述及逻辑分层记忆训练等。

一、复述练习

　　传译记忆不是对源语语音代码、信息符号的机械记忆,而是在理解的基础上对源语信息主要意义和关键词语的记忆,对输入信息和大脑所贮存信息进行分析、筛选、加工和编码处理后的储存和提取。信息代码的保持、传递、贮存都需要不同形式和不同层次的复述策略才能完成。复述是短时记忆的主要认知操作,它既能够把短时记忆中的信息进行加工并输入到长时记忆里,又能够保持短时记忆中的内容。如果缺乏了复述,在短时记忆中的刺激信息就有可能会丢失。因此,在传译训练中,复述作为一种认知策略,可将注意力维持于学习材料上,运用内部言语在大脑中重现学习材料或信息刺激,以将其保持在记忆之中的有效手段。

　　复述训练是改善记忆的重要方法。复述练习指听完或跟读完一段讲话内容后,用源语复述其主要内容,复述得越完整越好。由于记忆的有限性,当新信息输入,原有信息会不断流失,复述是尽力保持信息完整性的方法。复述可以分为简单复述和精细复述。简单复述是表层加工的信息,使信息在短时记忆中保存。这种复述保存时间短,产生的记忆痕迹较弱。精细复述概括组织和关联其他信息,进行深层次加工。精细复述的这种深层次信息可以保持较长的时间,但记忆所需时间也更多。另外,组块可以提升短时记忆容量。组块就是对零散的信息单位进行逻辑分析、整理形成较大的信息单位的过程。一段语篇在未经组块之前往往远超短时记忆的容量,包含很多的信息单位,通过组块,可将其减至7个以内的信息单位,大大缩减信息单位。例如,20080808有8个数字,是8个组块,但知道北京2008年奥运会的人都能把它组合成一个信息单元。这样,短时记忆容量的8个单位就合为1个单位。组块有赖于长时记忆,译员借助长时记忆促进短时记忆。

二、概述练习

源语概述和译入语概述指跟读完一段讲话内容后,用源语或译入语归纳讲话的核心思想。源语概述练习是影子跟读练习的延续,就是用源语跟读完一段讲话内容后,在没有笔记帮助的情况下,停下来凭记忆力对刚刚跟读的内容用同种语言进行概述,归纳讲话内容的核心思想。开始做该类练习时,间隔时间可以相对短一点,只要求概述原文的主要内容。在掌握要领之后间隔时间逐渐加长,逐渐要求注意细节的准确性。源语概述练习的目的是培养短时记忆力和边听边说边想并学会抓核心内容的习惯。

例如源语言发言如下:

今天(9月14日)的《新闻联播》节目很贴心,也创造了一个"第一":首次有手语播报员出现在屏幕下方。情况是这样的:今天上午,中国残疾人联合会第七次全国代表大会在北京人民大会堂开幕。为了播报这条新闻,《新闻联播》上出现了手语播报员,以方便广大有需要的残疾人朋友收看,第一时间将大会的信息传递出去。

译员边听边跟读,跟读完后用源语概述讲话的内容。上述这段话可以概述为:

9月14日的《新闻联播》首次有手语播报员出现在屏幕下方。今天上午,中国残疾人联合会第七次全国代表大会在北京人民大会堂开幕。手语播报员第一时间将大会的信息传递出去。

除了源语概述外,还可以进行译入语概述,即将源语内容用译入语进行概述,这有利于从基础练习自然而然过渡到手语传译。

概述练习是为了训练译员抓住讲话的精髓,促进其对含义的理解及对意义的概括。概述练习训练的材料以意义连贯的篇章为最佳。

语段概述练习:

1. 区域竞争的焦点更多地集中在综合环境的竞争上。这里的"环境"既包括政务环境、市场环境、法制环境、人文环境等"软环境",也包括绿化覆盖率、空气质量、居住条件、基础设施水平等"硬环境"。谁的环境好,"洼地效应"就明显,吸引力就强,项目、资金、技术、人才等生产要素集聚就快,发展就快。

2. 事实上,"一带一路"推动的不仅是经济上的合作,更是文明互通的基础建设,是连接世界上不同文明的"带"与"路"。它以文明对话为引领,强调不同文明的相互尊重、平等对话与交流融合,其路径很清晰:基础设施建设先行,贸易发展紧随,伴着人民交往、文化交流,逐渐实现沿线国家民众相互理解、相互包容、和平共处、共同发展,最终达到民心相通,文化相融。

3. 在建的津门津塔将成为天津新的地标式建筑。津门的设计理念源于法国著名建筑拉德芳斯门,两座顶部相连的高楼构成巨大的"门"字形,象征着天津建设北方经济中心和世界港口大都市的包容与开放。津塔高336.9米,地上75层,地下4层,其外形设计则采用中国传统的折纸风帆造型,是现代建筑科技与中国文化元素的有机融合。这组建筑将于年内建成并投入使用。

4. 长征三号丙改二型火箭将在今年下半年发射,届时将搭载"嫦娥五号试验器",执行探月工程三期再入返回验证试验的发射任务。为确保"嫦娥五号试验器"准确进入预定轨道,长征三号丙改二型火箭进行了多项技术攻关。整体上火箭"身体长高、翅膀变长",芯级火箭增高1.5米,两个助推器加长0.8米。长征三号丙改二型火箭同时采用"天基测量"技术和最新的高码率传输技术,可以向地面技术人员传输火箭飞行过程的实时遥测数据,实现了"实时问诊"和"宽带传输"。

5. 越来越多来自北京、上海、广州、沈阳和其他一些大城市的大学生选择毕业后就结婚。这与20世纪80年代和90年代的情况形成了鲜明的对比,那时候很多城市的年轻人都推迟结婚,直到他们的年龄"足够大"——在30多岁甚至40多岁的时候。许多人花时间寻找有着良好的经济背景或好看的相貌的配偶,而不是寻找爱情。然而,这些选择毕业后就结婚的学生的父母必须照顾这些小夫妻的日常起居,因为这些年轻人仍然在探索如何作为一家人来生活。

6. 中医是世界医学的遗产。中医有比西方医学更好的治病方法。因为中医的效果和医治方式,在世界上越来越流行了。中医起源于古代,已经发展了很长一段时间,它收集了治疗不同疾病的各种方法。传统中医讲究人们身体系统的平衡。这是说,一旦人的身体系统平衡,疾病就会消失。身体系统的损害是疾病的根源。

7. 在中国,赠送礼物应考虑具体情况和场合。礼物常用红色或其他喜庆的颜色来包装,但白色或黑色不适宜用于此。当你将礼物递出去时,收礼者可能会礼貌谢绝。在这种情况下可能试着将礼物再一次送出去。通常收礼者在客人离开之后才打开礼物。此外,送礼还有一些禁忌如给夫妻送伞就不合适,因为中文里"伞"与"散"同音。

8. 自20世纪90年代后期起,七夕节开始被称为"中国的情人节"。这个节日可以追溯到汉朝,当时对恋人、女孩都是个特殊的日子。这天,女孩会举行仪式,向织女乞求智慧、技艺和美满婚姻,所以七夕节还被称为"乞巧节"。如今,一些传统习俗已经弱化。人们现在把七夕节当作浪漫的情人节来庆祝,尤其是在年轻人中间。

9. 太极拳是一种中国武术内家拳。它基于以柔克刚的原理,发端于中国古代,最开始是一种武术和自卫方式。随着时间的推移,人们开始通过练太极拳来改善健康状况、增加福祉。练习者用意念慢慢地、轻轻地移动身体,同时深呼吸,因此有时被称为移动冥想。中国人通常会在清晨到附近的公园练习太极拳。

10. 中国五年前根本没有高速铁路。但是现在高铁列车的票经常很快就售罄,尽管发车间隔时间比较短。人们能够很方便地以两倍于美国火车最高速的速度在全国周游。高速铁路系统的运营非常成功,它运载的乘客是全国民航系统运载的乘客的两倍。中国有世界上最先进的、低排放的快速运输系统之一,而做到这一点仅仅用了五年。

手语概述练习:

1. 中微子的质量很小,其宇宙意义却很大。现在我们知道,宇宙中的极大部分(90%)物质皆为所谓暗物质。它们是什么东西?科学家至今未搞清楚。而中微子在宇宙中的数量十分巨大,即使如此小的质量,其总质量足以超过目前已知的星系质量的总和。宇宙暗物质之谜,因此将局部揭开。

2. 纸币首先出现在北宋,当时称为"交子"。这绝非偶然。要发行纸币,就必须具备造纸术和印刷术。然而在当时的地球上,掌握印刷术的国家寥寥无几,其中以北宋帝国的条件最为成熟,最为优越。唐朝是中国封建社会的鼎盛时期,然而初唐还是钱帛兼行。贞观治世,"匹绢得粟十余斛"(hú 古量器名,也是容量单位,十斗为一斛)。随着商品经济的发展,自唐中叶后,铜钱日益排挤绢帛,到北宋时绢帛大体上已经终止货币的职能。北宋统一中原后,却没有统一的币制,而是铜钱和铁钱兼行。如在四川用铁钱,陕西与河东地区兼用铜、铁钱。铁钱是一种价贱而笨重的铸币,铁钱一贯,即1000文,约重3.9千克。而社会对钱币的需要量日益增大,于是纸币应运而生。

3. 酝酿已久的个人存款账户实名制终于颁布实施,这标志着我国个人存款管理制度日趋向国际惯例靠拢。个人存款实名制是指居民个人到金融机构办理储蓄存款时,必须使用真名,并出示个人法定身份证件。此项制度的实施,是我国个人存款账户管理制度的一项重要变革,涉及千家万户的利益。从全省各地传来的信息看,个人存款账户实名制在我省受到普遍欢迎,绝大多数储户对这一制度的实施表示支持和拥护。

4. 爬山虎在环境保护中发挥着多方面的作用。它的叶片较大,呈广卵型,宽10至20厘米。炎夏,从根部吸收的水分经叶片蒸腾,可带走空气中的热量,降低环境温度。它的茎叶密集,覆盖在房屋墙面上,可以遮挡强烈的阳光,又可以使空气在叶片与墙面之间流动,因而降低室内温度。它的卷须式吸盘能吸收墙上的水分,有助于潮湿房屋的干燥;而干燥季节,有它遮蔽墙面,又可以保持房屋的湿度。它的绿叶能制氧,是空气中氧气的一个重要来源。它的枝叶攀缘在围墙、房屋的墙面上,可以吸收环境中的噪音,还能吸附飞扬的尘土。爬山虎有降低温度、调节湿度、制造氧气、吸收噪声、吸附尘土等多方面的环境保护作用。

5. 很久以前,凤凰只是外形很平常的小鸟。但它有的优点就是:很勤劳。把吃多下来的食物都藏进洞里。有一年,森林大旱。鸟儿都饿得头昏眼花。这时,凤凰急忙打开山洞,把自己藏的食物分给大家。旱灾过后,为了感谢凤凰的救命之恩,鸟儿们都从自己身上选了一根最漂亮的羽毛拔下来,制成了一件光彩耀眼的百鸟衣献给凤凰,并一致推举它为鸟王。以后,每逢凤凰生日之时,四面八方的鸟儿都会飞来向凤凰表示祝贺,这就是百鸟朝凤。

6. 在中国月饼是一种特殊的食品,广受海内外华人的欢迎。中秋吃月饼就好比圣诞节吃馅饼。为了庆祝中秋节,中国人通常做两件事:一是观赏满月。二是品尝美味的月饼。中秋节是每年农历八月十五。据说,这一天的月亮是一年中最圆的。而月亮正是庆贺中秋的全部主题。在中国人眼中,月饼象征着全家人的大团圆。

7. 中国教育工作者早就认识到读书对于国家的重要意义。有些教育工作者2003年就建议设立全民读书日。他们强调,人们应当读好书,尤其是经典著作。通过阅读,人们能更好地学会感恩、有责任心和与人合作,而教育的目的正是要培养这些基本素质。阅读对于中小学生尤为重要,假如他们没有在这个关键时期培养阅读的兴趣,以后要养成阅读的习惯就很难了。

8.目前,全球变暖是一个热门话题,但是有关全球变暖的各项证据似乎还有些不同的声音。人们现在已经知道,地球的发展经历了很多周期,尽管在历史上还未出现过像今天这样的时代,即高度工业化产生如此多的污染。全球变暖主要是由于二氧化碳气体的增多。

9.中国一个幅员辽阔、资源丰富、历史悠久的多民族国家,每个民族都有其独特的丰富菜肴。地域菜系在地理环境、气候、文化传统、民族风俗和其他因素的影响下经过悠久历史的发展已经成形。最有影响力、最具代表性的是鲁、川、粤、闽、苏、浙、湘、徽菜系,这八种被人们称为"八大菜系"。中国的"八大菜系"是以多种多样的烹饪方法区分的,各有其长处。

10.中国传统认为孝顺是我们在父母有生之年应该一直秉承的、最重要的美德。成为孝子是任何一个中国人首要的责任,这意味着要尽可能完全服从父母,关怀父母,不惜任何代价满足他们的需求。中国传统认为孝顺还有一些其他特征,如父母过世后,长子需要一手操办葬礼;儿子必须确保家里的香火得以延续。

三、逻辑分层记忆训练

逻辑记忆法是通过源语内容激活长时记忆,通过瞬时、短时和长时记忆的互动强化理解来调动三种记忆方式。逻辑记忆适合说明文、议论文等体裁。说明性材料往往先是引言,然后是主题,其中包含举例、解释、因果、列举等从各方面说明论证,最后小结。译员应练习高度概括信息,从整体把握语篇的结构和层级,抓住主题句和关键词。论证性语篇逻辑性更强,通常由论点加论据组成,译员更是要抓住观点性内容。

逻辑分层记忆训练,也是传译记忆训练中经常使用的一种训练方式。在接续传译的过程中,如果译员接收到的信息逻辑清晰,层次分明,则传译更准确。传译人员需要有逻辑分层记忆的能力,把不同的信息进行分层记忆,并且进行逻辑编排,这样可以确保翻译的准确性。同时译员可以对内容进行复述,练习逻辑分层记忆的能力。因此,应该加强译员的逻辑分层记忆训练,这样才能保证翻译的准确性。尤其是在新闻稿或者是发言稿中,更是需要利用逻辑分层训练,这样才能够保证信息传达准确而且清晰。

进行逻辑分层记忆训练,译员首先要掌握语段分层的规律,一般来说,有以下几种:

(一)按连贯关系分层法

段的内容是写一件事,并按照事情发展顺序写这件事,其中层次关系就是连贯关系。层与层之间的连贯关系,一般有两种情况:

(1)按事情发展的先后顺序分层。一般来说,可以按照事情的起因、经过、结果的顺序来进行分层。

(2)按时间的先后顺序分层。按时间先后顺序分层时,要注意表示时间顺序的词语。找出了表示时间顺序的词语后,再把在同一时间内的内容归成一层,这样分出层次就比较清楚。

(二)按总分关系分层法

段落中的总分关系,就是先用一个概括性的句子写出全段的主要内容,这叫"总起句"。再围绕总起句分几个方面来叙述,这叫"分述句"。这样的层次结构就是"总分关系"的结构,总分关系一般也有两种情况:

(1)先总后分结构,就是先出现总起句,再写分述句。

(2)先分后总结构式,就是先写分述的内容,再用总结句进行概括。一般也分二层来理解。

(三)按并列关系分层法

在一段话中,有的同时介绍两种或两种以上事物,每层意思说的是一种事物;有的段落,是从几个方面写一种景物,每层意思就是事物的一个方面。这些材料没有主次之分,而是加以分类排列写出来,这是并列关系的结构形式。并列关系有两种情况:

(1)围绕同一内容,把几种事物分别加以描述。

(2)按照同一事物或同一内容的几个方面,分为几个方面来写。

(四)按因果关系分层法

任何一件事都有起因,也有跟"起因"密不可分的结果。段中的因果形式,是按事物的因果关系来写的,它有两种形式:

(1)先因后果。在很多段落中,先写事情的起因,再写它的结果。遇到样的段落,就可以按因果关系将段分为两层来分析。

(2)先果后因。也就是在段落中,先写了事情的结果,再写原因。

另外,还有一些段落中的层次是转折关系和递进关系。在段落中分层,首先要听懂每句话的意思,分清段中句子之间的关系,然后选择适当的方法分层。掌握了分层的方法,就了解了作者的思路,分层才会正确。

例如:二十四节气是中国农耕文明的宝贵遗产。虽然中国古代有着自己的授时系统,但古代的人民群众在一定程度上仍依靠二十四节气指导生产和生活。不可否认的是,少数地方的节气传统正在消减,年轻人对节气的认知逐渐淡薄,由于近年来城市化进程过快,这进一步弱化了二十四节气的各种功能。二十四节气申遗成功后,我们只有加大宣传力度才有可能做好传承和保护工作。这段话第一层意思是二十四节气是中国农耕文明的宝贵遗产,第二层意思是由于近年来城市化进程过快,弱化了二十四节气的各种功能,第三层意思是要加大宣传力度才有可能做好传承和保护工作。

通过分层训练,可以让逻辑更加清晰,同时,可以实现同步传译过程中,让传译更加准确。

逻辑分层记忆练习:

1.宋代涌现了更多的竹画家。苏东坡就是一位画竹的艺术大师。他画竹气魄极大,"从地起一直至顶",线条和笔力都很强劲。元代文人画兴起后,画竹更为盛行。四大家之一倪云林的画,大都是修竹数竿,意境萧疏,具有独特的风格。明代竹画家蜂起。王绂画竹名驰天下,邵二泉题他的《墨竹》诗说:"萧萧数竹不胜看,到此方知画竹难。谁信中书曾收笔,片时行尽楚江干。"道出了他画竹的高超技艺。徐渭(字文长)创画雪竹的方法,所画极为精绝。有人评论说:"徐文长先生画雪竹,纯以明代瘦笔破笔燥笔断笔为之,绝不类竹;然后以淡墨水勾染而出,枝间叶上,罔非积雪,竹之全体在隐约间矣。"

2. 阴山以南的沃野不仅是游牧民族的苑囿,也是他们进入中原地区的跳板。只要占领了这个沃野,他们就可以强渡黄河,进入汾河或黄河河谷。如果他们失去了这个沃野,就失去了生存的依据,史载"匈奴失阴山之后,过之未尝不哭也",就是这个原因。在另一方面,汉族如果要排除从西北方面袭来的游牧民族的威胁,也必须守住阴山的峪口,否则这些骑马的民族就会越过鄂尔多斯草原,进入汉族居住区的心脏地带。

3. 人们都说:"桂林山水甲天下。"我们乘着木船荡漾在漓江上,来观赏桂林的山水。我看见过波澜壮阔的大海,玩赏过水平如镜的西湖,却从没看见过漓江这样的水。漓江的水真静啊,静得让你感觉不到它在流动;漓江的水真清啊,清得可以看见江底的沙石;漓江的水真绿啊,绿得仿佛那是一块无瑕的翡翠。船桨激起的微波扩散出一道道水纹,才让你感觉到船在前进,岸在后移。我攀登过峰峦雄伟的泰山,游览过红叶似火的香山,却从没看见过桂林这一带的山,桂林的山真奇啊,一座座拔地而起,各不相连,像老人,像巨象,像骆驼,奇峰罗列,形态万千;桂林的山真秀啊,像翠绿的屏障,像新生的竹笋,色彩明丽,倒映水中;桂林的山真险啊,危峰兀立,怪石嶙峋,好像一不小心就会栽倒下来。这样的山围绕着这样的水,这样的水倒映着这样的山,再加上空中云雾迷蒙,山间绿树红花,江上竹筏小舟,让你感到像是走进了连绵不断的画卷,真是"舟行碧波上,人在画中游"。

4. 这是我第三次走进沙漠。每一次,沙漠总是让我变得跟一个小孩子似的。先是骑在骆驼上往沙漠里走。就这样,沿着沙地的起伏一路走下去,把身后的那个世界远远地甩在沙漠以外,甩掉人身上一切多余的东西。晚餐就在沙地上进行。两个馒头,一瓶水,再加上一点取自沙漠的野菜,就这样几样东西。面包、水和盐,人的生活,最基本的无非就这几样东西。几千年几万年,真正支撑起人类历史的,也就是这几样。暗黑中,身子下面的沙丘仿佛在不断隆起,直到接近天空的高度。我仿佛是在地球的最高处,静静地、静静地面对浩瀚的星空。幽邃的夜空下,整张大地剩下来的就只有宁静,原来这宁静中有着永恒的东西。晚饭之后,夜色渐渐从沙地的低凹处爬上来,漫过沙丘,将天空也浸入其中。这不是一般涂抹在物体上的黑色,这是幽邃深远的晦暗,是亿万光年的未知领域。满天星光在闪烁。多少年不曾见过如此繁浩的星光,仿佛天空把这么多年的星光一齐拿到这里来闪耀。

5. 今天的改革要求我们这一代人为民族振兴付出代价。这个代价就是艰苦奋斗,要打算过一段苦日子。经济学上讲投入产出。我们今天吃点苦,就是为子孙后代投入。有人看改革只顾眼前利益,这是很浅薄的。在世界历史上,任何一个转折时期都是充满动荡和艰苦的。现代人看欧洲的文艺复兴以为是太平盛世,其实那时的人很苦,是在艰苦中开创新纪元的。未来的人看我们今天的改革,也会跟当代人不同。只有历史地看我们所处大变革时代,才能树立民族的责任感和历史的责任感。

6. 这样,时间变了,平时的早中晚划分也变了。我一向认为黎明和黄昏是安静的。

第五章 手语传译的记忆

在这儿,在这座水杉林里,整天都很安静。鸟在朦胧的光影中飞动,在片片阳光里穿梭,像点点火花,却很少喧哗。脚下是一片积累了两千多年的针叶铺成的垫子。在这厚实的绒毯上听不见脚步声,我在这儿有一种远离尘世的隐居感。在这儿人们都凝神屏气不敢说话,生怕惊扰了什么——怕惊扰了什么呢?我从孩提时代起,就觉得树林里有某种东西在活动——某种我所不理解的东西,这似乎淡忘的感觉立即回到我的心里。

7. 通观圣陶先生的语文教育思想,最重要的有两点。其一是关于语文学科的性质:语文是工具,是人生日用不可缺少的工具。其二是关于语文教学的任务:教语文是帮助学生养成使用语文的良好习惯。过去语文教学的成绩不好,主要是由于对这两点认识不清。

8. 现在的天文学,不光研究太阳、月亮、星星在天上的位置和运行规律,还要研究星星里头的变化,研究宇宙的演化。比如研究太阳内部、恒星内部。人去不了,怎么研究?一是研究可见光,把可见的星光分成光谱,把不同频段的光摄下来进行研究。再就是研究看不见的频段,如波长比较长的红外线、无线电波,波长很短的紫外线、X射线,波长更短的"γ"射线。这么一研究,就发现天上可是热闹——到处是星的爆发,一颗星爆发像氢弹爆炸一样。一个爆发的过程是一两个月、几个月。中国古书上有所谓客星,实际上就是星星的爆发。爆发时亮了,就看得见,天上来了"客人";过一段时间爆发过程结束,就认为是"客人"走了。

9. 绍兴是我的故乡,偏门外一带是我旧游之地;以前我可没有这样感兴趣过。固然,由于年龄、世故等关系,有些事情一时体会不到真情;像我早在中学学校里唱过的"鸟鸣山更幽"和"夜归鹿门"等歌词,一直到我年已半百在福建永安的山上时才忽然体会到。却也只是一会儿就过去了的。"静观万物皆自得",原来在旧社会里,我迫于生计,一直匆匆忙忙,没有好好地安静过心境。不久以前我到北京开会,在火车开出城站时,我忽然想到,以前我屡次北上,总是为着生计,这次才主要是为着事业。

四、传译难点强化训练

对手语传译难点的强化训练也是提高译员记忆力的重要方法之一。在进行训练时可以从以下几个方面入手:

(一)笔记训练

译员要学会用记录关键词,如主语、谓语、宾语的模式去记录传译现场的信息。可以学习一些记录的方法和具体的案例,训练用关键词记录信息的能力。

(二)数字训练

译员可以互相朗读几段数字集中的资料,或者自己创编一些包含有大量数字翻译的文字段落,反复地练习数字的翻译,培养数字翻译的精准度,强化数字翻译技巧。

(三)专业术语训练

对于那些经常出现在医院、法庭、教育、政治等领域的专业术语,要进行有目的的训练,并研究出这些专业术语的手语打法,以减少在传译现场的反应时间。

(四)逻辑关系训练

可以播放一些手语视频材料,然后对这些材料内容的逻辑关系进行分析,借以提升对语段的逻辑关系分析能力,强化在传译现场的记忆力和对手语感知的灵敏度。

第六章 手语传译常用技巧

手语同步传译是一种即时的难度极高的语际转换活动,它要求译员在听辨(观看)源语讲话的同时,在极短的时间内迅速完成对源语信息的预测、理解、记忆和转换,同时要对目标语言进行组织、修正和表达,打出或说出译语。

在各种手语翻译场合,特别是会议以及新闻翻译,手语译员需要以"闪电般的思维"和高超的语言技巧,成功克服多重任务间的交织和干扰,因此容易给大脑造成能量短缺或注意力分配困难。根据AIIC(国际会议传译员协会)的规定,同传译员只要翻译出演讲者内容的80%就已经算是合格了。很多人平时讲话速度非常快,有的还会掺杂各地的口音,演讲时又往往只顾及自己的演讲内容,同传译员只好调动自己的一切经验和知识储备来应对,只有少数发言者能照顾同传译员适当放慢语速。这就对同传译员的素质提出了极高的要求。手语同步传译如果能翻译出演讲者内容的80%同样也已经算是合格了。手语译员要接受正规的手语传译培训,打下良好的手语基础,掌握双语转换的技巧,之后再通过实际的翻译任务,积累经验,才能成长为一名合格的译员。

同传既是一门艺术、又是一门技术。因此,在传译中要掌握一定的技巧,才能更加有效地完成传译工作。从事英汉翻译的译员们经过不断探索与努力实践,已摸索出了一套有效地用于双语转换、信息加工与重组的同传技巧,这些技巧包括:长句切分、合理简约、信息重构、合理预测等。在手语传译中,我们也可以借鉴英汉同声传译的这些技巧来进行手语传译的训练。

第一节 长句切分

长句切分是同传中常用的处理技巧,也叫"断句",是指在同传过程中,译员按听到的源语的句子顺序,把整个句子切成意群单位或信息单位,再使用连接词把这些单位自然连接起来,译出整体的意思。

一、长句切分的作用

同声传译是与源语发言人的发言同步进行的,翻译活动必须在源语发言人讲话结束后瞬间内(或同时)结束。译员面临着信息处理能力紧张的巨大压力。因此,同传译员要最大限度地在翻译过程中争取缩短翻译与源语发言之间的时间差。这个时间差越小,译员记忆效果就会更好,译出的信息也就越多。而使用断句技巧,可以减轻记忆力负担,减少短时记忆力的信息处理压力。虽然译员在同传时要断句,将句子切分成一段一段的,但是意义没有破坏,这样的处理并没有损坏源语信息的完整性,长句切分不会增加或减少信息的梳理。

在实际的传译过程中,遇到源语发言是汉语长句时,一名出色的译员在传译现场一定要学会适时地断句,将讲话人的话语精髓和主要内容传达给受众。长句切分能大大减轻记忆力负担,从而提高同传的质量和速度。因此,长句切分在手语传译处理长句的过程中非常重要。意群的划分一般是按照句子的意思和结构划分,一个意群可以是一个词、一个词组或短语,也可以是一个单句或复合句的一个主句、从句,等等。快速有效的意群切分可以帮助译语产出,不仅缓解了信息处理的压力,而且切分后翻译出来的手语通俗易懂、节奏感强,能避免出现冗长、晦涩难懂的表述。

二、长句切分策略

在一些正式的场合,汉语发言人往往读稿发言,汉语书面语会出现一些比较长且复杂的句子,而手语句子相对汉语来说,更加简短,意思表达更加需要简明扼要。因此手语译员在汉语长句处理上,要以"意群"为划分依据,先将长句拆分为多个独立的短句再进行传译。为了节约时间,即时产出译文,通常情况下直接按照源语语序进行顺序拆分。有时,还需根据目的语表达习惯对源语语序做出适当调整。这样做的目的是使译文流畅,逻辑清晰,层次分明。

(一)源语发言停顿处可以进行意群切分

根据语言学的理论,为了使意思表达得更清楚或者是换气的需要,人们在交流或者朗读时经常需要停顿。在口语交际中,停顿是语流切分的一种标志,而且是最自然的标志,在朗读时,意群与停顿的关系是,一个意群必须一口气读完,中间不能停顿,否则就会造成听者理解困难。因此,在汉语转译为手语时,发言人出现的停顿意味着可以进行意群切分。

示例:

1.大家来到杭州后有没有感觉到闷热杭州夏天闷热相反冬天寒冷刺骨气候条件比较严峻。

这句源语可以切分为:大家来到杭州后//有没有感觉到闷热//杭州夏天闷热//相反冬天寒冷刺骨//气候条件比较严峻。

转译为手语:大家/到/杭州/后,感觉/闷热/有没有,杭州/夏天/闷热,冬天/寒冷/很,气候/条件/严峻。

2.各位来宾今天在百忙之中光临欢迎宴会在此表示衷心的感谢。

这句源语可以切分为:各位来宾//今天在百忙之中光临欢迎宴会//在此表示衷心的

感谢。

转译为手语:各位/来宾,今天/忙/光临/欢迎/宴会,表示/衷心/感谢。

(二)惯用语与熟语不切分

所谓惯用语、熟语是指常用的固定短语,包括习语、成语、谚语、格言等。一般语义结合紧密、结构稳定,因此不管两种语言间的语法结构差异有多大,都应将其看作一个意群,不能切分,需整体译出,否则会产生歧义。这需要译员在平日的学习中,对惯用语、谚语进行不断记忆,熟练掌握。

示例:

1. 那位父亲当年学习成绩很糟糕,他的儿子竟然就读北京大学真是土鸡孵出金凤凰啊。

这句源语可以切分为:那位父亲当年学习成绩很糟糕//他的儿子竟然就读北京大学//真是土鸡孵出金凤凰啊。

转译为手语:那/父亲/当年/学习/成绩/糟糕/很,他/儿子/读/北京/大学,真是/土鸡孵出金凤凰。

2. 厂长现在这时期不景气时来运转嘛再等等运气一定会好转的。

这句源语可以切分为:厂长//现在这时期不景气//时来运转嘛//再等等运气一定会好转的。

转译为手语:厂长/现在/这时期/不景气/时来运转/再/等等/运气/一定/好转/会。

长句切分练习:

1. 今晚与3000多名日本朋友欢聚一堂纪念中日邦交30周年感到非常高兴。

2. 伴随着气温的升高湿度也随之升高天气变得闷热起来。

3. 非常遗憾我们不得不采取进一步的成本削减措施来应对当前的财务状况,包括进一步采取停薪留职措施。

4. 恒大集团同意将剩余12亿美元中的7亿美元预付给法拉第未来,但恒大要求法拉第未来首席执行官和共同创始人贾跃亭退出公司董事会,并交出手中的控股股份。

5. 现在,新疆南疆四地州深度贫困地区越来越多的孩子喝上了优质安全达标的水,并通过小手拉大手,影响带动贫困家庭形成健康文明的饮水习惯和生活方式。

6. 必须把稳就业放在更加突出位置,深入贯彻习近平新时代中国特色社会主义思想和党的十九大精神,全面落实党中央国务院关于稳就业工作的决策部署,坚持实施就业优先战略和更加积极的就业政策,确保当前和今后一个时期就业目标任务完成和就业局势持续稳定。

7. 美方没有说中国将在多长时间内购买1.2万亿美元的美国产品,以及它是否包含服务贸易,也没有说美方对中国"立即"开始行动做出了什么样的回报承诺。就整体上而言,美方最近两天一直在强调中国答应了什么,却对美方答应了什么几乎只字未提。

8. 对比2017年全年销售面积16亿平方米和销售金额13万亿而言,预计今年全年数据与去年相去不会太远,考虑到2017年为房地产销售之大年,那么2018年的楼市也算差强人意。

9. 2019年1月1日至12月31日,对面临暂时性生产经营困难且恢复有望坚持不裁员或少裁员的参保企业,返还标准可按6个月的当地月人均失业保险金和参保职工人数确定,或按6个月的企业及其职工应缴纳社会保险费50%的标准确定。

10. 2018年人力资源市场高校毕业生就业服务周活动正在进行,地方高校毕业生双选会也于11月底12月初启动。随着834万新增高校毕业生涌向就业市场,就业总量压力还将增大。多部委在积极推出系列就业创业大礼包的同时,也在酝酿出台更积极的稳就业政策。

第二节 合理简约

所谓简约,就是手语译员在不影响源语主要信息传达的基础上对源语采取简化语言形式、解释、归纳、概述源语信息的一种翻译原则。手语译员要根据受众的背景决定本原则的使用频率。如果受众对于所译内容比较陌生,译员对翻译中出现的术语则要最大限度地简约。如果"忠实"地译入到任何一种语言,受众都会出现听不明白的情况。传译过程中的适当省略策略并不是对源语信息的大量删减或者对译员不熟悉的信息回避不译,而是指译员在翻译现场面临翻译信息高度集中时,可以将翻译的焦点放到"高浓度"的信息的精华部分。译员在翻译现场面临翻译信息高度集中时采取适当的省略策略,既可以缓解译员自身的压力,也可以让观众更精准地把握讲话人的主要信息要点,从而提高手语传译的现场表现力。另外,在会议现场的即兴发言中,讲话人在组织整理自身思路时往往会出现意思重复现象,比如说"我的意思是……""也就是说……"等,这时候,译员可以有意识地采用省略策略,省略重复的语言,使译语表达更流畅、精练。根据活动的场合、内容和目的,译员不必总是亦步亦趋,可以在表达时适当精简,提高传译效率。在初学手语传译时,如何把信息表达得更全面是一开始的努力方向,随着手语表达能力逐步提高,努力方向就要转变为如何让译语更简洁,达到"少就是多"的效果。

另外,手语和汉语是两种不同的语言系统,和汉语相比,手语中本身就有很多的省略,分析了解手语中的省略现象,可以帮助手语译员掌握更地道、更流畅简洁的手语。

一、手语中的省略现象

(一)量词的省略简析

汉语的可数名词前通常要加量词,如"一个人""两本书",英语中就不必表达出量词的语言意义,聋人手语中同样没有量词概念,在数词后就直接打出所要表达的物品内容。如:我吃2(碗)饭,1(个)馒头。为什么聋人手语中没有量词?通过分析一些聋人手语词汇的手势可以找到答案。例如:"电冰箱"的手势为:先比画长方形的形状,再模仿打开冰箱门的手势,然后打"冷"的手势即"双臂颤动"。"脸盆"的手势为:双手拇、食指搭成大圆形,比画脸盆形状,再是一手在脸部转动,如洗脸状。"镜框"的手势为:先比画镜框的形状,即双手拇、食指虚捏,向两侧拉开,折而向下,再从中间向两侧移动,最后打镜子的手势即"一手直立,掌心向内,在面前晃动几下,如照镜子动作"。这些手语词汇手势的共同点都是先打物体的形状。

游顺钊认为,这些在时间上先置或先比画的形状,就其功能和出现次序而言,是与口语中的量词相同的。在视觉语言学的理论框架下,从感官认识制约的角度来看,"(类目)底子——附加成分"的搭配范例只是外界及其所产生的表象在人们视觉系统的表现。物体的尺寸和形状,可以表示相关的实物,也可表示某一类事物,即"类标记"。美国手语能够对所有类标记进行分类,并逐一解释和命名。比如,F类标记(CL. F)描述小的、平的、圆圆的实物,如钱币、纽扣。LL类标记(CL. LL)描述平的、圆圆的实物,如薄饼、汉堡包。中国聋人手语中同样有大量的类标记,只是还没有准确的分类和命名。手语中的类标记和汉语书面语中的量词都具有描摹事物的特性,模拟物品形状的手势动作中已经包含了量词的意义。因此,聋人手语中没有量词的手势单独呈现,这也符合视觉语言的认知规律。

(二)虚词的省略简析

聋人手语中没有单独表达汉语虚词的手势动作,但虚词的意义并没有省略,而是把意义包含在其他词语的动作、表情或整个句子中来表达。

1. 虚词的意义包含在所修饰词语的动作中来表达

聋人手语中往往省略表示状态、程度、处所等的修饰成分,如副词、处所词。在表达一个需要修饰的词汇时,一般用手势动作的曲折变形,或重复或扩大或缩小,以此来表达不同的意义变化。如:"很好",聋人手语表达时就重复打"好"的手势;"非常快乐",聋人手语就用重复"快乐"的手势来表达;"很快",聋人手语就用比"快"的手势更快的动作来表示;"很慢",就用比"慢"的手势更慢的动作来表示。虽然在聋人手语中省略了上述副词"很""非常"的动作,但其意义已包含在所修饰的词语中表达出来。又如句子"我在教室里看书"聋人手语的表达是"我/教室/书/看","在、里"的意思已经包含在"教室"这个词语中了,因此手语中就省略了这两个词。省略才能达到自然、美观、流畅的视觉效果,简洁易懂,不拖泥带水。

2. 虚词的意义包含在表情中来表达

表情是人类共有的语言之一,在人际交往的过程中,人们可接受的信息效果,45%来自有声语言,55%来自体态语言,而在体态语言中,又有70%来自表情。表情能表达丰富而微妙复杂的情感,即使是操不同语言,文化背景不同的人们,也可以通过表情来进行信息沟通。在聋人交流中表情则扮演着更为重要的角色。由于手语是以手的动作、身体姿势及表情进行思想交流的手段,因此表情是手语构成的一个重要因素,可以起到表情达意的作用。很多手语词汇,在手势的说明中也特别强调要配合表情。如:打"紧张"的手语时,要求脸露紧张的神态;打"厉害"的手语时,要求面露厉害的表情。表情充当了修饰和表达各种语气等语法上的功能。在表现副词的修饰作用时,也通过表情来完成。如"愤怒"和"很愤怒"的区别也可以通过面露"愤怒"表情的不同程度来表达。在表现疑问句时,要面露疑问的表情。如:你累吗? 聋人手语省略了语气助词"吗",就直接打"累"

的手势,然后配合疑问的表情。再如句子:"妈妈做的红烧肉真好吃啊!"聋人手语中没有叹词"啊",而是通过面部表情来表示"很好吃",表达赞叹之情。自然手语中很多意思都由表情来表达,相同的手语句子,若配合不同的表情,意思就会截然不同。汉语句子按表达的语气可分为陈述、祈使、疑问、感叹等不同的句型,这些语气通过不同的语调、停顿来表达。手语没有语音形式,表情就承担了表达语气的载体和功能。表示陈述语气时,面部表情平静,手势动作速度与力量正常;表示祈使语气时面部表情严肃,手势动作干脆利索;表达疑问语气时眉头紧锁,头稍微前倾,眼自然睁大;表达感叹语气时则嘴巴张大,眼睛发直等。因此,表情是聋人手语中非常重要的文法要素,副词、语气助词等很多汉语虚词的意义都由表情来传达。

3. 虚词的意义包含在整个句子中来表达

聋人手语往往省略介词、连词、助词等虚词,这些虚词的意义常包含在整个句子中来表达。如汉语句子:"周末,我和朋友一起去吃烧烤。"这个句子聋人手语的表达是:朋友/周末/一起/烧烤/吃。句子中的"和""去"的意思包含在"一起"里来表达。再如句子:"我与爸妈国庆节都要出去旅游。"聋人手语的表达是:国庆节/爸妈/都去/旅游。句中"我""与"的意思包含在"爸妈都去"里来表达。又如句子:"家里的饼干快吃完了,又要去买了。"聋人手语的表达是:我/父母/吃/饼干/快完了/再/去/买。句中的"快"包含在逐渐减少的过程和结果中,"要"的意思包含在"再去买"里面。

(三)动词的省略简析

聋人手语是用手的动作来表示的特殊语言,句中的手语词汇都产生于动作中。因此,聋人手语中常常出现名词兼代动词的现象,如钢琴和弹钢琴手势是一样的。在《美国手语基础教程》中也提到了"动宾一体"现象:"有些名词和动词在意义和形式上是相互关联的,不同的只是在移动上。动词有简单的移动,关联的名词动作小些。如:开门——门,开车——车,乘船——船。"遇到这种现象,要根据语境,联系前后词、上下句加以分析,才能准确理解聋人手语的意思。因为聋人手语中的这种"动宾一体"现象,动词往往省略,包含在宾语中来表达。

(四)代词的省略简析

代替人或事物名称的叫人称代词;表示疑问的叫疑问代词;指称或区别人、物、情况的叫指示代词。由于手语中有一些方向动词,这些动词手势的动作方向要与主语或宾语的空间位置保持一致,移动方向要与主宾关系一致,比如"借、给、帮助、告诉"等。这是手语省略用法的一种较为固定的形式,省略的是人称代词。如"你给我书!"聋人手语就打"给、书"的手势动作,因为打手势的人直接面向对方,动词"给"的方向是从"你"到"我",在"给"的动作中已经明确表示了"你给我"的意思,所以手语表达时就省略了人称代词"你"和"我"。手语的位置、方向、运动等语言要素是与空间特性相联系的,这是视觉语言的特点。动态手势的运动方向可以表达语法范畴,能表示不同的人称。因此,在聋人手语中经常省略人称代词。

二、手语传译简缩策略

在手语传译中,简缩是最常用的策略。比如,电视新闻的口播语速大大超出一般发言的语速,导致手语翻译时手势过快,影响聋人受众对信息的理解和接受。由此可见,在电视新闻的手语同步传译中,运用简缩策略也十分必要。下面,以电视新闻手语翻译为例,从电视新闻手语同步传译中的新闻源语听辨的信息选择和译语产出中的信息加工两个方面来具体分析探讨简缩策略的应用。

(一)新闻源语听辨中的信息选择策略

电视新闻的手语同步传译中,新闻口播的源语信息非常密集,要准确传译新闻内容,手语译员在听辨理解过程中一定要善于识别主题信息,即弄清楚哪些是主题信息,哪些是次要信息。如果不抓住主干,信息是无法组织起来的。手语译员善于识别主题信息,可以围绕主题信息建立主次分明的信息架构,能更有效地记忆,手语组织也会更有条理。一个新闻内容可视作一个信息段落,段落又由若干相互联系、交织重叠的句子共同构成。手语译员是即时进行听辨、记忆和手语产出,一个句子往往是基本的信息加工单位。信息加工单位也是动态的,有时可能小到几个词或半个句子,有时是1到2个句子。每个句子间的地位是不相等的,在一个信息段落之中,存在着核心信息、重要信息和次要信息甚至是冗余的内容。每个句子也有核心信息、重要信息和次要信息之分。在新闻主播口语语速过快,发言信息密集的情形下,手语译员的认知负荷过大,这时手语译员要对听到的信息进行处理,不能听到什么就翻译什么。在新闻直播前,手语翻译往往有短暂的备稿时间,可按以下优先顺序选择拟加工信息:一段新闻的核心信息——一个句子内的核心信息—重要信息—次要信息。比如:

首届中国BIM高峰论坛探讨如何让建筑设计和施工能够跨流程、跨领域高效率执行,以杭州G20峰会的主会场为例,精美的东阳木雕、优雅的青瓷元素、紫铜白铜的完美点缀,从设计到施工只有不到一年的时间,施工团队就是应用了BIM技术。

这段新闻的核心信息是:"首届中国BIM高峰论坛探讨如何让建筑设计和施工能够跨流程、跨领域高效率执行。"重要信息是:"杭州G20峰会的主会场建筑设计应用了BIM技术,从设计到施工只有不到一年的时间。"次要信息是:"精美的东阳木雕、优雅的青瓷元素、紫铜白铜的完美点缀。"

在新闻源语产出方式超出译员认知负荷,极其不利于手语译员传译的情形下,手语译员可以抓住主题句和关键词,听辨和记忆新闻的核心信息,也就是仅仅选择加工一个新闻段落中的核心信息和重要信息,对一些次要信息可以省略。否则,手语译员很可能顾此失彼,迷失于高度密集的信息之中,听到什么就翻译什么,来不及翻的就漏译。导致聋人可能会看到一些支离破碎的手语,意思并不连贯而一头雾水。

(二)手语译语产出中的信息加工策略

简缩是同步传译中译语产出常用的信息加工策略。切尔诺夫(Chernov)认为从语言学的角度来看,简缩主要分为音节简缩、词汇简缩、句法简缩和语义简缩(2004)。电视新闻的手语同步传译也同样可以利用这些简缩策略,简缩是为了使得新闻的信息能够得到很好的传达,从而获得更高层面的忠实,达到传播的目的。

1. 音节简缩

手语译员在电视新闻的同步传译时,为了跟上口播语速,避免手忙脚乱,可以让手语句子整体音节长度比源语短,翻译的时候,有意识地选择意思一样但动作更简洁的手势。有研究学者认为,同传译员在翻译过程中要控制如下几个方面:语域+语言+处理进入的语言+感知部分输出的语言(有一些需要自我监测),这就意味着同传译员至少要一个额外的抑制的负担,也就是要部分抑制对于输出语言的感知,这就需要占用部分处理能力。切尔诺夫进行了实际联合国同声传译文本的语料研究,发现译文总是比原文的音节要少。在电视新闻的手语同步传译中,如果能够对尽量压缩词汇的手势,就可以减少对输出手语感知的负担,同时,也可以精简手势,不至于手势频率太快,使得大脑有限的资源可以对其他需要进行的任务更合理地分配。以下是几个音节简缩的例子:

(1)"重要"这个词手语可以有两种打法,打法一是:左手横伸;右手伸食指,拇指按于食指根部,手背朝下,往左手掌心上砸两下。打法二是:①双手平伸,掌心向上,在胸前同时向下一顿。②一手平伸,掌心向上,从前向后移动一下。很显然,在同步传译的时候,第一种是更优选择。

(2)"试验"这个词的手语,打法一是:一手直立,掌心向内,置于面前,五指交替抖动几下。打法二是:①一手伸拇、小指,指尖朝上置于鼻侧,然后弯动两下。②左手横伸;右手伸拇、食、中指,食、中指并拢,在左手掌心上转动两下。如果是在电视新闻手语同传中,优先选择第一种打法,缩短音节。

(3)"政府"的手语,打法一是:①双手打手指字母"ZH"的指式,指尖朝前,同时向下一顿。②双手五指搭成房屋的形状。打法二是:左手握拳屈肘,手背向外;右手横伸,手背向上,贴于左手小臂,然后向下做弧形移动,翻转成掌心向上。在传译时,优先选择第二种打法。

这样的例子还有很多,当然这是在通用手语普及后,南北方聋人都能看懂的情况下所做的选择。在手语同步传译过程中选择较简洁的手势音节的词,是为了减缓手语译员在同传中头脑处理能力的紧张度而采取的措施。如果源语语速较慢,传译中还是要尽可能考虑一下我国南北方聋人手语的差异,根据服务对象选择合适的手势打法。

2. 词汇简缩

词汇简缩就是尽量用更少的词语表达相同的意思。如在英译汉的时候,介词、代词、冠词、连词等虚词往往省略不译。其主要原因就是中英文在语法上不同,在翻译成中文时省略这些虚词,不但不会引起听众理解障碍,反而会使译文更加地道、易懂。在汉语翻译成手语的时候,同样也可以省略虚词,因为汉语和手语的语法不同,聋人手语中本身是没有量词、"的、得、地"等结构助词的。比如:"我有一本书。"翻译成手语是:"我/书/一/有。"以下是几个词汇简缩的例子:

(1)"杭州一直是国内的热门旅游目的地,去年9月杭州举办G20峰会以来,来杭旅游人数激增。但是,在这个过程中,有很多外地游客跟我们反映,杭州一日游中存在很多陷阱。"这段新闻翻译成手语时可以省略一些词汇,翻译成:"杭州/国内/热门/旅游地,举办/G20峰会/以来,来杭/旅游/人/多多。但是/有/游客/反映,一日游/陷阱/多多。"

（2）"家中新房要装修,必须用物业公司指定的原材料！商家没有取得物业公司的通行证,无法将装修材料送进小区。"这句新闻可以翻译成:新房/装修/要,用/物业/指定/原材料/必须！商家/物业/通行证/没有,装修/材料/送进/小区不行。

在手语同步传译中,压缩词汇,省略虚词,可以减轻译员的认知负荷,还可以使手语更易懂、更地道。

3. 句法简缩

句法简缩就是选择比源语更为简练的句子结构作为译入语。诺兰(Nolan)提出,在口译时,特别是传译语速快的讲话,好的策略是"随着翻译的进行简化句法",删除多余或矛盾的连词,注意把握意义单元或整体的意思,厘清句子之间的关系,变长句为短句,变复杂句为简单句,使用平行结构组织列举项目(2005)。

在电视新闻口播语速过快、信息过于密集的汉语源语的同声传译中,也可以运用简单句型,省略一些不影响句义的词语。由于手语本身就没有复杂句型,聋人之间交流的句型结构简单,形式灵活。因此,在传译时,运用手语简单句信息凸显,不仅可以高效传递信息,减轻手语译员的认知负荷,还能促进聋人受众高效理解新闻的信息。在具体的翻译操作层面,手语译员可以将汉语复杂句或冗余烦琐的话语转换为手语简单句,凸显源语信息,帮助聋人更好地理解,提高译语语言效率。例:

（1）"《旅游法》中其实是明确规定旅行社不得带旅游者去指定地点消费的,所以我们也建议旅行者在旅行的时候不要选择那些低团价的团出行。"可以翻译成手语:旅游法/规定/旅行社/带/游客/指定/地点/消费/不行,建议/旅行/低团价/选择/不要。

（2）"一年一度的'3·15'消费者权益保护日马上就要到了,今天杭州出入境检验检疫局围绕消费者消费热点对一批劣质产品进行了集中销毁,其中不乏国际知名品牌的商品。"可以翻译成手语:3·15/消费者/权益日/快到,今天/杭州/出入境/检疫局/集中/销毁/劣质/产品/一批,国际/知名/品牌/商品/有。

4. 语义简缩

翻译的首要任务是传递信息,译语准确传递源语信息是翻译成功的关键。电视新闻手语同步传译作为翻译类型的一种,目的也是将信息无障碍地传递给聋人。关于译语质量不同要素的重要性,国外的一些研究者对用户进行的问卷调查显示:最为重要的是译语与源语信息一致,绝大多数用户期待译员译出主要信息而非完整对译,期待译员忠实传达源语意思,而非字面对译。

Chang 和 Schallert 也指出,汉英同声传译时,英语为外语、汉语为母语的译员更倾向于分析汉语源语的意思,基于意思进行翻译而不是字面对译(2007)。由于聋人手语和汉语本身就不是一一对应的,手语翻译应该译出主要信息而非完整对译,准确传递语言形式背后的信息而非字对字翻译。因此,在电视新闻中,汉语源语说得快、信息多等情形下,手语译员应加强对新闻信息意思的分析,传递出新闻的主要信息。

对于一段新闻信息,手语翻译时可以减少重复、冗余的语意组成成分,保持整体语意不变,使得聋人受众能够理解新闻信息,有的时候以上三种简缩可以造成语义简缩。例:

(1)在杭州开出租车的蒋师傅,前两天接到一个大生意,杭州开到苏州,370公里的路。可是在路上,蒋师傅发现这个客人支支吾吾,起了疑心的司机索性把车开进了派出所。按理说这么远的路,司机都是先收取一半的路费当作定金。但是谁知道这个小伙子却说身上没钱,到了江苏后家里人会付钱的,这让蒋师傅起了疑心。这时候刚好路过杭州望江派出所,蒋师傅的意思是到派出所里面,让民警查查这个小伙子的底细,再决定跑不跑这单生意。

手语译文:杭州/出租车/司机蒋师傅,前两天/接/一/大/生意,杭州/到/苏州,370/公里。可是/蒋师傅/发现/客人/讲话/支吾,司机/疑心/开车/到/派出所。路远/一般/收/一半/路费/作/定金。但是/小伙子/说/没钱,到/江苏/家人/付钱/会,蒋师傅/疑心。这时/看到/杭州/望江/派出所,蒋师傅/想/到/派出所/让/民警/查/小伙子,再/决定/苏州/去/或/不去。

(2)正常人的心率是每分钟60~100次,而近日温医大附二院收治的一名4岁男孩,他的心脏疯狂起来,每分钟竟会跳动220次,可想而知,这是非常危险的。经过会诊,医院制定出一个大胆的手术治疗办法,那就是将心房与心室之间房室结位置予以阻断,舍弃掉心房这部分心脏功能,然后在心房与心室之间安装一个起搏器,保证心脏能够正常工作。经过5个多小时的努力,手术成功完成。目前男孩的心跳已经恢复正常。

手语译文:正常人/心率/每分钟/60~100,近日/温医大/附二院/收治/一/4岁/男孩,心脏/每分钟/跳动/220,危险/很。经过/会诊,医院/制定/一/大胆/手术/办法,心房/心室/联结/阻断,舍弃/心房/功能,心房/心室之间/安装/一/起搏器,保证/心脏/正常/工作/能。经过/5/小时/多,手术/成功。目前/男孩/心跳/恢复/正常。

(三)简缩策略下的电视新闻手语同步传译的"译语连续统"

长期以来,翻译理论受传统的经典范畴观影响,盛行着二元对立观,如形似与神似、直译与意译、异化与归化、形式与意义、可译与不可译、忠实与不忠实、翻译是艺术与翻译是科学等等对立的思想与方法。同声传译研究和实践也一直受二元对立观影响,用对和错的标准来评价译语。同传的认知和场景性因素复杂多变,是一种即时性很强的工作,电视新闻的手语同步传译也是如此。同步传译中口语与手语的基本同步、口语与手语的即时转换、现场同期声的不可控和动态性以及新闻口播发言内容、方式和风格的不确定性等因素给手语译员带来巨大的认知负荷和挑战。电视新闻的手语同步传译中,要做到手语信息与新闻源语信息在信息数量、表达质量等方面完全等值是几乎不可能达到的理想状态。无论在何种同声传译实践中,受译员的认知负荷限制,现场翻译的译语往往与等值的译语原型存在信息内容等方面的相似性,每个不同的译员在信息传递的质和量方面与原型的距离、地位不相等的不同版本的译语,形成一个"译语家族"(family of target speech),一个随现场交际及译员认知状况变化而变化、不同简缩策略下产出的"译语连续统"(target speech continuum)(卢信朝,2016)。"译语连续统"的两端分别是理想译语和最低可接受译语,这两端之间的任何一个点都是在可以接受的译语范围之内。在口播语速快、新闻信息密集、手语译员认知负荷重等情况下,手语译员需要采用合理的翻译策略,通过听辨、记忆新闻信息中的信息选择简缩策略、翻译成手语时使用音节简缩、词汇简缩、句法简缩和语意简缩等信息加工简缩策略加以应对。在同传过程中,聋人可接受的手语信息点也随着现场情况的变化而在译语连续统的两端之间滑动。电视手语新闻同步传译的质量标准是基于直播现场综合认知状况的动态的连续统,而不仅仅是一个理想标准,传译质量要以聋人受众理解信息的程度来作为评判的标准。

运用简约策略进行手语翻译练习:

1. 北京大学于1898年成立,原名为京师大学堂。该大学的成立标志着中国近代史上高等教育的开始。在中国近代史上,它是进步思想的中心,对中国新文化运动、五四运动及其他重要事件的发生颇有影响。今天,国内不少高校排行榜将北京大学放入国内顶尖大学之列。该校重视教学和科学研究。为提高本科生教育和研究生教育质量、保持其领先研究机构的地位,学校已做出很大努力。此外,学校尤以其校园环境及优美的中国传统建筑而闻名。

2. 过去,乘飞机出行对大多数中国人来说是难以想象的。如今随着经济的发展和生活水平的提高,越来越多的中国人包括许多农民和外出务工人员都能乘飞机出行。他们可以乘飞机到达所有大城市,还有许多城市也在筹建机场。航空服务不断改进,而且经常会有特价机票。近年来,节假日期间选择乘飞机外出旅游的人不断增加。

3. 近年来,中国有越来越多的城市开始建设地铁。发展地铁有助于减少城市的交通拥堵和空气污染。地铁具有安全、快捷和舒适的优点。越来越多的人选择地铁作为每天上班或上学的主要交通工具。如今,在中国乘坐地铁正变得越来越方便。在有些城市里,乘客只需用卡或手机就可以乘坐地铁。许多当地老年市民还可以免费乘坐地铁。

4. 国画是中国文化遗产的重要组成部分。不同于西方画,它是用毛笔和墨汁在宣纸上作画的。精通这门艺术需要不断重复的练习,需要控制好毛笔,需要对宣纸和墨汁有一定的认识。绘画前,画家必须在脑海里有一个草图并根据他的想象力和经验进行绘画。许多中国画家既是诗人,又是书法家。他们经常会在自己的画上亲手添加诗作。

5. 徐志摩是20世纪著名的现代浪漫主义诗人。他毕业于北京大学,而后去剑桥大学学习政策和经济。经过两年在剑桥的学习,他深受欧洲和美国诗人的影响。1922年他回到中国,后来成为了现代诗歌运动的领导者。他的生命很短暂,但却为世界和中国文学做出了重大贡献。他是中国第一批成功将西方浪漫主义形式引入中国现代诗歌的作家之一。他的诗歌是世界文学的瑰宝。

6. 如今很多人都会借助互联网在家里舒舒服服地购物,网络购物已成为人们最喜爱的购物方式之一。对于消费者来说,网络购物不仅方便,选择范围广,价格具有竞争性,而且更容易获取商品信息。对于商家来说,网络提供了更多的客户和更大的市场空间。对于整个市场经济来说,这种新型的购物模式可在更大的范围内、更广的层面上以更高的效率实现资源配置。

7. 文房四宝是中国古代书画用具的总称,指纸、墨、毛笔与砚台。文房四宝的质量对绘画和书法起着决定性的作用。因此进行中国传统绘画和书法的文人都很注重这些用具的选择。唐宋时期的文房四宝因其质量优良与制作精美,为后世学者高度称颂。在某种程度上来说,"文房四宝"是促进中国传统文化发展的一个重要因素。

8. 中国因其国宝——熊猫——而闻名于世。熊猫的食物——竹子也深受中国人民的喜爱。中国是世界上拥有竹子最多的国家,被称为竹子的王国。竹文化长久以来深深根植于中国人的思想中。对中国人民来说,竹子是美德的象征。它反映了人的灵魂和情感。中国古代的学者对竹子非常敬重。这就解释了为什么历史上有那么多的著作和绘画都是以竹为主题的。

9. 传统的中国婚礼流程从求婚开始,新郎会送一封书信至新娘家,请求迎娶他们家的女儿。多数情况下,新郎家会雇用一位专业媒人沟通双方家庭。准新郎和准新娘的生辰八字也要进行比对,以确保根据中国传统占星学,这对夫妻不犯冲。如今,中国大城市的婚礼跟西方很相似。然而,在小地方,仍然遵循传统,婚礼流程也基本未变。

10. 中国是世界四大文明古国之一。它位于亚洲东部、太平洋西岸,面积960万平方公里。中国人口约13亿,是世界上人口最多的国家,有56个民族。中国历史悠久,幅员辽阔,景色壮丽,自然资源丰富,文化璀璨。1949年,中华人民共和国成立。经过半个多世纪的发展,中国在政治、经济、科技、文化、教育等方面取得辉煌的成就,为世人瞩目。

第三节　信息重构

信息重构是指按照译语的语言习惯重新组合源语的信息点。同传翻译的是源语言的"信息",而不是源语言本身。任何两种语言之间的转换,都不可能存在完全的一一对应。在同传中,应遵循译"信息"的原则,根据源语的主要内容,在目的语中根据目的语的语言习惯重新组织信息。

这一技巧是相对长句切分而言的:使用切分技巧,译员将源语处理成长短不一的翻译单位,在译成目标语时,为了避免句子过于支离破碎弱化效果,译员常常采取信息重构的手段把切断的句子有机连接起来。同传过程中,有时由于源语言信息过长,超出了译员短时记忆的极限,译员若将注意力集中在每一词句上,则容易"卡壳",这时,译员只有在理解源语言信息的基础上,利用"信息重构",才能完成翻译。所以说信息重构技巧是传译活动中十分重要的一个技巧,能帮助译员节约时间、减轻心理和脑力负担,对传译活动的顺利进行至关重要。

一、信息重构的原则

信息重构并不是要求完全改变源语语流的输入次序,相反信息重构是在顺句驱动原则基础上对信息进行重组、呈现。同步传译要求译员与发言人保持同步,在源语信息连续不断输入过程中,很少有间隔或停顿供译员思考、记忆或做笔记。因此,在同传过程中,译员应尽量减少语言结构调整的范围和程度,按照源语语流的输入次序,不间断地将其切割成大小不等的意群或信息单位,再将这些信息单位以较为适合的目标语表达形式组合起来,以传达源语整体的意义和信息。这就是同传最重要的一种策略——"顺句驱动"。采用这一策略可以降低译员的记忆负担和语言重组所需的精力,保证同传顺畅进行。

手语传译是一种复杂的社会交际活动,语言转换的及时性和信息传递的完整性,始终是传译活动中期待值最高的两个指标。因此,在确保源语信息准确、完整的基础上,为减少结构调整对认知资源运用的干扰,保证译语传播的即时性和直接性,手语译员往往依照源语次序进行意义转换,而不可能对译语表达形式进行大幅的结构调整或过多的语言润色。

二、手语传译信息重构的技巧

利用顺句驱动原则,译员可缩短重构语序的时间,在最短的时间内,利用信息重构技巧,将源语言用较符合目的语习惯的表达自然译出。汉语是有声语言,手语是视觉语言,两者的表达方式有较大的差异,导致互译的信息重构策略也有较大的区别。

(一)手语转译为汉语

(1)信息重构时可添加必要成分,保持译语的流畅连贯。手语省略是手语的基本特点之一,常会省略动词、量词、代词和一些虚词等,而且手语与汉语相比词汇偏少,表达时冗繁和重复也较少,更为简练。译员在手语转译为汉语时,重构信息要添加一定的"润滑剂",使译语片段能够连缀成句成篇,总体上与源语对等。同传中,译员可以通过添加衔接成分(如量词、代词、动词、副词、介词、连词、助词、叹词和拟声词等)来重构信息,保持译语产出的连贯性。如:手语译文:你/好,我/聋人,帮助(双手掌心向内)可以(面露疑问表情)? 转译为汉语:你好,我是聋人,你能帮助我吗? 在手语转译为汉语时添加了助词"是"、代词"你""我",疑问词"吗",保证了译语的流畅连贯。

(2)信息重构时对手语中倒装现象可调整语序。手语中按"施事+受事+动词"(SOV句式)顺序来表达的句式,可重构为"施事+动词+受事"(SVO句式)。如:"小方/存款/取款/业务/主要负责"转译为"小方主要负责存款和取款业务",转译时把"主要负责"从宾语后调整到宾语前面。手语中后置的定语、状语等修饰词在转译为汉语时需调整到相应位置。如:"她/上班/下班/按时"应转译为"她按时上班、下班",把后置的状语"按时"调整到动词前面;"杭州/城市/美丽"应转译为"杭州是美丽的城市",把后置的定语"美丽"调整到宾语前面。手语中后置的肯定、否定及疑问词在转译为汉语时需调整到相应位置。如:"抽样/报告/显示/样品/合格/不好"应转译为"抽样报告显示样品不合格",把后置的否定词"不好"调整到合格前面,且按照汉语习惯删去了"好"字。

(二)汉语转译为手语

汉语的词汇量远远大于手语,而且一个意思可以用多个词语来表达,在同一个句子中,为了准确或者强调句子所要表达的意思,常常重复出现类似的词语或者短语。而且发言人并非都是能说会道的演说家，在发言中可能存在颠三倒四、逻辑混乱、不断重复等问题，还有的人喜欢用俗语、谚语、口头禅、重复语、赘词、方言等。如果译员将原话不加任何删节、整理、一五一十照本宣科译出，就会让聋人看得不知所云。有时说话人的句子较长，所含信息较多，对听者的心理压力较大。译员常顺着两条思路来改进口译效果：第一，增强句子前后部分的衔接关系，例如使用关联结构，使用语义明显的实词与前文呼应，缩短语义相关词汇之间的距离等。第二，使用分流的办法，把一部分信息分流到一个相对独立的结构中去，这就等于扔掉一个包袱，然后译员便可集中精力处理剩余的信息。

汉语转译为手语时，信息重构一般可采用省略、总结归纳的技巧。省略是指翻译时，为了使译文的表达更清晰、简练和通顺，省略可有可无、不言而喻的词，避免重复啰唆、扰乱逻辑、违背目的语语言的表达习惯等问题。总结归纳是指去除赘词及重复性话语，压缩简化，将实际意思用简洁明了的译入语表达出来。按此法所表达出的译入语比原语时间缩短，而意思不但没有减少，反而更加明确凝练，提供翻译质量。不过用此方法应注意避免遗漏原话内容，以免缺失重要信息。如："光辉的十月是中国人民盛大的庆典，光辉的十月是共和国金色的诞辰"可转译为"十月/中国/人民/庆典，十月/共和国/诞辰"，省略了动词、形容词，使手语更简洁易懂，符合聋人表达习惯。

三、练习

运用信息重构的技巧对下列语段进行手语、汉语互译训练。

1. 曾几何时，一句"世界那么大，我想去看看"说出了很多人的心声。早在1979年，邓小平提出："旅游事业大有文章可做，要突出地搞，加快地搞。"中国旅游业市场化发展自此拉开大幕。改革开放40年来，随着我国经济社会快速发展、人民生活水平的显著提高，以及带薪休假政策的出台，越来越多的人可以来一场"说走就走的旅行"。中国也成了世界最大的旅游市场、世界第一大国际旅游消费国和世界重要旅游目的地国家。

2. 根据相关规定，杭州市区内的遛狗时间为每天19时至第二天7时。遛狗时必须系上狗链，并由成年人牵领，并不得进入市场、公园、公共绿地、学校、医院、展览馆、影剧院、体育场馆、游乐场、车站、航空港以及其他公共场所。遛狗过程中，如果犬只排泄粪便，要立即清除。在集中整治期间，对违反规定携犬出户者，将从重处罚。此外，根据规定，一旦犬主人被查实没有办理养犬许可证，城管执法部门将进行没收或者捕杀犬只，并对其处以3000元至5000元的罚款。而在集中整治阶段，无证养犬行为将被予以从重处罚，罚款金额也将上调。

3. 在宴请待客中，很多人喜欢盛情劝客，甚至强求客人超量饮酒，那么一旦发生醉酒中毒事件、发生意外受伤情况，甚至引发死亡，由谁具体承担责任呢？主客间的责任又如何划分呢？

根据《民法通则》《侵权责任法》等法律规定，多数情况下应由发生人身损害的饮酒人自负责任。但如果发生以下情况，则共同饮酒人也应承担相应的赔偿责任。第一，明知醉酒人不能喝酒。在因喝酒引发醉酒人心脏病、心肌梗死等疾病的发作，导致伤残、死亡等损害后果的情况下,是否知道对方的身体状况,成为同饮人应否承担过错责任的前提。如果同饮人不了解,在劝了少量酒的情况下,诱发对方疾病发作,此时同饮人无须承担过错责任。……

4. 杭州是中国的一个历史文化重镇和商贸中心,有千年以上的历史。千百年来,从白居易到苏东坡,从西湖到大运河,杭州的悠久历史和文化传说引人入胜。杭州是创新活力之城,电子商务蓬勃发展,在杭州点击鼠标,联通的是整个世界。杭州也是生态文明之都,山明水秀,晴好雨奇,浸透着江南韵味,凝结着世代匠心。

我曾在这里工作了 6 个年头,熟悉这里的山水草木、风土人情,不要说杭州的水,杭州的山我都走过,参与和见证了这里的发展。在中国,像杭州这样的城市有很多,在过去几十年经历了大发展、大变化,许许多多普通家庭用勤劳的双手改变了自己的生活。这一点一滴的变化,集合起来就是磅礴的力量,推动着中国发展进步,折射出中国改革开放的伟大进程。

这是探索前行的进程。一个 13 亿多人口的大国实现现代化,在人类历史上没有先例可循。中国的发展注定要走一条属于自己的道路。我们"摸着石头过河",不断深化改革开放,不断探索前进,开创和发展了中国特色社会主义。

这是真抓实干的进程。我们紧紧抓住经济建设这个中心不放松,与时俱进,开拓创新,靠着拼劲、闯劲、干劲,靠着钉子精神,把中国建成世界第二大经济体、最大货物贸易国、第三大对外直接投资国,人均国内生产总值接近 8000 美元。

这是共同富裕的进程。发展为了人民、发展依靠人民、发展成果由人民共享,这是中国推进改革开放和社会主义现代化建设的根本目的。改革开放以来,中国有 7 亿多人口脱贫,13 亿多人民的生活质量和水平大幅度提升,用几十年时间完成了其他国家几百年走过的发展历程。

这是中国走向世界、世界走向中国的进程。我们奉行独立自主的和平外交政策,坚持对外开放的基本国策,敞开大门搞建设,从大规模引进来到大踏步走出去,积极推动建设更加公正合理的国际秩序,中国同外部世界的互动持续加深,中国的朋友遍布世界。

(习总书记在二十国集团工商峰会开幕式上演讲节选)

第四节 合理预测

预测是贯穿手语同传过程始终的一个重要技巧。在翻译过程中如果译员只是被动接收信息,那么记忆力将会面临极大的压力,甚至短路。为了减少压力,译员应该留出精力来分析即将到来的信息,将接下来的信息进行预测。吉尔的认知负荷模式指出口译员必须合理分配其有限的精力才能成功地完成任务。如果口译员能通过预测提前完成部分任务,这样就能大大减轻其记忆负荷,提高口译质量。在实际工作中译员往往要应对语速较快、信息密集、语言组合差异巨大等问题,如果不进行任何预测,只是一味地追赶源语发言,那么译员可供使用的加工能力就无法协调分配,译员很快就会疲劳,造成信息错漏,最终影响产出效果(仲伟合,2010)。

由于源语和译入语间存在语言上的差异性,因此,就不可避免地需要译员主动或被动地调整译文语序,以保证译文表意准确或提高译文质量。而同声传译本身存在对同时性的要求,因此要求译员在已有信息的基础上,对发言人即将说出的原文做出判断,先行说出其还未说出的内容,译员在这个过程中实现了预测,缓解了压力。

当预测发生时,译员往往根据自己在语言结构、背景知识、发言人习惯、现场环境等方面的知识或经验,对发言人将要传达的信息进行预判并翻译。然后再通过与发言人实际传达的信息相比照,检验预测的准确性。如预判有误,则酌情加以弥补或修正。

手语译汉语的预测方法可分为语言性预测和非语言预测。

一、语言性预测

语言性预测是指以两种语言的语法规则和表达方法为基础,预测将要出现的源语内容。扎实的语言功底对译员的预测起着非常重要的作用。每一种语言都有特定的规则,词与词的组合并不是随机的,其搭配存在内在规律,遵循一定的语法规则。在一段发言中,句子和句子之间有着一定的联系,不同意思之间存在着上下承接的关系。语言也正是由此才完成了它作为传达信息的工具所应起的作用。

(一)"是""不""有""要"的预测

在手语表达中经常将"是""不""有""要"后置,因此,译员可以根据语境提前预测。

1. 手语:她/可爱/女孩/是。
汉语:她是一位可爱的女孩。
2. 手语:他/饿/没有,去/吃饭/不!
汉语:他不饿,不会去吃饭!
3. 手语:我/三/姐姐/四/妹妹/有。
汉语:我有三个姐姐和四个妹妹。
4. 手语:你/走到/商店/门口/要。
汉语:你要走到商店门口。

(二)连接词的预测

连接性(又叫衔接性)是话语和语篇的特征之一,是指通过在话语或语篇中出现的各种连接词,将句子之间、段落之间、话语之间进行衔接,保持内容的一致性和连贯性。为了强调内容的连续性,恰当使用连接词是非常重要的。但是由于手语中很少使用关联词,所以在手语译成汉语时,合理的预测和推测连接词的翻译和使用是决定语句是否达意、流畅、通顺的关键,即决定翻译质量的重要一环。

如:手语:中国/经济/崛起/对/韩国/更/整个/亚洲/经济/二/一/机遇/一/压力/是。

汉语:中国经济的崛起<u>不仅</u>对韩国<u>而且</u>对整个亚洲经济来说 <u>既</u>是一种机遇,<u>也</u>是一种压力。

二、非语言预测

除句子成分等语言结构内部的相互关系外,在一段演讲或发言中,句与句之间、段落与段落之间往往也存在假设、因果、转折、并列、递进等内在关系。也就是说,各个句子、段落及其表达出的意思绝不是孤立的、毫无关联的,而是由某种特定的逻辑关系联系起来的有机整体。"非语言预测"与"语言性预测"相对,通常分为"场合预测"和"话题预测"。

场合预测是指译员根据传译场合各类信息,如发言人或嘉宾身份、行业背景、职务、大会主题等来进行预测。对于经验丰富的译员来说,这些看似无关紧要的信息对于把握发言人的态度、看法、发言的基调和口吻起着非常关键的作用。

话题预测是针对某一话题进行预测,利用的是某一话题下句子、段落间存在的逻辑关系和译员自身的知识储备。其理论基础为图式理论,即将源文的中心语(topic sentence)作为图式,并由此预测文段的整体内容,从而使译员在传译过程中顺利生成译文。

综上,语言性预测要求译员具备扎实的语言基础,而非语言预测则在此基础上又对译员提出了知识储备、会前准备和逻辑思维能力方面的要求。

预测练习:

1.作为远古人类留给我们的宝贵的文化遗产,岩画堪称记载人类早期社会生活的百科全书,它不仅传承着源远流长的古代文明,也是史前人类文化、宗教、民俗以及原始艺术史的见证。

在世界上,中国岩画是诞生最早、分布最广、内容最丰富的国家之一,而贺兰山又是华夏土地上遗存最集中、题材最广泛、保存最完好的岩画地区之一。在贺兰山腹地,共发现20余处遗存岩画,其中最具代表性的是贺兰山口岩画。

贺兰山岩画在山口内外分布着近6000幅岩画,其中罕为人见的人面像岩画就有70幅之多。据考证,贺兰山口岩画是不同时期先后刻制的,大多为北方游牧民族创作。岩画造型粗犷稚拙、构图朴实自然,牛、马、驴、鹿、鸟、虎等动物栩栩如生,各种人头的造型同样是千奇百态。凭着自己对社会现实的理解与感悟,对美好生活的追求与向往,他们把自己的亲身感受与体验,忠实地记录在岩石之上,同时也为后人留下了神秘瑰丽的贺兰山岩画。

有学者说贺兰山口是史前人类凭借自然魅力打造的祭祀圣地,又有专家认为,贺兰山口岩画是象形文字前的图画文字,在文字没有发明前,这里的人们艰难地把他们的理想、愿望、欢乐、悲伤,通过岩画的形式表现出来。于是,在亘古不变的贺兰山上,写就了一部史前人类的"天书"。

2.1882年中国第一盏电灯在上海点亮,这使得中国逐渐告别了油灯和蜡烛照明的历史,当时使用的电灯就是白炽灯,这一用就是130年,中国也成为白炽灯的生产和消费大国。早在1996年,中国就启动实施了"绿色照明工程",中国绿色照明工程的实施,推动了照明电器行业结构的优化升级和产品质量的整体提升,经过多年努力,中国节能灯产品质量水平日益提高,一些企业产品质量和工艺已达到世界领先水平。高效照明产品及技术的日益成熟为逐步淘汰白炽灯提供了重要保障。

中国节能灯的全球市场占有率由1996年的20%提高到2010年的85%。即使遇到丰收年景,对中国来说,要用世界7%的耕地养活全球1/5的人口仍是一项艰巨的任务。

3. 格陵兰岛上覆盖着的远古冰穹一望无际,许多飞行员飞过上空时都曾误以为是地平线上的云层而俯冲失事。从空中俯瞰的话,很难想象冰穹融化速度是如此之快,过不了多久海平面就将上升至危险水平。

但是,在春夏季节,冰穹两侧的景象则迥然不同。随着温暖年份不断增多,融冰形成的蓝色冰川湖和溪涧逐渐自下而上侵蚀着冰帽,在冰穹上的海拔越来越高。融冰的表层发黑,吸收的太阳热量是雪的四倍,因为雪可以反射太阳光。冰川壶穴是天然排水管,融冰水通过壶穴从表层一直渗透至底层,在有些地区甚至会到达底部基岩。

整个过程对冰化入海洋起着润滑和加速的作用,虽然过程缓慢,但是作用明显。

在格陵兰岛的一些大型冰川特别是西海岸的冰川在进入逐渐变暖的海洋前勉强穿过峡湾,这时一些大型的半潜入水中的巨大冰体会断裂开来,许多冰川学家认为这是最重要的一环。当冰川通过峡湾后,这些缓慢流动、泛着波纹的融冰河流动速度将大大加快。去年联合国政府间气候变化专家小组曾预测,21世纪海平面升幅上限为约60厘米,但是,一些冰川学家担心,随着全球变暖不断加剧,海平面升幅可能会远远高于上述预测。

4. 当今世界,和平、发展、合作是时代潮流更加强劲,但同时人类社会也面临着前所未有的挑战。历史罕见的国际金融危机重创了世界经济,其深层次影响仍在发酵,世界经济复苏进程曲折缓慢。气候变化、资源环境、粮食安全、能源危机、公共卫生、贫富差距、重大灾害、网络安全、恐怖主义等全球性问题更加突出,传统与非传统安全威胁相互交织。国际经济政治秩序还存在着不公正、不合理的问题,世界范围内市场、资源、人才、技术、标准等方面的不公平竞争远未消除。

5. 没有作业多好,这是无数小学生的梦想。但现实却是那么无奈,总有大堆的书要读,总有大堆的作业要完成。然而在新西兰,这个梦想却可以变为现实。

一个偶然的机会,我参观了新西兰的一所小学。最让我惊愕的是,新西兰所有低年级的学生都没有家庭作业,也没有教育部统一制定的课本。小学生通常喜欢听故事,于是这里的老师就以故事书为课本。有时,老师也会布置一两道家庭作业题,但都是些手工制作。比如,让学生利用废弃的报纸折纸花,用喝过的饮料瓶做笔筒等。然后评比出最漂亮的作品、最有创意的作品,并为优胜者颁发奖状。

6. 过去我们常说,由于中国缺乏技术人才、缺乏技术积累,经济增长方式只能十分粗放。但经过30多年改革开放,情况已经发生了巨大的变化。中国受过训练的技术人才数量目前已经居于世界第一位。技术发明也数量众多,而且有些发明已经接近甚至突破世界前沿。现在的问题在于,新技术的产品化、产业化步履维艰,许多新技术死在摇篮之中,即使勉强转化成了产品,企业也长期做不大,新技术拖成了旧技术。症结在于缺乏有利于创新和创业的体制机制环境。

7. 气候变化战略专家认为,由于中国平均每周就要新建三座发电站,到2030年中国计划新增的发电能力是美国、英国和澳大利亚三国现有发电能力的总和。这意味着要消耗大量的水资源用于冷却和为汽轮发电机提供动力。

2010年,火力发电和水力发电分别占到中国总装机容量的74%和22%。这意味着大多数的发电能力均依赖于水资源供应。中国的工业化、城市化进程以及不断增长的财富将推高电力需求,进而更多地消耗本就有限的水资源。即便能源结构有所调整,预计仍将有87%的发电能力需要用水。在这种情况下,中国必须大幅提高能源效率。

8. 那房子的设计是开放式的,我们聊天至深夜,笑谈着那些要有同样经历才觉得逗笑的事情,大家的声音在各个房间之间来回飘荡着。第二天早上醒来后,我发现外面阳光灿烂,在周围那泥褐色的房屋的映衬下,蔚蓝的天空显得分外美丽。当天是周六,那些艺术爱好者们都出动了。于是,我手捧咖啡送我们的主人去工作。回来后,我发现其他人还在熟睡,脸上压出的深痕表明她们睡得很沉很香。

9. 去年,世界人口已经增长到了70亿,我们现在的地球和1945年联合国刚成立时是十分不同的,当时的世界人口是现在世界人口的1/3。现在人们更加长寿,人们的寿命增长了40%,现在的孩子们生活在更加幸福的时代,人们变得相互依存,相互联系。在这70亿人口生活的世界中,有越来越多的人生活在小家庭中,而且这一数字正在上升,在一些贫穷的国家中,人口增速超过经济发展增速。

现在我们的世界年轻人数量正在增加,但是老年人数量也在增加,而老龄化问题也变得越来越严重,因此,这方面我们面临很多挑战和困难,例如,土地、资源、食品以及信息基础设施建设等,因此,政府应该采取更多措施提升服务,例如,卫生、教育方面等。同时,我们应该共同努力,克服世界经济危机,因为经济危机给个人、家庭以及社区带来了严重的影响。

我们必须立刻行动起来解决挑战,我们现在所做的事情影响我们自己和子孙后代的生存。同时,我们要保护脆弱的生态环境,解决气候变化带来的威胁,努力消除男女不平等的现象,我们要改变人们观点,并停止暴力和妇女歧视的现象,确保女孩和妇女接受教育的权利。要保护孕妇和孩子们,这就意味着我们要降低婴儿死亡率,确保使孕妇得到优质服务和充足的营养供给。

在世界许多地方,由于缺少医生,一些孕妇在分娩时,没有得到好的服务,这一数字达到了2.15亿。同时,在很多地方,孩子出生时没有得到好的照顾。我们曾说,年轻人是世界未来的领导者,事实上,在很多地方,这句话已经成为现实。青年人有很大的潜力,将会影响经济、政治和社会。他们通过创新来推动经济增长。为了发挥他们的这种潜力,各国政府要采取措施,来确保青年人的健康,教育,特别是性教育,让他们更好了解性知识,以保护自己,这样能够防止艾滋病的传播。同时教育也让他们知道如何做出正确选择,对女孩来说,他们读书时间越长,越不容易意外怀孕,也意味着她们会更加健康。我们要重视年轻人的发展,让他们享受获得教育的机会,长大后有更好的工作,这样才能保证良好的生育。

然而,世界上一半的年轻人没有工作,很多地方,女孩的机会少,教育、卫生工作方面需要投入更多来帮助他们,因为他们的潜力和力量是经济发展的基础。同时,降低贫穷。

我们要特别重视男女平等问题,让他们在就业时获得平等的机会。无论是在亚洲还是其他地区,女性的工作机会都比男性少,我们要保证她们获得平等工作机会的权利。

然而,在一些贫穷的国家,许多孕妇在分娩时,没有得到接受过培训的医生的照顾。

10. 今天,我很荣幸参加大学的毕业典礼,我首先祝贺你们能够毕业,今天是个不平凡的日子,充满希望,喜悦,是我们应该庆祝的日子,作为过来人,我认为我自己的经验相对大家比较多,所以我来说几点。

首先,保持淡定。因为你要知道,成功的路途很艰难,人不会自然而然取得成功。你们以后的成功在于未来你们做什么而不是过去的成就。

其次,保存自信。人生不可能一帆风顺,充满了跌宕起伏,自信能使人更明智坚强。

再次,发展全球化意识。因为全球化的进程中,我们需要全球合作,而合作需要我们提高全球意识。因为你知道,世界上任何国际问题,不是一个国家单独来解决的,而是需要各个国家共同努力,克服困难。现在全球各国相互依存,发展利益共同体。

两国差异很大,有着不同的背景,文化,制度,经济状况。但是我们要认识到并尊重这种差异,才能增加相互了解,因此才能更好地发展全球化意识。

第七章 手语传译质量监控

第一节 手语传译质量监控概述

一、传译质量监控的意义

传译监控指的是对传译者完成传译任务的情况进行监控和反馈,以便促进传译学习的进步和传译质量的提升。陈菁和肖晓燕(2014)指出,传译监控是一种提升质量意识、改善训练效果的活动,其目的是使教学参与方关注传译质量的各个方面,清楚地了解现状与教学目标之间的差距。

传译监控有三个鲜明的特点:①传译监控促进学习的评价和反馈,是提高学生学业成就的工具,因此是形成性的。②传译监控关注学生的学习过程,是教与学过程中的一个环节。③学生是传译监控过程中的主动参与者。(陈菁,肖晓燕,2014)

二、监控的主体

监控主体指的是执行监控并且反馈相关信息的来源。一般来说,学生常见的监控主体有三个,授课教师、同学和自己。其中,教师和同学的监控属于外在监控,而自己对自己的监控属于内在监控。在学习初期,由于学生自我监控能力较差,教师往往是主要的监控者。此时学生几乎完全依赖外来的反馈信息,无法对自己形成准确、客观的反馈意见。

在教师不断对学生进行监控、评估,并生成反馈意见的过程中,加上有意识地培养学生的监控能力,学生也会慢慢习得一定的监控技能,开始参与监控过程。此时同学可以作为监控主体参与到监控环节中来,学生也可以开始进行一定的自我评估和自我反馈。在课堂上,教师可以增加监控主体,让学生普遍参与到手语传译监控中,每次翻译完毕,除了教师给出反馈意见,也可以让学生对他人进行评估和开展自我评估。成为监控主体可以帮助学生更好地进行手语传译练习。

三、监控的要素

对传译进行监控,必须具备三个要素:一是监控指标,二是监控指标的参照水平,三是学生在监控指标上的实际表现(陈菁和肖晓燕,2014)。

手语传译的监控一般也遵照上述的三个要素。监控指标是监控中最关键的部分。对于手语传译来说,监控指标的范围可大可小。大的监控指标可以设定为某次翻译的整体质量,小的监控指标可以设定为翻译过程中手语的幅度、动作是否优美大方,手语译为口语时是否重复、冗余等。

为了更好地实现对翻译的监控,手语传译员应该在监控过程中细化监控指标,或是针对自己相对缺乏和薄弱的环节进行指标设定,进行定点监控。在监控的过程中,有一些指标是可以定量进行反馈的,譬如出现口误的次数、出现停顿的次数等;也有一些指标无法定量反馈,譬如口译时的声音大小和清晰度、手译时手语的动作幅度和准确度。无法定量的指标可参照某些标准或是借鉴通常经验来进行评判。

监控的参照水平是指为监控找到合适的可比性目标,从而为被监控者提供合理而明确的提升目的。在监控活动中,参照水平可以根据不同的情境和目的而改变。譬如在课堂练习和实训中,监控的参照水平可以是统一的,所有学生都可以用某个参考译文作为标准。如果是传译员在进行自我监控,那么也可以用自己上一次的表现或者是某位前辈的表现作为参照。

学生在监控指标上的实际表现就是学生练习或者实践的过程,在课堂上往往通过某一学习任务来完成。传译监控要求这一学习任务或是实践过程必须能较好地反映被监控的目标,也就是说学习任务或实践最好具有关联性或针对性。

当这三要素具备时,监控者可就某一个或多个监控指标将学生表现与设定的标准进行比较,明确学习者在实现目标过程中所处的位置、学习者的努力方向以及要使学习者达到预定目标需要采取的行动。(陈菁和肖晓燕,2014)

四、监控的原则

传译监控应遵循以下基本原则:

第一,确立监控三要素,即确定合理的监控指标及其参照水平,并取得学生在监控指标上的实际表现。在传译员的日常课堂训练上,为了更好地进行传译监控,往往需要一个合理的监控指标。一般来说,监控指标应与教学进度保持一致。参照水平的设定也应该合理,太高的参照水平容易让学生产生畏难心理,较低的参照水平容易让学生产生懈怠心理。

第二,实现由外界监控为主向内在监控为主的过渡。在传译技能的学习过程中,教师往往是最早期的监控者,也是整个过程中最主要的监控者,同伴和同事也会在一定程度上承担监控和反馈的角色,这种外界监控构成了很多传译者的主要监控方式。事实上,这不利于传译者传译能力的深入发展,一个好的传译者应该有意识地从依赖教师或同伴监控转向内在监控,即增强自我监控意识和能力,形成不断自我提升的惯性。

第三,实现由自我离线监控到自我在线监控。自我离线监控是翻译任务完成后的事后监控,是回顾和反思性质的监控。而在线监控指的是在任务进行过程中进行的监控,可以实时修正翻译产出。

自我在线监控是学习者监控能力的最高层次,需要有较强的自我监控能力和长期的习惯培养才能做到。作为传译专业的学生,在早期可以有意识地培养自己的自我离线监控意识,通过不断回顾反思来总结失误,不断提升技能水平和翻译素养。自我在线监控可以在大量的实践中增强监控意识,慢慢培养在线监控的能力。

五、监控的内容

传译的监控内容有两个方面:技能掌握情况和传译产品质量。在手语传译的训练过程中,处于初始阶段时,课堂练习活动的重点往往是技能学习,教师和学生都更多关注于对某项技能的训练和掌握,因此该阶段对技能的监控占主要地位。随着传译能力的逐步提高,传译训练的不断深化,学生更多地需要关注传译的整体表现,而不是某一个技能或者某一个方面的表现。此时,教师和学生都更加倾向于关注某次传译的整体质量和表现,也就是传译产品质量。

手语传译监控训练:

一、请组队互相练习下列材料的手语翻译,互相监控,为每个练习拟定相应的监控指标,并对方的翻译进行反馈。

1.今天,我高兴地同大家一起,参加这次将成为我国历史上为了争取自由而举行的最伟大的示威集会。

100年前,一位伟大的美国人——今天我们就站在他的雕像前——签署了《解放宣言》。这项重要法令的颁布,对于千百万灼烤于非正义烈焰中的黑奴,犹如带来希望之光的硕大灯塔,恰似结束漫漫长夜禁锢的欢畅黎明。

2.中国正日益成为外国游客的目的地。中国一度被认为不是理想的旅游目的地,但现在已拥有很多国际水准的新宾馆。

古城西安是中国最著名的旅游城市之一,它建于公元前2世纪,以古老建筑以及保卫中国第一皇帝(秦始皇)陵墓的象征性军队的兵马俑而著称于世。

北京是另一个广受欢迎的旅游胜地。作为有700多年历史的古都,它是故宫、紫禁城、颐和园的所在地。北京附近有中国富于传奇色彩的长城保存最好的一段。

中国还有其他鲜为人知的亮点。如桂林以其山清水秀著称,有一句世代相传的中国谚语说:"桂林山水甲天下。"

3.中国传统教育的根本特点是重视道德的培养,而忽视技能和才能的训练;重视师生间的承袭而忽视创造和发明;它的基本目的是培养统治阶级所需要的各级官吏,而不是建设国家的各种人才。归纳起来说,中国传统教育的基本方针是教人怎样做人,而不是教人怎样去创业,怎样去开拓前进,怎样去改造社会。这样一种教育思想可以说是源远流长。

4. 中国是一个地域辽阔,有着数千年悠久历史的多民族国家,有着秀丽的自然风光、众多的名胜古迹和丰富多彩的灿烂文化,旅游资源十分丰富。改革开放以来,中国经济以年平均近10%的速度持续增长,各项事业蓬勃发展,人民生活水平显著提高,为旅游业的兴旺奠定了坚实的基础。中国政治稳定,经济发展,市场繁荣,中国政府坚持对外开放,积极发展与世界各国的关系,也为旅游业的发展创造了极为有利的条件。

5. 中国是世界上种茶最早、制茶最精、饮茶最多的国家,是茶的故乡。

最初,茶只是被作为一种药材,而非饮品。后来,随着古人对茶性的深入研究,逐渐将茶从药材中分离出来,而成为一种清热解渴的饮料,并逐渐形成了中国的茶文化。

中国很早以前就把茶种以及种茶的技术传播到了外国。唐代,茶叶传到了日本,后来出现了举世闻名的日本茶道。大约17世纪初,茶叶流传到西欧,也成为欧洲人民喜爱的饮料之一。

二、请同学完成一次现场翻译任务,全班同学集体担任监控者,在纸上记录反馈意见,并进行交流。

1. 非物质文化遗产是民族文化的精华、民族智慧的结晶。我国有56个民族,各民族在长期的历史发展进程中创造了丰富多彩的非物质文化遗产。然而,由于工业化和城市化进程的加速,人们的生产生活方式发生了重大变化,也使非物质文化遗产赖以生存的环境遭到不同程度的破坏。

作为一种鲜活的文化,非物质文化遗产是民众生活的重要组成部分,是传承民族文化、推动社会发展的不竭动力,是文化创新的基础和源泉。保护非物质文化遗产就是守住我们的民族之魂。

为抢救和保护那些处于濒危和生存困境中的非物质文化遗产,迄今我国已建成数个文化生态保护区。

文化生态保护区以保护非物质文化遗产为核心,对历史积淀丰厚、存续状态良好、具有鲜明地域文化特色和价值的文化形态进行整体性保护,为非物质文化遗产的保护提供了肥沃的土壤。

2. 改革开放40年来,中国取得了举世瞩目的发展成就,经济实力和综合国力明显增强,各项社会事业全面进步,人民生活从温饱不足发展到总体小康,中国社会迸发出前所未有的活力和创造力。

同时,我们清醒地认识到,中国仍然是世界上最大的发展中国家,中国在发展进程中遇到的矛盾和问题,无论就其规模还是复杂性都世所罕见。要全面建成惠及十几亿人口的更高水平的小康社会,进而实现现代化,实现全体人民共同富裕,还有很长的路要走。

我们将继续从本国国情出发,坚持建设中国特色社会主义的道路,坚持改革开放,推动科学发展,促进社会和谐,全面推进经济建设、政治建设、文化建设、社会建设以及生态文明建设,全面做到发展为了人民、发展依靠人民、发展成果由人民共享。

3. 中国已经提前进入老龄化社会。虽然养老问题是世界各国目前面临的共同问题,但对中国这样一个人口庞大、人均国内生产总值偏低的发展中国家来说,养老负担尤为繁重。据统计,发达国家出现人口老化问题时,其人均国内生产总值已达到5000至1万美元。而中国1999年进入老龄化社会时,其人均国内生产总值还不到1000美元。目前,在中国,7~8个职工养一个老人。到2040年,这个比例将降至2比1。如今,多数中国人仍恪守传统的孝道。许多老年人仍期望与子女共同生活,由晚辈照顾。这就加大了中国实行机构化养老的难度。但是,人口学家认为,职业养老机构养老是解决20世纪70年代末以来出生的独生子女一代的沉重养老负担的唯一出路。目前,除政府投资外,越来越多的非官方资金正进入这个充满商机的巨大市场。

4. 我们常听人说,当代人最渴望的是安全感。如果真是这样,那他们就不懂得什么是真正的、最大限度的安全。一个人如果依赖的是身外之物,是金钱、权力、名誉之类的东西,那他就不会感到安全,永远也不会。只有做到自制、自足的人,才会真正感到安全。现在,人们在过多地强调进行调整、"融入集体"的重要性。即使给此事冠以最动听的名称"团结协作",而当一个人必须在牺牲自己的人格与适应或加入集体活动之间做出抉择的时候,他却能特立独行,那这种能力也比团结协作来得更为重要。

5. 长城是世界一大奇迹。现在,每年都有几百万人到长城游览。在旺季,几处最著名的景点总是让成群结队的游客挤得水泄不通。

中国人修筑城墙的历史久远,可以追溯到战国时期。历史上,中国共修过大约20座长城。在所有这些长城中,明长城最长,达到6700公里。在当时,中国技术在世界上处于领先地位,因此明长城的结构也是最复杂的。明长城的修筑是为了抵御北方游牧民族的入侵。

十几年来,蓬勃发展的旅游业促进了长城的修缮工程。目前,多处长城已经修复,或正在修缮中。

第二节 手语传译的自我监控

一、自我监控概述

自我监控的本质是一种元认知活动,是认知主体为达到预定目标,将自身的思维、感情和行为作为对象,不断地对其进行积极、自觉的监察、评价、控制和调节的过程。手语传译中的自我监控,包括自我离线监控和自我在线监控两类。自我离线监控是在完成手语传译任务后进行的事后监控,是一种回顾和反思式的监控。自我在线监控是在手语传译任务进行中进行的即时性监控,指的是在手语传译的产出过程中随时以质量标准衡量自己的产出质量,并迅速采取策略保证手语传译产出质量。自我在线监控相对来说比较难,它是手语传译者监控能力的最高层次和最高目标。

自我监控对于手语传译员来说具有重要的作用,增强自我监控意识,可以有效提高手语传译质量,帮助自己在手语传译中不断进步。

二、自我监控意识缺乏的原因和表现

处于初级阶段的手语传译人员,自我监控意识往往较为缺乏,自我监控的能力也比较差,无法主动对自己的手语传译任务进行监控并从中获取有效信息帮助自己进行提升。具体表现在以下几个方面。

(一)缺乏监控意识

初级阶段的手语传译者,在翻译过程中经常出现质量不高的情况,包括用语冗杂、词不达意、无法将意思翻译完整,等等。很多质量问题源于手语传译者平时说话打手语的随意性。这种随意性从根本上说是一种缺乏对语言进行监控的表现。有些同学平时说话就很随意,时常出现句式结构冗长又混乱、表达啰唆又不清晰等问题。这个坏习惯在手语传译中的表现更加明显,后果也更加严重,因为在手语传译中条理、精练、清晰的语言产出本来就很难做到,但这种高质量的产出又是十分必要的。

手语传译时,很多同学对想表达的意思仅有了一个大致的概念后就直接开始传译。有时候在用词是否准确都没有核查的情况下就凭感觉开始翻译。有时候还没有想清楚整个句子如何组织,就已开始翻译,在翻译中出现语法错误和病句的概率大幅增加。这样一来,整个翻译过程中难免充斥着用词错误、搭配不当和句式杂糅等问题,因此,加强监控意识对手语传译员来说,是十分必要的。

(二)没有形成主动监控的习惯

很多同学在平时的手语传译训练中没有培养自我监控的习惯,还未形成无须提醒就自觉监控、主动监控的习惯,缺乏自我监控的相关知识。这是不利于手语传译水平成长的。及时的自我监控可以带来及时的自我修复与调整,对于提高手语传译水平有重要的作用。

(三)精力有限

所有自我监控不足情况的出现,其实都或多或少受精力不足的影响。当手语传译员想不起来源语信息或遇到难以脱壳的源语时,就会明显感觉到没有足够的精力去做自我监控,力不从心。根据交替传译的精力分配模型(Gile,2011),每个译者大脑的总体处理能力是有限的。同时,"走钢丝假说"也指出,大多数情况下译者大脑时刻处于信息处理能力接近饱和的状态,精力很容易不够用。因此,如果记忆环节或产出环节遇到特殊困难,自我监控可用的精力就所剩无几。

三、增加自我监控的对策

(一)开口前监控

在开口前加强监控是应对口误、搭配不当和句式杂糅问题的有效策略。它虽不能从根源上遏制这些语言错误的产生,但是可以有效阻止它们进入译语,影响译语质量。

开口前监控对降低口误也有很好的效果。在译者组织语言的过程中,不相关的词会时不时突然跳出来,它们不经阻拦地进入译语就构成了口误。与用词不当不同的是,口误的出现带有随机性和任意性,而且它更容易在开口前的检查中被发现。因此,开口前监控几乎可以完全消除口误问题。开口前应基本上确定整个句子要使用什么句式结构,这是避免句式杂糅的第一步,也给后续的译中监控减轻压力。

(二)增强自我监控意识,做好监控反馈

在译员用目标语言翻译时,一定要提高自我监控意识,注意监控自己的产出。翻译的产出固然重要,但是注重语言的表达及流畅也非常重要,信息接收者也会更愿意接受简洁流畅的译文,而不是被不断的回译、填充词等打扰。在平时的翻译练习中给自己录像或录音,可以监督自己改掉这些习惯。在翻译现场时要更有自信,提高监控意识,关注产出,尽量避免这些错误。

(三)适当尝试自我在线监控

自我在线监控虽然对手语传译者要求很高,但我们可以尝试简单的自我在线监控,来保证手语传译的产出质量。在手语传译时,句子与句子之间不能不留空隙,一句话刚译完就仓促地开始下一句话的翻译。句子之间稍微停顿一下,译者才能有时间思索用词、确定句式,有助于译者更好地进行自我监控,也避免了在句子中间被迫停下来思考,严重影响译语的流利程度。需要注意的是,此处的停顿时间不能长,时长应该接近正常说话时句子之间的停顿。

(四)做好信息辨别分析,合理分配精力

不管是传译练习还是在传译现场,手语传译员首要是"听/看为主、记为辅"。译员首先是靠听或看手语来获取信息,辨别错误,之后分析、笔记和产出都会出现错误,信息接收者也会不信任译员。在译员无法理解讲者的讲话内容后,应马上停下强行记忆,仔细听辨,迅速重新抓回讲者的逻辑,以免错过更多的信息。这就需要灵活分配自身的精力,分清主次需求。在产出时,译员在解读笔记、用目标语言表达之时,也要分出一定的精力来听自己的产出,以免出现逻辑相悖或者口误。

练习:

自我监控练习,请带着自我监控意识完成下列翻译,并用自我离线监控的方式反馈自己的翻译产出质量。

1. 中国是酒的王国。酒,形态万千,色泽纷呈,品种之多,产量之丰,皆堪称世界之冠。中国是酒人的乐土,地不分南北,人不分男女老少,饮酒之风,历经数千年而不衰。每逢佳节,或封功庆典,或宴请宾客,或祭奠逝者,或饯别亲朋,或迎亲嫁娶,几乎生活的每一个方面,都以酒助其兴。古往今来,许多文人墨客更喜欢借酒当歌、酒后赋诗。因此,时时处处在中国人的生活中都可以寻找到酒文化的踪迹。酒都作为一个文化符号,一种文化消费,用来表示一种礼仪、一种气氛、一种情趣、一种心境。随着历史的演进,形成了中国独特的酒文化现象。

2. 改革开放40年来,随着中国逐渐崛起成为政治经济强国,海外人士学习汉语的现象与日俱增,海外孔子学院也成了人们学习中国语言和中国文化的首选之地。通过学习汉语,他们对这个和自己文化大相径庭的古老文明产生了浓厚的兴趣,而且有机会了解中国的哲学、艺术、医学、饮食文化,亲身体验这个文明古国的风采。作为第二文化,中国文化也丰富了他们的生活和世界观。可以说,这个潮流方兴未艾。越来越多的学习汉语的美国人除了对中国菜赞不绝口之外,也在尝试针灸,草药和武术。他们也看功夫电影,学习东方时装潮流和手工艺,不知不觉的在日常生活中谈及中国的点心,人参、银杏,乌龙茶等。目前在美国最热门的中国文化是道家学说和有着神秘色彩的风水学。

3. 武术在我国源远流长,是中华民族传统文化的瑰宝。我们知道,一个民族的优秀文化遗产,不仅仅属于一个民族,它还会逐渐传播到世界而成为人类的共同财富。为了更好地推广武术运动,使其与奥运项目接轨,中国武协和国际武联做了大量的艰苦卓绝的工作。现在武术运动已被列为一种与保龄球运动和国际标准舞有同等地位的奥运表演项目。武术的蓬勃发展,除得益于其项目本身的吸引力之外,早期移居海外的一代武术大师功不可没。老一代武术家在海外播下了武术的种子,使武术这门既可以自卫又可以健身的运动很快就在新的土地上扎下了根。今天高超的武术大师已遍布世界各地,武术爱好者也与日俱增。

4. 汉语常被认为是一种非常古老的语言。从某种意义上说,这种说法不免失之偏颇。人类所有的语言都可追溯到朦胧的史前时期,但目前我们还无法确定这些语言是否都同宗同源。五千年前华夏祖先说汉语的方法同英语人士的祖先说英语的方式大致相似。而从另一种意义上说,汉语确实也是一种很古老的语言。今天所存留下来的最早的汉字已有近四千年的历史。这些文字均为甲骨文。大部分铭文为神谕圣旨,内容大都与政治事件和宗教活动有关,有些则是关于天气和战争的记录。汉语有丰富的古代文字作品,源远流长,远非其他一种语言的文字可与之媲美。一些最古老的文字属象形文字。

5. 几千年来我们中国人一直视筷子为一种可以将饭从碗中送入口中的最简单同时也是最有效的工具。早在周朝时期,筷子便被人们用来夹取荤、蔬菜,而米饭在那时则用手来取食。全国各地的筷子大小基本一样,而所用的材料的种类则各有不同,所选材料有竹子、木材、漆器、玉石、象牙、塑料、铝、银、金等。特长的竹筷通常用于厨房中。中国人使用筷子的方法很有艺术性,各人有各人的方法,就好像签名一样,不尽一致。中国人一般都能随心所欲地用筷子夹起一粒米饭,一粒豌豆,一个滑溜溜的蘑菇或海参。使用筷子时,要把一双筷子夹在大拇指和食指之间。要点是让其中的一根筷子保持不动,活动另一根筷子,以便能像钳子一样夹取食物。

6. 知识和技术创新是人类经济、社会发展的重要动力源泉。中国将致力于建设国家创新体系,通过营造良好的环境,推进知识创新、技术创新和体制创新,这是中国实现跨世纪发展的必由之路。

中国政府支持科学家在国家需求和科学前沿的结合上开展基础研究,尊重科学家独特的敏感和创造精神,鼓励他们进行"好奇心驱动的研究"。在未来50年甚至更长的时期里,中国的发展将在很大程度上依赖于今天基础研究和高技术研究的创新成就,依赖于这些研究所必然孕育的优秀人才。

7. 中华民族的传统文化博大精深,源远流长。早在2000多年前,就产生了以孔孟为代表的儒家学说和以老庄为代表的道家学说,以及其他许多也在中国思想史上有地位的学说和学派。这就是有名的诸子百家。

从孔夫子到孙中山,中华民族的传统文化有它的许多珍品,许多人民性和民主性的好东西。比如,强调仁爱、强调群体、强调天下为公,特别是"天下兴亡,匹夫有责"的爱国情操和吃苦耐劳、勤俭持家、尊师重教的传统美德。所有这些,对家庭、对国家和社会都起到了巨大的维系和调节作用。

8. 中华文明历来注重亲仁善邻,讲求和睦相处。中国人在对外关系中始终秉承"强不欺弱""富不侮贫"的精神,主张"协和万邦"。中国人提倡"海纳百川,有容乃大",主张吸纳百家优长、兼集八方精义。中国坚定不移地走和平发展道路,既通过维护世界和平来发展自己,又通过自身的发展来促进世界和平。中国坚持实施互利共赢的对外开放战略,真诚愿意同各国广泛开展合作,真诚愿意兼收并蓄、博采各种文明之长,以合作谋和平、以合作促发展,推动建设一个持久和平、共同繁荣的和谐世界。

9. 中国政府把环境保护作为一项基本国策。保护环境关系到我国现代化建设的全局和长远发展,是造福当代、惠及子孙的事业。坚持保护环境的基本国策,深入实施可持续发展战略;坚持预防为主、综合治理,全面推进、重点突破,着力解决危害人民群众健康的突出环境问题;坚持创新体制机制,依靠科技进步,强化环境法治,发挥社会各方面的积极性。我国环境保护取得了积极进展,环境污染和生态破坏加剧的趋势减缓,部分流域区域污染治理取得初步成效,部分城市和地区环境质量有所改善,工业产品的污染排放强度有所下降。

10. 中国传统戏剧中最具代表性的戏剧是京剧。京剧的形成有160多年的历史,被称为"国剧",是中华文化的一种象征和标志。

京剧是由中华民族民间文学、音乐、舞蹈、美术综合而成的舞台表演艺术,包括唱、念、做、打四种门类。做一个京剧演员需要具备很多条件,京剧演员既是表演家,又是歌唱家、舞蹈家,甚至武术、体育、杂技,都得会一些,所以,一个优秀的京剧演员,必须从幼年就进行培养训练。

京剧有生、旦、净、丑四个行当。京剧的服装、扮相、表演等都有固定的程序。每种角色都依据人物性别、身份、年龄等特征,安排其表演程序、装扮、服饰。京剧表演比任何戏剧都具有更多的虚拟性和夸张性,充分展现了京剧艺术的主体是"人"这个核心。

第八章 认知语言学与手语传译

随着认知语言学的迅速发展,隐喻和转喻成为一种普遍的认知语言表达现象,是语言和思维的核心。而翻译将源语转换为译语,不仅是对语言的解码和编码过程,译者还需同时激活源语和目的语对应的概念框架和语言框架,所以翻译过程也是一个认知阐释过程。因此,隐喻和转喻翻译以认知为取向,是译者作为翻译主体积极主动映射和传递文化信息的过程,是所有语言翻译的一个缩影。

第一节 中国手语隐喻概念投射路径与翻译处理

隐喻是人类思维的一种认知和概念方式。拉克夫(Lakoff)认为,隐喻是以一个独立的域来概念化另一个域,即域之间的一种映现(mapping)(1987)。隐喻也是一种语言使用现象,每一种语言都由隐喻手段构成了大量的委婉语、隐语、谚语等。因此,隐喻是人们认识世界的重要工具,具有提供看待事物的新视角和创造新的意义两大认知作用。人们通过隐喻来创造新概念和新词,建立新理论,认识新事物。聋人同样用隐喻手段创造了大量的手语词汇。翻译也是人类的一种认知行为,不论是在词源学还是在翻译技巧或翻译理论的层面,隐喻与翻译都有着不解的渊源。认知语言学的隐喻理论为翻译的探讨也带来了全方位的变化。考察隐喻在中国手语中的体现和应用,并进行较为系统的梳理,揭示中国手语的隐喻认知心理机制和隐喻概念主要的投射路径。同时探讨手语翻译中的隐喻系统,以及如何拓展隐喻翻译空间,根据实际采取不同的翻译策略,为创造性隐喻翻译提供多样化的认知路径。

一、手语中隐喻的语言学功能

相对于外部世界的纷繁复杂和人们内心世界的丰富多彩,无论何种语言的词汇都是极其贫乏的。隐喻是人们对抽象范畴进行概念化的认知工具,是连接已知和未知的桥梁,主要功能是语言意义的产出、传送和创造。因此,隐喻可以丰富词汇,扩展词义,保持语言系统的活力,增强语言的表现力。同样,手语中的隐喻也极大地丰富了手语词汇,并能够言简意赅地表达复杂思想和抽象概念。

(一) 填补手语词汇空缺

《中国手语》全书共计有词目5586个,最新的《国家通用手语词典》也仅有8000个左右词目,相对于浩瀚的汉语词汇,仍显得十分匮乏。聋人自然手语现有的词汇中没有合适的词来表达某些概念,尤其是抽象概念,因此存在着严重的"语言贫困"现象。聋人往往通过借用现成的词语来表达,这就形成了手语中大量的隐喻性词汇。在创造新词和各种术语的过程中,聋人通常使用隐喻,用熟悉的事物来表达新的事物,寻找彼此间的相似性,形象化地反映新事物的本质和特征。例如,"坎坷":双手平伸,掌心向下,交替上下移动,表示路不平。这样,聋人使用隐喻化的语言表达手段,用易于理解的形式将抽象概念表达出来,还能将某些复杂的无法言明的事物特性表达出来。

(二) 增加手语表达的形象性和精确性

隐喻能增强手语的生动性和形象性,对于一些抽象概念,尤其是人的内心情感状态,用隐喻化的方法可以将抽象的情感直观形象地表达出来。例如,"怀疑":一手伸拇指、食指在胸口处轮流弯曲拇指与小指。这是用"在心里考虑好不好"来隐喻这一情感状态。有时,手语中已有的一些词汇用来表达某些现象或概念时缺乏精确性,聋人也往往用隐喻构词方式来弥补这种缺憾。例如,"寂寞":一手拇指、食指捏住鼻子,表示不通气,心情很闷,以此来隐喻"寂寞"的心理感受。聋人借用了某一更为熟悉或直接的经验领域里的感觉来更精确地表达另一种经验领域里的感觉。

二、中国手语词汇的隐喻概念主要投射路径

(一) 本体型概念隐喻

本体型概念隐喻是将抽象的概念用具体有形的实体来理解。根据目标域的概念特征,我们发现,手语中的本体型概念隐喻大部分是实体隐喻。实体隐喻是指抽象概念的表达通过可以感知的实体来喻指。实体隐喻广泛存在于各种语言中,很多具体词在隐喻用法中都可能产生新的抽象意义。容器隐喻是实体隐喻最典型的代表。每个人本身就是一个容器,人体的头脑和心脏也可以看作是一个容器,思想、情感等可以放进去也可以跑出去。在中国手语中,通过头和心构建的隐喻词汇不胜枚举。比如:"幻想":双手伸拇、小指,从两侧太阳穴交替向上移动。这是以人在脑子里做梦比喻幻想。又如"舒服":一手五指张开,贴于胸部,顺时针转一圈。这是以心的轻松惬意来比喻舒畅的感觉。再如:"揪心":一手五指张开,指尖朝内,置于心脏部,然后握拳。这是以心的收紧来比喻揪心的感觉。

(二) 方位型概念隐喻

1. 空间隐喻

空间隐喻是运用如上下、前后、内外、远近等空间方位概念来理解另一概念体系。以具体的方位概念来隐喻一些抽象概念是人类思维的共性。由于空间领域受到非语言认知的强有力支持,加之空间本身就是手语必不可少的组成部分,因此,手语较之有声语言

更具备空间隐喻的条件。聋人往往用空间域的意象图式结构映射到非空间域上,以此来表达情绪、状态、社会地位等抽象概念。有学者通过汉语语料库分析空间概念"上、下"的隐喻义拓展路径和方向,发现"上"常喻指好的事物,"下"常喻指不好的事物,主要用于构建状态、社会等级、时间等目标域(蓝纯,1999)。手语中的空间隐喻也主要体现在"上"和"下"两个方位所表达的隐喻意义上。比如"优秀":大拇指在胸前向上高举;"坏":小指向下甩动。"进步":右手从左手手腕顺着手臂向上方的肩部移动;"退步":右手从左手的肩部顺着手臂向下方的手腕部位移动。手语在表达积极情绪时,手势运动方向为上,消极情绪手势运动方向为下。如"畅快":双手伸拇、食指边转边向上运动,表示心情如行云流水般舒畅。"失望":一手五指张开置于胸前,边向下移动边撮合五指。另外,手语在表达事物的理想状态时,手势运动为上;不理想状态时,手势运动为下。如"胜利":双手拇、食指捏合,然后同时弹开向上移动;"失败":一手先伸拇、食指,然后改为拇指向下栽倒在另一手掌心。这是用空间上的高度来暗示自己的心理感受。

2. 时间隐喻

时间作为人类生活的基本因素,从本质上讲是隐喻性的,因为抽象的时间观念往往要通过空间概念来说明。从语言学上看,借助空间隐喻来建构一个时间系统是一种普遍的现象。时间隐喻表征具有跨文化普遍性,无论哪种语言,时间词大多都源于视觉性的空间概念词素,手语也不例外。在人类语言里,时间沿着线形从过去向未来运动,各种语言中较多地运用"前—后"的轴向来表达时间的线行,如"一月前""十年后"等。但汉语中"上—下"纵向时间表达丰富且成系统,谈论事件、星期、月、学期等的顺序均用竖轴时间隐喻,过去的时间在"高处",未来的时间在"低处"。如"上半年、下半年;上旬、下旬"等。徐丹认为,汉人观察世界、感受世界与许多语言不同,用"上—下"表达时间流逝的方法也许与太阳的升落有关(徐丹,2008)。聋人受汉民族文化的影响,手语中较多地用"过去在上,未来在下"的隐喻来表达时间。比如:聋人在表达"上午、下午"就用空间的高度来隐喻其时间差。"上午":一手伸食指、中指在右侧下颚边往上点动几下;"下午":一手伸食指、中指在左侧下颚边往下点动几下。聋人在表达以前、昨天等时间概念时手势也都指向后面的高处,表达"以后、未来"的手势都指向低处。人们的语言习惯和感觉运动经验直接影响着时间隐喻图式的建构。尽管聋人在阅读方向和书面语的书写方向上与健听人一样从左到右,但由于听觉缺陷,聋人获得空间经验的主要途径是手语和视觉经验,加之手语是一种特殊的语言,因此,聋人较少用左右方向的隐喻来表达时间。另外,聋人的视觉经验也导致他们难以形成过去在前,未来在后的时间隐喻表达。

(三)通感型概念隐喻

通感型概念隐喻是指某一感觉中枢产生的感觉概念去隐喻另一感觉中枢产生的感觉。因为对某一感官的刺激也会引起其他的感官产生反应,因此,以通感隐喻扩展词义是语言的普遍规律。手语中聋人也会借助表达某一感觉的词汇来表达另一感官产生的感觉。比如"生气":五指撮合放于胸口,然后向上放开,同时脸上露出生气的表情。这是以"火在燃烧"的感觉来隐喻生气的感受。"冤枉":双手拇、食指张开成大圆形,指尖相对,由侧上方扣向头顶,表示扣帽子。这是以被别人乱扣帽子的感觉来隐喻冤枉的心理。

三、认知语言学视角下手语翻译的创造性

认知语言学为重新认识语言和翻译的创造性提供了可能。拉克夫和约翰逊提出："思维大部分是无意识性的""抽象概念大体上是隐喻性的"(1999)。迪文指出：语言是认知系统的一部分，其中的一般认知能力受到语言的影响。不管从事何种语言活动，人们都会利用已有的认知资源，调整信息组合，触发认知建构活动，进行创造性的映射和转换。隐喻集中体现了创造性思维所涉及的想象力(1998)。隐喻与翻译紧密联系，同其他翻译一样，手语翻译的一个定义性特征是换位情境，翻译不是意义从一种语码到另一种语码的传递过程，而是需要在新的语境中重新概念化的过程。手语翻译的创造过程是调动各种认知资源创造新的意义的认知建构和重构过程。

(一) 手语翻译中的隐喻系统

拉克夫认为，概念隐喻在一个文化中具有系统性。隐喻作为发生在概念层面的跨域映射，并非孤立存在，它们彼此呼应，共同构建起一个呈层级形态分布的隐喻概念网络系统(2003)。首先，同一个概念隐喻与其衍生出的具体语言隐喻间具有内部的系统连贯性，亦即一个概念隐喻内部存在一个连贯的系统。如"灵机""智慧"等，这些手语的隐喻表达均为概念隐喻"聪明"(思维是发散的)在语言层面上的扩展。隐喻的两个重要组成部分即两个认知域是凭借经验基础才得以维系，脱离了经验基础，隐喻就无法进行表征。因此，隐喻作为人类一种基本的认知手段同样根植于涉身体验。比如，"厌恶""恶心""令人作呕"，均可以打"呕吐"的手势，即一手掌心向上，置于嘴边，模仿接住呕吐物状，同时面露痛苦表情。这几个隐喻图式的共性是，它们的源域"呕吐"，相对于情感来说是低级的生理意识，是以想象中的身体体验为基础的，而目标域则是作为高级意识状态的情感。因此，它们构成了情感隐喻的另一个映射系统，即内部体验映射系统。

(二) 手语翻译过程中疑难和新生词汇的隐喻翻译策略

美国的语言学家提出手语是一种真正的语言，既可表达具体概念，也可表达抽象概念。随着社会的发展，科技的进步，聋人参与社会生活的程度加深，这就需要挖掘手语的表达潜力，不断丰富和充实手语的词汇。而隐喻就可大大提高手语表达抽象概念、新生词汇的表现力。构成人类认知基础的隐喻图式不仅仅是身体赋予的，也是文化世界中身体经验的产物。各种概念隐喻的构筑都离不开特定的社会文化知识。语言翻译时，会使两种不同的语言文化相互影响和融合。卡萨格兰德(Casagrande)认为，翻译语言事实上是在翻译文化，翻译的难点在于文化的差异(1954)。因此，在翻译一些新生词汇和专业性很强的词语时，翻译员要根据聋人文化特点和聋人的需求及文化水平差异采取不同的翻译策略。

1. 对等策略

西方语言学翻译理论学派的代表人物奈达提出了"动态对等"的翻译标准。他认为翻译要用最贴切最自然的对等语再现源语信息。手语翻译的对等策略就是指在手语与

汉语隐喻中源域向目标域对等映射的策略。由于聋人和听人的认知理解存在较大的相似性，因此，一些手语词汇可以通过隐喻概念对等映射方式来进行隐喻翻译。有些书面语词汇，聋人平时的日常交流中极少用到，《中国手语》中也没有收录。在课堂教学翻译时，这样的词汇可以依据汉语的意思，结合聋人手语形象化的特征来表达。比如："瓶颈"的意思是比喻易生阻碍的部分，就像瓶子的颈部一样是一个关口。因此，"瓶颈"手语可以这样打：食指与拇指捏成半圆，并置于颈部。这是用人体的颈部来隐喻事情的关口，这种翻译处理，聋人较易领悟该词汇的内涵。还有些新生词汇，比如"房奴"，一个闪现着智慧光芒，也透着辛酸的新词汇2006年开始在坊间流传。"房奴"意思为房屋的奴隶。翻译时可以这样打：一手搭成房子屋顶的形状，置于另一手Y手势上面。这是以房子压在人身上来隐喻房奴让人感到奴役般的压抑。成语"不翼而飞"翻译时可这样打：双手掌心相对，同时伸出拇指、食指和小指，然后向前上方转半圈。这是用了双手"鬼"+"飞"的手势，来隐喻物品像鬼一样不见了。由此可见，手语翻译是一种创造性的认知活动。

2. 转化策略

由于不同语言的思维和认知差异以及文化差异，有些词汇不能用对等策略的隐喻表达，就可以运用转化策略，改变源域中的隐喻形象，从而达到意义对等。现代中国首屈一指的语言学家赵元任认为，人类语言所表达的事物和语言的关系，是约定俗成的关系，完全是任意的。手语翻译时，手语和汉语文字不一定要一一对应，尤其是一些新生词汇或者成语都可以根据聋人约定俗成的表达方式和符合视觉特征的语言表达习惯来翻译，这是合乎现代语言学的理论的。比如成语"格格不入"，打法是：双手横伸，掌心向内，五指张开对立，交替上下移动。这是用双手五指的不搭调来隐喻事物的彼此不协调，不相容。再如"微博"，打法是：一手拇、食指捏合，置于眼睛的上下框处，其余三指向上微屈，这是以新浪微博的图标"一只大眼睛"来表示"微博"这个新生事物。再如"孤苦伶仃"，打法是：一手食指置于胸前，然后向外移动，最后左手伸拇、食指，右手五指抓住左手拇指在胸前转一圈，表示自己一个人独自游走。这是以具体形象的动作来隐喻孤苦伶仃的抽象感觉。语言是文化的载体，手语隐喻翻译要考虑聋人文化因素，保持聋人文化色彩才能使聋人有更高的认同度和接受度。

隐喻作为一种认知方式极大地丰富了手语词汇。聋人利用隐喻手段来表达很多抽象概念，是语义扩展取之不尽的源泉。手语翻译，不仅是语码的转换，也是手语译员积极的思维认知活动。作为一种思维机制，隐喻虽然具有普遍性，但是汉语和手语在隐喻认知心理机制和概念投射的取向上存在着不同程度的差异。翻译本身隐藏着语言符号深沉机制的沉淀，其过程需要采取一定的隐喻角度。隐喻认知机制在研究探索手语翻译思维方面有积极的作用。在国内，对于隐喻认知本身的研究尚需进一步深入，而隐喻在应用语言学领域实质性的阐释研究尤其缺乏。隐喻认知机制在把握手语翻译的实质及揭示手语翻译思维上定能显示其独特的认知功能。这需要研究者深入探索手语隐喻机制，进一步细致考察手语翻译特性，从而积极地推动手语翻译理论研究和翻译实践的不断发展完善。

第二节　中国手语和汉语人体隐喻的认知对比

认知语言学的现代隐喻理论认为,所谓隐喻(metaphor),是指两个不同的概念域(concept domain)之间的映射(mapping)关系,即从简单概念向复杂概念的语义特征投射(刘宇红,2011)。隐喻不仅是一种修辞手段,也是人类的一种认知方式,是人们通过比较不同事物之间的相似性,从而认识事物的特征,以新视角来认识世界。隐喻思维能力是人们认识抽象事物不可或缺的一种认知能力。它是思维相互作用的产物,能以已知喻未知、以简单喻复杂、以熟悉喻不熟悉、以具体喻抽象,是一种创造性的思维能力。隐喻也是近年来认知语言学中的研究热点之一,然而对隐喻在具体语言中的解读探讨较少。随着认知语言学的发展,研究者逐渐把视角拓展到了手语领域,手语的研究对语言学及心理学、神经学、认知科学和人类学等都将大有裨益。隐喻广泛存在于各种语言中,俯拾皆是。在世界各国的手语中,隐喻也是一种非常生动、有表现力的表达方式。英国的 Mary Brennan、德国的 Grote 和 Linz 和美国的 Hoek、Wilcox、Taub、Liddell、Wilcox 和 Dudis 等语言学家都积极详尽地探索了本国手语中的隐喻(刘润楠,2005)。

由于人类的认知基础相同,中国聋人和听人的日常生活有许多相同之处,中国手语和汉语的概念隐喻必然有许多共性;同时,由于手语和汉语是两种不同的语言,聋人和听人观察事物的角度和思维方式一定有所差异。因此,概念隐喻既有共性也有个性。从认知语言学的角度,通过分析中国手语和汉语中与人体(头、心、手)相关的词汇隐喻,具体考察手语和汉语中人体隐喻的投射范围、共性、个性、各个投射背后的理据及其产生差异的原因,从而有力地证明隐喻不但是一种语言现象,而且是聋人认知世界和形成概念的重要工具。同时,掌握其隐喻规律,对于译员学习掌握手语词汇,更好地从事手语传译具有事半功倍的作用。

一、中国手语的隐喻认知心理机制

美国认知语言学界的知名教授拉克夫提出,隐喻产生的心理机制是映射,每一个隐喻都包括源域、目标域和一个从源域到目标域的映射。映射产生的前提是源域和目标域之间存在着相似性,相似性是隐喻赖以成立的基本要素,相似性有形状相似、功能相似和心理相似等(1987)。映射的动因是人类的认知经验,映射一般具有单向性的特点,即映射只能从源域出发投射到目标域。拉克夫的经典隐喻定义"用一个事物理解另一事物"揭示了隐喻的基本认知规律:隐喻通过源域对目标域进行投射;源域和目标域的联系建立在相似性基础上;认知是经验的,具有个人属性和社会文化属性;隐喻认知体现动态过程,是个性和共性的统一(1987)。手语中的隐喻本质和有声语言一样也是从源域到目标域的映射,也是部分的映射。手语的表层结构所指是源域,通过隐喻方式呈现出来的则是目标域,聋人通过源域来理解目标域。源域是隐喻认知的基础,一般是聋人所熟悉的、具体的东西,而目标域则通常是陌生的、抽象的东西。手语的直观形象性特点使得聋人在表达抽象概念时必须依赖具体世界的模型,因此,必须通过隐喻这个衍生力极强的工具,来扩展手语和概念系统。手语隐喻的基础也是两个事物的相似性,隐喻的实质是语言的相似性原则从视觉概念到非视觉概念域中的延伸。

二、中国手语和汉语人体隐喻认知系统分析

人体隐喻是以人的身体部位来比喻其他物体。人类把对自己身体的认识形成的概念域作为始发域(喻体)映射到不熟悉的抽象的事物(目标域或本体)上,以此达到认识事物的目的。人类"近取诸身,远取诸物"的认知规律,决定了人体隐喻在我们理解世界和形成概念的过程中起着非常重要的作用。如:头、心、手、脚等,它们本来是人体的一部分,当人们将它们映射于人以外的事物时,就出现了隐喻的表达法,如"山头""山脚""菜心"等。拉克夫和约翰逊把身体隐喻归为物质和实体隐喻,其功能是把抽象的概念具体化、范畴化(1987)。容器隐喻是最典型的实体隐喻。每个人本身就是一个容器,经过多次与外界发生关系而产生的相互作用,大脑中就会形成一个容器认知图式。通过隐喻思维,人们又会将这种图式映射到其他的抽象概念上,使抽象的概念有了"形象",使思想和语言也有了结构。人体隐喻作为一种认知手段,同样可以帮助聋人利用已知的事物来理解和诠释未知的事物,从而认识新概念和新事物。人体隐喻的建构方式是,聋人把自己最熟悉的身体各个器官作为源域,投射到非人体域(目标域),来认知和体验其他领域的隐喻概念,从而衍生出丰富的聋人手语词汇。

(一)头与隐喻

头是思想的发源地和生命的象征。因此,"头"在人体的各个部位中的地位是举足轻重的。汉语中与"头"有关的隐喻不胜枚举。"头"投射到具体事物的领域有:一是形状结构相似的投射,如"箭头""马头""线头""枪头""街头""笔头"等;二是侧重两者功能相似性的投射,如"首席""首页""头儿""头羊""首都"等;三是"头"与人身体器官的互相投射,如"眉头""手头""鼻头""舌头""心头""额头""肩头""骨头"等。另外,还有以与"头"有关的动作行为作为源域来映射人的情感或性格,如"埋头""垂头""碰头""回头""昂首"等。

头可以被看作一个容器,储存和反馈各种信息和知识,汉语中有"往事重现在他的头脑里""学到""想出""他脑袋里有很多鬼点子"等相关的表达。在手语中"头"用来构成容器隐喻的频率较高,许多和思想、记忆、知识、智力有关的概念都建立在和"头"有关的隐喻的基础上。因为学习和记忆的过程就是把从外界得到的各种知识和信息装进"头"这个容器里去。脑袋里的想法、智慧也可以从容器"头"中跑出去。"头"在手语中所构筑和衍生的隐喻概念比比皆是。中国手语中和"头"有关的隐喻统计如表8-1:

表 8-1 中国手语与"头"相关的隐喻词汇

手语词汇	手势打法	隐喻义
记忆	一手食指打"J"的指式在前额处敲击几下	比喻把事情或知识等储存在头脑里
学习	一手五指撮合,按于前额	表示将所学的知识拿过来放在脑子里
忘记	一手五指并拢,先在前额虚按一下,再转向脑后虚按一下	表示把原来记住的事情丢在脑后
聪明	一手食指先点一下太阳穴处,然后向外放开捏合的手指	表示人的思维、灵感从脑海里出现、散发,以此喻指聪明
不知道	用食指轻点太阳穴,然后边向外移动边摊开手掌	比喻头脑中没有储存东西
想	食指指向太阳穴并转圈运动	表示思维在头脑里运转
知道	食指轻点太阳穴,同时点头	表示头脑里已经有了这个东西
不懂	小指轻点太阳穴,同时摇头	表示头脑里没有这个东西
知识	双手伸拇指和食指同时置于前额并向外拉开	表示头脑里知道的东西很多
梦	一手伸拇指和小指以螺旋运动的方式向外移动	比喻大脑梦境中的虚拟境界
反思	一手小指指尖抵于太阳穴处微微转动几下	表示"检查""思过"
觉悟	一手食指指尖抵于太阳穴处,同时头微微抬起	以"抬头"来比喻思想上的醒悟
发明	从太阳穴处向外放开捏合的手指	表示新的点子从脑海里散发出现
经验	双手食指伸出,轮换向上敲击额头正中部位	表示头脑经受一次又一次的失败打击,从而获得了经验教训
刺激	一手食指从太阳穴处向前额划过去(面部显露出受到刺激的表情)	表示头脑受到"刺激"
天赋	一手食指直立,在头一侧上方转动一圈;一手五指撮合,指尖朝内,边向头部移动边张开五指	表示先天赋予头脑里的东西
顽固	一手握拳,虎口敲两下额头	表示头脑里旧有的东西根深蒂固
倔强	一手伸出拇指、小指,指尖朝前,拇指顶住太阳穴部,然后小指向下动一下;双手握拳屈肘向下一顿	比喻脾气像牛一样倔
不幸	一手掌先拍一下前额,然后边向下方移动边伸出小指	表示遭遇了不好的事情

(二) 心与隐喻

在人体的各个部位中,"心"的活动极其复杂,其作用不容小觑,有关"心"的隐喻在各种语言中比比皆是。汉语中，与"心"相关的隐喻主要有两大类。一类是"心"向具体的目标域的映射。包括两方面：一是"心"的容器隐喻。心脏具有容器的功用，因此在汉语中就有"心房""心室""心底""心中""心里"等称谓。二是"心"向人体域其他器官的映射。中医认为，"心为人体器官的主宰"，所以在概念化的过程中会凸显"心"的这种主导性，就有了"心肠""心胸""心眼""心肝""心腹"等用于表达更加抽象的概念。汉语中"心"映射到其他器官所构成的表达非常丰富。但在手语中，心与其他人体器官之间的映射就很少见。另一类是"心"向抽象的目标域的映射。包括三方面：一是"心"映射到性格域。如"心眼好""心黑""心邪""心软""心硬""心胸狭窄""心平气和""心狠手辣""心如蛇蝎"等。二是"心"映射到情感域。汉语中的成语如"心急如焚""心烦意乱""心惊胆战""心神不宁""心惊肉跳"等都是"心"映射到情感域的典型例子。三是"心"向思维域映射。"心之官则思"，自古汉语中就把"心"和思维联系在一起，而且认为"心"是智慧的源泉，所谓"眉头一皱计上心来"就是这种观点的体现。汉语中有"心计""心思""心算"等的表达（胡越坚，王菊兰，2008）。

中国手语中也存在很多和"心"有关的隐喻。"心"和"头"一样，也是一个占有一定体积的容器实体，情感情绪可以放进去也可以拿出来。在手语中，与心有关的隐喻主要表达情感。人有喜、怒、哀、乐等情感，但情感是看不见摸不着的抽象概念。因此，聋人往往将"心"投射于情感抽象概念的表达。手语中和"心"有关的隐喻统计如表8-2：

表8-2　中国手语与"心"相关的隐喻词汇

手语词汇	手势打法	隐喻义
勇敢	双手拇、食指在胸前搭成圆形，然后向两侧拉开	以"心"变大来表示"大胆"
胆怯	双手拇、食指在胸前搭成圆形，然后向中间缩小一点	以"心"变小来表示"胆小"
背叛	双手拇、食指搭成心形，贴于胸部，再倒转过来	以"心"的倒转来表示叛变
激动	双手拇、食指在胸前搭成圆形，然后快速反复向上提升	以"心在颤抖"表示内心的不平静
关心	双手拇、食指搭成心形，先贴于胸前，再向前移动	表示"关心对方"之意
高兴	双手掌心向上，在胸前上下扇动，脸露笑容	以"心向上升腾"表示高兴之情
失望	一手五指张开，先贴于胸前，然后向下收拢五指，脸露"灰心丧气"表情	以"心收缩成一团"来表示失望灰心
生气	五指撮合放于胸口，然后向上放开，同时脸上露出生气的表情	以"心里有火在燃烧"来隐喻生气
犹豫	双手拇、食指搭成心形置于胸口，左右摆动	表示心摇摆不定，以此来隐喻犹豫不决的心理
放心	双手拇、食指搭成心形，放于胸前，向下移动	表示将提起的心放下了之意

续表 8-2

手语词汇	手势打法	隐喻义
担心	双手拇、食指搭成心形,放于胸前,并向上提动	表示"提心吊胆"之意
小心	一手拇指抵于小指尖,在胸口处微微拍打几下	表示"小心翼翼"之意
急躁	双手五指弯曲,指尖抵于胸前,上下速动几下	表示心受到反复抓挠
悲伤	一手虚握贴于胸部,并转动几下,脸露愁容	表示心受到拳头的研磨,比喻情绪受到折磨
轻松	双手握拳置于胸前,然后双手边向上移动,边放开五指	用心的收缩到张开来隐喻心情的放松
善良	双手拇、食指在胸前搭成心形,然后一手握拳伸出拇指,并向上提一下	表示"心好"之意
坦率	双手平伸,掌心向上,指尖相对,置于胸前,然后同时向前伸出;一手侧伸,指尖朝上,自胸口向上划至口部	表示心中的想法毫无保留地说出,并且口心一致
怀疑	一手伸出拇、小指,放于胸前交替摆动	表示好坏、是非不肯定
阴险	左手横伸,掌心向下,置于胸前;右手伸小指,指尖朝上,在左手掌心下转一圈	表示"内心阴暗"之意
冤枉	一手伸小指,在胸前点两下,同时皱眉	表示"内心受冤屈"之意

(三)手与隐喻

手是人类重要的身体部位之一,人类的很多动作主要由手来完成。因此,手与外部世界的互动建立了我们构筑抽象概念的认知图式,很多抽象概念都通过与手相关的隐喻来表达,比如"手段、一把手等"。在汉语中"手"的隐喻投射主要在以下几方面:一是手喻为"能力",表示人们的擅长之处或某一方面能力的缺乏。如"能手""笨手笨脚""眼高手低""心灵手巧""手到擒来""眼疾手快"等。二是手喻为"帮助"。如"束手无策""得力助手"。三是手喻为"自由"。如"放开手脚""束手束脚"。四是手喻为"参与"。如"袖手旁观""插手""金盆洗手"、"着手""放手不干"等。五是手喻为"经济状况"。如"手松""大手大脚""手面阔绰""小手小脚""手紧"等。六是手喻为"关系"。如"手足之情""如手如足""情同手足"等。

由于手是身体中必不可少的重要部分,加之手语是主要依靠手来表达的语言,因此,手语中和"手"相关的隐喻数量很多,并表现出很强的理据性和系统性。比如在表达家庭成员时,聋人手语手势体系中把五指看成一个语义系统,大拇指专指父亲,食指专指母亲,无名指表示自己,中指表示哥哥或姐姐,小指表示弟弟或妹妹。这种表达体系在聋人中源远流长,约定俗成,五指的隐喻意义具有合理的逻辑性。手语中和"手"有关的隐喻统计如表 8-3:

表8–3 中国手语与"手"相关的隐喻词汇

手语词汇	手势打法	隐喻义
尊敬	一手伸大拇指置于另一手掌心上,双手同时向上移动	大拇指表示该对象值得尊重,向上运动表示地位的提升
领导	左手伸大拇指,在前;右手五指分开,掌心向下,在后;双手同时向前移动	表示带头的人是主心骨,大家在他的带领下一起前进
优点	一手伸出拇指,向上提一下;一手食指点在另一手掌心上	拇指比喻好的特点
缺点	一手伸出小指,向下一甩;一手食指点在另一手掌心上	小指比喻不好的特点
讨厌	一手伸小指置于下颌处,并向外运动	表示这个东西不好,不喜欢
反对	一手伸出小指,同时向上甩动一下	表示驳斥对方,认为对方的观点不好
一样	一手伸出食、中指,左右平行来回移动一下	表示两者大致相同
结婚	双手伸拇指,指尖相对,弯曲两下	表示婚礼中新郎新娘相对鞠躬
妾	一手伸拇指,一手伸小指,相对做弯曲运动	表示婚礼上双方对拜仪式,大拇指比喻男性,小指比喻女性,因为妾的社会地位卑微,所以用小指表示
学生	左手伸拇指,象征师傅。右手小指靠在左手拇指背面,象征向师傅学习的徒弟	拇指比喻老师,小指比喻向老师学习的学生
比较	双手伸出拇指,在胸前上下交替动几下	表示两者之间作高低比较
差不多	一手食、中指一上一下交替动几下	表示两者不相上下
敌人	双手伸小指,指尖相对;双手搭成人字形	表示两人敌对之意
对立	两手各伸食、中指,指尖向下,相对而立	比喻两个对立方面
名字	一手食指沿另一手中、无名、小指尖向下划动	中指表示"姓",无名、小指表示"名"
首先	左手伸拇指,右手伸食碰一下左手拇指尖	比喻表达事件发生的时间先后
其次	左手伸拇、食指,右手伸食指敲一下左手食指	
最后	左手小指横伸,右手伸食指敲一下左手小指	
始终	左手伸拇、小指,左手伸食指,从左手伸拇划至小指	

续表 8-3

手语词汇	手势打法	隐喻义
法律	一手打"F"指势；一手虚握，依次伸出食、中、无名、小指	比喻具有逻辑先后顺序的条款或程序
政策	左手握拳屈肘，右手手掌在左手肘部翻转两次，然后右手先握拳，五指再按顺序依次伸出	
规律	一手五指并拢，指尖向上，一顿一顿地向一侧移动，表示"规矩"；一手握拳，依次伸出食、中、无名、小指	
制度	双手五指伸直，掌心相对，从左向右一顿一顿移动；一手虚握，依次伸出食、中、无名、小指	
课程	双手掌心相合，再打开来，如翻书本状；右手握拳，依次伸出食、中、无名、小指，象征程序	

三、中国手语和汉语人体隐喻的对比分析

每种语言都有其共性和个性。中国手语和汉语是中国聋人和听人使用的语言系统，因此具有各自的特点。由于人类具有相似的生理特点，所以聋人和听人对"人体器官"功能的感知和认知以及由此引发的联想和感受有许多相似之处，但是由于认知、思维和表达以及文化上的差异，手语和汉语中的人体隐喻又有不同之处。

（一）与"头"相关的隐喻特点

汉语中与头有关的容器隐喻和方位隐喻都非常多。在拉克夫列出的基本认知域中，空间关系是基础之最，因此，空间隐喻是语言中最基本的隐喻，人类的许多抽象概念都是通过空间隐喻来构建的。由于"头"在人体中占有突出的位置，它在汉语中用来构成空间隐喻的频率较高。而手语中和"头"有关的隐喻主要是容器隐喻，由于手语的直观形象性特点使得聋人在表达抽象概念时必须依赖具体世界的模型，因此，和头部有关的隐喻都建立在"大脑是容器，思维意识是内容，可以放进去也可以拿出来"这样的概念隐喻基础上。而手语中的空间隐喻相对于容器隐喻来说比较抽象，因此手语中用"头"来构筑的空间隐喻较少。

（二）与"心"相关的隐喻特点

关于"心"这个人体的基本词汇，在聋人和听人两种不同的文化中有基本类似的体验，反映在语言上就是有类似的隐喻。手语和汉语"心"的词汇隐喻认知有很多相似之处，它们也有一些相同的映射路径。因为人们都把人的心脏当作灵魂、情感的中枢。而且，语言扎根于人类的认知结构中，隐喻能反映出人类认知的心理基础，跨文化的隐喻理应表现出某些相似性。但是隐喻是两个概念领域的映射或整合，各个族群的文化在很大

程度上决定了哪些特征被映射或整合。通过对比可以发现，汉语"心"存在着一个复杂而有序的隐喻认知系统，其隐喻词汇非常丰富，映射面很广，而手语"心"主要映射到情感域，映射面相对较窄。这种差异产生的重要原因，就是聋人和听人的语言特性和思维方式不同，导致了不同的隐喻投射路径，所以最终产生的具象既有共性又有个性。

(三) 与"手"相关的隐喻特点

语言扎根于人类的认知结构，而认知又受文化的影响。聋人文化和听人文化呈现出独特的个性，在语言表达上不可避免地会昭示这种文化形态上的特异性。从上文的分析得知，汉语"手"的隐喻投射都是以手的外部特征、活动方式、功能、位置以及与外界事物的关系为基础的，比如建立在手的功能特征基础上的隐喻义是"手"喻"能力""自由""参与"以及"帮助"等；由手的活动方式投射的结果是手喻"经济状况"；以手与外界事物的关系为依据的是手喻"关系"。可见，"手"的隐喻投射是有理可据的。通过对比分析，我们发现汉语中关于手的隐喻词汇比较多，对手的外部特征、功能、位置、活动方式关注得比较具体，因此汉语的隐喻表达更为丰富多彩。手语中主要是通过手指的区别来表达顺序地位的差别。不同的手指可以用来代表不同的社会地位、家庭地位、经济地位等。五指还可以表示逻辑顺序或时间的先后。一般拇指隐喻地位高、受尊敬、重要、年纪最长、次序最先；食指隐喻较次要、较差或较年幼；小指隐喻地位低、不重要、最年幼、次序最后。中国手语和汉语的隐喻意义表现出的差异，反映出两种不同语言的特征及各自的文化特色(郑璇，2011)。

隐喻作为一种认知机制普遍存在于各种语言之中，它是一种创造机制，创造了语言文字，创造了语言体系，创造了意义。聋人为了有效沟通和交流，往往采用隐喻化的手段来表达抽象的概念和复杂的思想。隐喻极大地丰富了手语的表现力，是语义扩展的源泉。人体隐喻认知系统在聋人对周围世界的整个认知系统中是沧海一粟，但其可以折射出隐喻在手语语言体系构筑中所起的重要作用。通过分析人体隐喻意义在中国手语和汉语两种语言中的不同表现，有助于我们更深地理解这两种语言的差异。总体来看，聋人和听人隐喻思维之共性的基础是人类的认知和信息处理机制的共性，手语和汉语中的某些人体隐喻的相似现象正是人类认知共性的反映和体现。由于手语是视觉语言，具有直观形象性的特点，聋人表达抽象概念时必须依赖具体事物，加之聋人特有的文化，造成了聋人和听人隐喻思维的相异性。语言是承载信息的媒体，只有充分了解手语的词汇隐喻，我们才可以深入了解手语的语言本质，进而达到跨文化学习手语的目的。译员在手语学习中，了解隐喻理论，可以发现手语词汇的构词理据及其相互之间的各种联系，使手语的学习更加有章可循，词汇的记忆变得系统化，从而切实提高手语学习以及翻译的效果。

第三节 中国手语中的转喻与翻译

语言是人类认知不可分割的一部分。认知语言学认为，转喻是普遍的语言现象，是人类重要的思维方式和认知工具之一。关于转喻的本质,国内外的认知语言学家从不同的角度进行了论述:Lakoff 称转喻为"理想化认知模式"即一个有组织的概念结构知识域的一种形式(1987)。Alac 和 Coulson 指出,不同的转喻由相对凸显(relative salience)的认知原则提供理据,高度凸显的实体作为认知参照点,为其他不那么凸显的实体产生心理可及(mental access)(2004)。Lakoff 和 Turner 认为转喻是在单一认知域中的概念映射,不涉及跨域映射,其中的"替代"关系主要是指称(1989)。刘焱认为,转喻是一个概念来指称另一个相关的概念,是同一个认知框架中两个相关认知范畴之间的过渡,以始源概念为参照点建立与目标概念的心理联系(2007)。由此可见,转喻是一种心理机制,是构建意义的桥梁和手段,是人类对抽象范畴进行概念化的有力工具。转喻存在于各种语言中,作为人类重要的认知方式,转喻在语言的词汇、句法、语义和语篇等方面都发挥着重要的作用。

手语是一种将手形、位置、方向和动作,按照一定的语法规则排列组合,同时配合面部表情和肢体动作来表达意义的一种特殊语言,是聋人之间进行交际的重要工具。世界各国的手语中都存在大量的转喻,Wilbur、Taub、Wilcox 等美国手语语言学的研究者利用隐喻、转喻、映射这些概念,为许多手语词的理据性做出了解释。英国手语研究者 Mary Brennan 也明确提出手语是有其视觉理据的,聋人通过自身的日常经验,可以理解和接受这些理据(郑璇,2011)。江加宏以转喻为视角,根据手语的认知语言学基础,考察了美国手语(ASL)概念的转喻表达,探究了转喻手语表达的概念空间映射(2010)。中国手语(CSL)在词汇层面同样存在着大量的转喻。通过对搜集到的聋人自然手语语料的分析,对手语的转喻现象进行深入研究和剖析,可以揭示手语中转喻的认知运作机制和典型的转喻构词方式,了解聋人的认知策略,同时更好地学会手语词的表达方法。

一、中国手语的转喻认知运作机制

(一)在同一认知域中,视觉中介为非视觉概念提供心理可及

手语是一种典型的视觉语言,手语的语形、词汇、语法分别和有声语言的语音、词汇、语法三部分相对应。美国手语语言学之父威廉姆·斯多基(William C. Stokoe)指出,手语由手形、方向、方位和移动四大视觉要素构成。聋人的生理特性决定了手语是形象的,符合视觉规律的。在表达具体有形的概念时,手语具有天然的优势,通过双手的比画可以较易模拟。从具体到抽象是人类思维的共同特征,在聋人的认知过程中,凡是难以用眼睛看到的概念都必须借助其他视觉性的中介才能理解。因此,手语在表达非视觉概念时,要将其转化为与之相联系的视觉渠道可以感知的意象才能形象地表达。根据 Langacker 的观点,转喻由相对凸显的原则提供理据,由转喻词语凸显的概念实体可以为被描述的目标实体提供心理通道(1993)。来源于日常生活基本经验的意象图式是转喻的认知基础,它们在概念域映射过程中起着重要的作用。手语中的转喻就是用视觉意象来代替非视觉概念,这一心理桥梁就是视觉中介。比如"嫉妒"一词,聋人手语的打法是:右手伸拇、食指,手背向下,置于胸口,食指微动几下(模拟手枪动作)。嫉妒往往伴随着

恨的情绪，手语中就借"手枪"这个意象来表达嫉妒的内心感受。再如"端午节"：左手伸拇、食、小指，手背向外，右手五指撮合在左手周围绕两圈，如包粽子状；双手食指互勾置于额头。"端午"这个节日，聋人就借用"包粽子"这一传统节日习俗来表达。手语的词汇转喻与聋人的认知和思维方式紧密相连。

（二）转喻的源域和靶域之间存在连通关系

认知语言学把认知机制诠释为源域和靶域之间的概念语义关系。转喻基于邻近性，即两个事物之间具有某种形式的联系。因此，源域和靶域之间的概念语义关系是连通关系。最常见的转喻概念构造是理想化认知模型的局部和整体之间的关系，及同一认知模型中各局部之间的关系。整体与局部概念的连通，各局部概念之间的连通，它们都以经验知识为基础。在一个概念结构知识域中，转喻靶域在概念上是凸显的，这是典型转喻的内部运作机制。聋人的思维特点导致了抽象概念的范畴比健听人大得多，无法用肉眼感知的事物于他们而言都是抽象的，比如职业。聋人手语中常常以所使用的物体来转指使用者，这是典型的转喻，因为两者之间存在着紧密的连通关系。如"农民"：双手五指弯曲，一前一后，来回耙动。"警察"：一手置于头顶，五指一张一合，象征警车的灯。"主持人"：一手五指虚握，虎口贴于嘴边，如握话筒状；双手食指搭成"人"字形。在以上三个手语中，分别以"耙""警车灯""话筒"来转指"农民""警察"和"主持人"，较形象地表达出了这些职业的特性，聋人较易理解和掌握。

二、中国手语的转喻类型

认知语言学认为，概念转喻在语言产出和理解中起到非常重要的作用。很多转喻模式都以空间和物质邻近性为基础，Peirsman 和 Geeraerts 提出，邻近性的核心是部分与整体关系形成的，因为部分与整体是人类对世界进行概念化的最基本的范畴(2006)。用显著的转指相对不显著的是转喻的一般规律。最常见的转喻有部分转指整体、整体转指部分和部分转指部分。转喻是用一个概念来指称另一个概念，即同一个认知框内概念之间的转指，是两个相关认知范畴之间的过渡。从认知机制来看，动作、特征和事物以及事物和事物都可属于同一个认知框。在聋人手语中，我们同样可以发现，不仅动作、特征可以转指事物，事物与事物之间也可以发生转指。借鉴有声语言的转喻分类，考察收集到的聋人自然手语语料，把基于转喻认知运作机制的手语词汇概括为以下几种典型的转喻类型：

（一）特征转指人或事物

1.外貌特征转指人

外貌特征可以转指人物，如"老人"：一手握拳在脸颊上摩擦一下，表示肌肤松弛；双手食指搭成"人"字形。以肌肤松弛这个典型特征来表示老人。"青年"：一手掌心在颏下抚摸两下，以颏下无胡须来表示青年人。"老板"：一手掌心贴于腹部，向外缓缓移动，如腹部隆起状，象征老板的大肚子。"男"：一手直立，五指并拢在头侧自后向前挥动，以

"短发"表示男子。"鲁迅":一手食、中指在鼻子下方两侧各划一下,表示八字胡,以八字胡这一典型外貌特征来表示鲁迅。

2. 衣饰特征转指人

服装鞋帽等衣饰特征也可以转指人物,如"皇帝":左手中、无名、小指与右手食指搭成"王"字,置于前额;右手手腕贴于前额,五指弯曲,指尖朝下,仿古代皇帝的头饰。以皇帝的典型头饰特征来转指皇帝。"领导":一手拇指叉开,食、中指直立,拇指尖抵于前额。以过去军官礼帽上的帽缨来表示领导。"蒙古人":右手拇、食、中指相捏,沿头顶部转一圈,然后在头右侧指尖朝下放开五指,如蒙古族人用头巾缠头状;双手食指搭成"人"字形。以头巾这一典型头饰来表示蒙古族人。"朝鲜人":双手伸拇、食指,虎口向内,在胸前由上至下滑动几下,象征朝鲜民族服饰高腰裙;双手食指搭成"人"字形。以朝鲜民族服饰高腰裙转指朝鲜人。"女":右手拇、食指捏一下耳垂。以饰品耳环来转指女性。

3. 事物特征转指事物

对于具体有形的事物,聋人手语一般利用事物的特征来表达,如"啤酒":左手成半圆形;右手五指微曲,指尖朝下置于左手虎口处,然后五指边微微抖动边上微移,如啤酒的泡沫。"桂花":一手五指弯曲,指尖对这鼻部张合几次,表示"花香";一手五指撮合,指尖向上,然后向上移动,并放开五指。对于一些抽象事物,聋人往往利用事物的典型视觉性的特征来感知和理解。如"春":一手伸中、无名、小指在空中扇动,如同春风拂面。"夏":一手五指微张,擦一下前额后向外侧挥动一下,模拟擦汗状。"秋":一手打出手指字母"J"的指式,并向一侧移动,表示秋高气爽。"冬":双手握拳曲肘,臂部贴在身上微动,如冷得发抖状。春、夏、秋、冬四季的手语就利用了各个季节的气候特征及其引发的人的不同生理感受来表达。

从以上实例可以看出,对于生活中纷繁复杂的人和事物,聋人擅长选取人或事物的凸显特点或属性来表达,这是属于部分转指整体的转喻类型。这种表达方式也反映了聋人思维的经济性和灵活性。

(二)事件要素之间的转指

1. 动作方式转指事物

食品的制作方法可转指食品名称,如"包子":一手五指向下,在另一手手心上抓一下再提起,如做包子动作。"饺子":双手拇、食指相捏,一手在下不动,另一手在上边捏边移动,如捏合饺子状。"馄饨":右手食指置于左手掌心,同时捏合,如包馄饨状。"油条":右手拇、食指搭成"+"字形,在鼻子下方滑动几下,象征"油";双手拇、食、中指相捏,指尖相对,边向两边拉开,边扭转,然后甩一下,如炸油条动作。

生活方式可转指施事,如"同事":一手伸食、中指,手背向上,在胸前平行挥动两下;双手侧立,掌心向内,互拍手背,表示一起做事。"同学":双手伸掌,掌心向内,置于胸前,如读书状;双手平伸,掌心向下,往上移动,表示一起长大。

衣物的穿戴方式转指衣物,如"衬衣":一手拇、食指在袖口模仿扣扣子的动作。"裤子":双手拇、食指相捏,在腿部向上提,如穿裤子状。"手套":一手拇指与四指作"["形,套入另一手掌,如戴手套动作。"围巾":左手掌心按于胸部,右手绕到左肩,如围围巾动作。"帽子":一手做执帽向头上戴的动作。

2.动作转指工具

事件中的动作可转指事件工具,如"笔":一手如执笔写字状。"书":双手掌心相合,然后向两边摊开,如翻开书状。"车":双手虚握如握方向盘,左右转动,模仿操纵方向盘动作。"字典":双手五指微曲,指尖相对如"心"形,然后拇指向两旁分开,如翻字典动作。"报纸":双手掌心向内,放于胸前,再向左右分开,如打开报纸状。"牙刷":一手伸食指在口边来回移动,如刷牙动作。"足球":左手拇、食指捏成小圆圈。右手食、中指交替踢向左手小圆,如踢足球状。"钥匙":右手拇、食指相捏,如执钥匙状,转动几下,如开锁动作。

3.事件时间转指事件

事件发生的时间可转指事件本身,如"元旦":双手伸出食指,一上一下横于胸前,表示阳历一月一日。"中秋":一手伸拇、食两指,即"八"的手势;一手先伸食、中指交叉相搭,然后改伸五指;即"十五"的手势。"国庆":一手食、中指交叉相搭在上,另一手伸食指横放在下,表示公历十月一日。"劳动节":左手五指横伸在上,右手食指横伸在下,表示公历五月一日。

一个事件一般涉及施事、受事、动作、工具、时间等构成要素,聋人往往将这些要素相互替代,构成部分转指整体、部分转指部分或整体转指部分的转喻关系。

4.特产转指地名

对于地域名称,聋人常借用当地特产这一具体意象来表达。如"嘉兴":两手五指张开,两拇指相搭,其余手指抖动几下,如螃蟹走动状。"湖州":一手伸出拇指和小指,掌心向内,在下巴处点动几下,象征"菱角"。"绍兴":一手握拳,虎口朝上,一手竖起拇指和小指,将拇指在虎口处点动几下,如倒酒状。以上三个手语分别以当地特产"螃蟹""菱角"和"黄酒"来转指"嘉兴""湖州"和"绍兴"。由于特产和地域之间具有某种明确的联系,以特产作为参照点,为地域提供了心理可及,可以帮助聋人理解地域的概念。

(三)动作转指抽象概念

1.动作转指心理感受

手语中的转喻是为了方便聋人认知、表达和理解。人类的思想情感是复杂且抽象的,行为动作却是具体可视的,因此聋人手语中往往用动作这一具象来转指心理感受。如"希望":一手平伸,掌心向下,手背从下颌往脸颊上移动一下。"佩服":右手拍一下左手;一手伸出拇指左右晃动几下。"委屈":双手伸拇、食指,由上到下套住头部,表示被别人下套之意;一手伸小指,在胸前点几下。"骄傲":一手伸出拇指,在鼻前上举,同时抬头,面露得意的表情。"讨厌":一手拇、食指在鼻翼处相捏,然后向外用力一甩,面露厌恶的表情。"喜欢":一手拇、食指微曲,指尖朝下颌处点两下,同时面露微笑头向下微点。

2.动作转指抽象事物或事件

行为动作可以表达出抽象概念的内涵,从动作可以联想到相关的抽象事件,因此,聋人常以行为动作转指抽象事物或事件,这也使手语具有很强的理据性。如"团结":双手五指并拢弯曲,相互握住,水平转一圈。"支持":左手伸拇指,右手五指并拢,指尖抵于左手拇指根部往前推,象征一群人在一个人后面撑腰。"抗议":一手握拳,然后向上举两下。"友谊":双手拇指靠在一起,转动一圈,象征"友情"。"请假":双手抱拳微动两下,双手交叉贴于胸前,表示请求休息之意。"解放":双手握拳交叉贴于胸前,然后边向两侧用力挥动,并放开五指,象征打碎束缚,争得自由。

(四)约定俗成的转指

语言是社会约定俗成的符号系统,手语同样遵循这一规律,其中也有一些约定俗成的转指,每个概念和与之相联系的意象一般有固定的搭配。如"考试":左手横伸,右手侧立,在左掌心上刮几下。这是聋人群体的固定打法,以数试卷的动作转指考试。"毕业":双手放在面前,掌心向内,如读书状,然后向下一甩;双手虚握,手心向上,由外向内微缩,如接受毕业证书状。"恭喜":双手抱拳作揖状。"石头":一手食指指尖指下牙齿。以牙齿的坚固转指石头。再如很多地名的打法也是约定俗成的,有些手语词汇的理据比较模糊甚至已无从可考,如"温州":右手直立,掌心朝左,小臂上举,指尖朝上,在额头处碰两下。"衢州":一手四指并拢弯曲,手背向外,置于下巴处。"余姚":一手拇指伸出,拇指抵于下巴,食指摆动几下,指尖朝上。"义乌":一手拇指、食指在嘴前捏几下,如鸟嘴般。"永康":一手伸拇、食指将耳朵夹于两指指尖,拉几下。"镇海":右手拇指和食指圈成一个小圈,放在额前;最后拇指和食指弹开。

(五)手语转喻构词的语义分析

词义扩大和词义缩小是词义变化的两种典型。词义扩大就是用词的具体义转指概括义,相反,就是词义缩小。从认知的角度看,手语中的词义扩大和缩小都是相关概念的替代,是基于转喻机制的语义变化过程。词义扩大如"残疾人":右手伸掌,划一下左臂;左手伸掌,划一下右臂;双手食指搭成"人"字形。以"肢残"替代所有的残疾类别。"单位":左手平伸,掌心向下,右手五指并拢,指尖抵在左手掌心转几下,表示"工厂"之意。以"工厂"替代"单位"。"赌博":双手平伸,掌心向下撸动几圈,做打麻将状;双手拇、食指各自捏成小圆圈,一前一后在胸前一顿,表示双方设赌注。以"打麻将"替代"赌博"。词义缩小如"桂花":一手五指弯曲,指尖对着鼻部张合几次,表示"花香";一手五指撮合,指尖向上,然后向上移动,并放开五指。以"香的花"替代"桂花"。"蔬菜":双手伸食指、中指,搭成"+"字形,表示和尚;一手五指撮合,指尖向上。向上伸出,同时放开五指。以"和尚吃的菜"替代"蔬菜"。由此可见,手语的转喻构词方式促使一些手语词汇的语义发生了变化。无论是用词的具体义转指概括义还是用概括义转指具体义,都属于转喻促成词义变化的情况,这也和汉语有声语言中转喻构词的语义特点类似,说明聋人的认知策略和听人有相似之处。

(六)转喻与手语词类转换

词类转换可以分为转换词性和不转换词性两大类。汉语构词中存在大量转换词性的词类转换,不转换词性的词类转换相对较少。Dirven 认为,词类转换类构词都是转喻式的(1999)。在聋人手语中,基于转喻的手语词汇也存在大量的词类转换现象。

1. 动词转换为名词

在手语中,很多动词表示与动作相关的事物,而不是表示动作。如"排球":双手上举,五指微曲,指尖朝前上方弹动一下,如打排球状。以打排球的动作来表示排球。"橘子":左手五指朝上虚握;右手拇、食指相捏沿左手指背向下扯,如剥橘皮状。以剥橘皮的动作来表示橘子。动词转名词的转喻,是源域包含靶域的转喻,缩减了手语词原来的概念范畴。如动作转指施事、受事;动作转指工具;动作转指时间、地点等都属于动词转换为名词。

2. 形容词转换为名词

在聋人手语中,很多形容词表示与性状有关的事物,而不再表示性状,即用事物所具有的突出特征来转指事物。如"醋":一手拇、食指相捏置于口边,腮向内缩,眉微蹙,如觉酸味状。以酸来表示醋。这种转指包括特征转指物、特征转指人和特征转指时间、地点等。

3. 名词与名词互转

这种转喻没有改变手语的词类,但是,改变了语义类范畴,是事物语义类内部的转指,是用一个事物语义类转指另一个事物语义类。如"特产转指地名"类手语就属于名词与名词互转。

手语中的转喻是聋人的一种思维方式和认知工具。转喻重在概念范畴的相关性,它通过对认知对象概念域的改变、凸显而转换认知视角,从而为聋人提供新的认知和体验。作为人类重要的认知方式,转喻对聋人认识事物,形成概念,发展语言等方面都起了非常重要的作用。聋人也和健听人一样,在认知过程中善于用凸显、易感知、易辨认的部分代替整体或其他部分,或用整体代替部分。聋人因为听觉缺陷会偏重视觉感知,在理解概念时更加注重事物的外在联系。转喻是丰富语言的重要手段,在手语这一典型的视觉语言中,聋人用他们特有的敏锐观察力和联想力,通过转喻的思维方式创造出了大量生动形象的手语词汇。转喻构词促成了手语的词义变化和词类转换。

翻译本质上是语言使用现象,以语言认知为基础,翻译是创造性的认知过程。手语译员对手语概念与概念之间的联系、概念知识的构成有了更多的认识,翻译就会更加适切,翻译方法的选择也会更加多样化。

第九章 手语传译专题训练

本章以手语传译的实践技能训练为主,并不强调对理论的掌握,但是我们还是为每一课所涉及的理论要点进行了解释说明。这样做首先是希望大家能够"知其然,也知其所以然",在理论的指导下更明白自己手语传译练习的原理和目的,可以达到事半功倍的效果。

手语传译不是普通的交流活动。无论从语言还是信息方面分析,专业手语译员需要处理的是比日常交流复杂得多的情况;在交流环境上也更为正式,这为手语译员工作带来额外的压力。手语传译的这些特征在练习中大家应该也可能有所体会,所以在开始练习时出现问题是很正常的。这时,要注意分析自己的问题所在,从而有针对性地解决。对于较正式和复杂的语篇,如果感到有理解问题,就需要加强文学知识基础与手语基本功练习,培养自己准确理解源语信息、迅速组织语言的能力。如果是手语表达的问题,要通过大量复述练习来提高手语表达能力。如果目前还不能应对口译练习的压力,可以试着平时多接触聋人,多和聋人沟通交流,多看聋人手语视频。

手语传译练习中包含多种技能的训练。大家可以采用教材中的方法针对自己的薄弱环节进行有针对性的练习。建议分小组练习,小组练习可能会比单人练习效果更佳。因为在这个过程中,小组成员可以互相反馈意见,进而取长补短。而且,手语传译练习是枯燥乏味的,通过彼此间的互相激励,也能增加练习的趣味性,提高学习效率。

第一节 媒体手语传译

随着社会的进步和聋人社会地位的提高,我们应积极倡导为聋人创造无障碍的信息沟通环境,目前全国 30 家省级地方电视台和 100 余家地方电视台设立了电视手语节目,也出现了网站制作的手语节目以及几十家手语媒体的微信公众号运营,丰富了聋人的精神生活。电视台手语主持人将新闻内容传译给聋人观众看,为聋人打开了一扇了解世界的窗户,架起了聋人朋友与社会沟通的桥梁。提高媒体手语译员的素质,提高媒体手语传译的质量,关注引导并推动其发展,力争把各种媒体手语节目包括电视及网络节目办成广大听障者生活中必不可少的一部分,在当今社会具有十分重要的现实意义。

当前,手语在各种媒介上大量出现,其中尤以媒体手语最为普遍,媒体手语是指在聋人社会大众化媒体,如电视、网络、微信、视频网站、旅游解说和气象报告等所使用手语,其主要作用在于信息的传递。在语言风格上,由于新闻的受众是聋人,所以用聋人手语表达须适应广大受众的要求。从手语媒体角度进行分析,母语聋人以媒体新闻信息接受者的身份在媒体手语传译工作中具有较为重要作用,并且媒体内容影响着聋人对社会发展的看法,对聋人的语言也会产生比较大的影响。媒体手语是帮助聋人进步的主要手段,媒体新闻内容有一定的特点,要简单、明了,更要运用翻译技巧进行翻译,以此更好地传递新闻内容。

一、媒体手语的翻译技巧

(一) 准确体现媒体原文色彩

聋人手语不同于汉语语法,是遵循聋人视觉的自然语言,应以聋人易于接受和理解为准则来表达。所以在媒体手语传译过程中,如若过于注重电视新闻的特点,采用手势汉语逐词逐句的方式,不仅难以生动地表现出新闻手语的本意,而且无法让读者产生情感共鸣。因此,针对新闻手语的翻译,尤其是当原文中运用如比喻、拟人等不同的修辞方式,需要认真斟酌与汉语相应的词语,以充分显示原文的色彩,尊重媒体内容的情感与风格。

(二) 深入理解惯用媒体词汇的特定含义

为确保媒体手语语言翻译更加准确,作为手语译员,应对某些特定新闻词汇的含义有所了解,如"举世瞩目"一词,在翻译过程中通常是指全世界的人共同关注着,而新闻中有时需翻译为"看",使用双手同时看着一个焦点来表示。再如"打酱油",手语翻译为"看",面部呈现好奇或围观的表情。再如,在手语翻译中,与"表述"词义相近的词有20多个,这20多个近义词用于不同场合便能表达不同的意思,如"表示、讲、说、道、谈话、描述、聊天、叙旧"等。

(三) 合理使用增译和减译

在媒体手语传译的过程中,需要注意以下几点:一是要能够清楚、准确地了解标题内容;二是需要适当地根据标题的含义进行翻译;三是要简单易懂。因为聋人听人有不同的文化,根据聋人视觉的特点,所以在翻译的过程中,需要注重其中的技巧和特点。抓住关键词,合理增译和减译(如虚词、副词、量词与关联词),表达清楚播音员的解说。这样不仅能够让媒体手语的内容变得简洁、清晰和生动,而且还能够让聋人观众看得明白又舒服。

二、技能训练

(一)训练难度:易

训练一:

10月8日,王某一家人乘火车返回山西,晚上在滴滴打车预约了网约车。第二天网约车司机刘某因睡懒觉,晚到30分钟,导致王某一家没赶上火车滞留重庆,双方发生纠纷。经民警调解后,司机赔偿乘客车费及房费共1365.5元。

手语译文:

10月8日/名字/王/一家人/坐/火车/回/山西,晚上/滴滴打车/网约车/预约/完。第二天/网约车/司机/睡懒觉/迟到/30分钟,影响/王一家人/火车/坐/不行/滞留/重庆,双方/发生/纠纷。报/民警/调解/完,司机/赔偿/乘客车费及房费/共/1365.5元。

训练二:

本报北京10月8日电 中国银联8日发布2018年国庆黄金周银联网络交易数据。"十一"长假期间,银联网络交易总金额达到1.58万亿元,交易总笔数7.94亿笔,日均较去年国庆黄金周分别增长31.9%和24.5%。今年国庆7天的银行卡跨行交易规模超过去年国庆黄金周8天的总量,创国庆长假历史新高。

手语译文:

报/北京/10月/8日 中国/银联/8日/发布/2018年/国庆/黄金周/银联/网络/交易/数据/。"十一"/长假/期间,银联/网络/交易/总金额/达到/1.58万亿/,交易/总笔数/7.94亿/,平均/每天/比/去年/国庆/黄金周/分别/增长/31.9%/24.5%。今年/国庆/7天/银行卡/跨行/交易/规模/超过/去年/国庆/黄金周/8天/总量,创/国庆/长假/历史/高。

训练三:

支付方式与每个人的钱包有关,最近,支付宝又刷了一波关注度。蚂蚁金服董事长兼CEO井贤栋近日宣布,升级"支付宝天下无贼"计划,除延续13年前的"被盗全赔"承诺,还将新增两项内容,即针对消费者金融安全教育的"扫雷"行动,以及协助监管机构、警方打击互联网犯罪的天朗行动,力求从用户教育、行业共治、保障兜底三方面入手全面保障金融消费者安全。

手语译文:

支付/方式/每个人/钱包/有关,最近,支付宝/又/刷了/一波/关注度。蚂蚁金服/董事长/兼/CEO/井贤栋/近日/宣布,升级/"支付宝/天下/贼/无"计划,除/延续/13年前/"被盗/全赔"承诺,再/新增/内容/两项,针对/消费者/金融/安全教育/"扫雷"/行动,/

协助/监管/机构、警方/打击/互联网/犯罪/天朗/行动,力求/从/用户/教育、行业/共治、保障/兜底/三方面/入手/全面/保障/金融/消费者/安全。

训练四：

气象专家提醒,周末最低气温持续在冰点以下,昼夜温差拉大,公众早出晚归请注意保暖。天气干燥,注意补水润燥及用火用电安全。另外,据当地新闻报道,百花山等景区因为冬季防火期等原因已经关闭,公众出游前请提前关注相关信息,做好规划。

手语译文：

气象/专家/提醒,周末/最低/气温/持续/最冷/以下,昼夜/温差/大++,公众/早出/晚归/保暖/注意。天气/干燥,注意/补水/润燥/用火/用电/安全。另外/,据/当地/新闻/报道,百花山/等/景区/因为/冬季/防火期/等/原因/关闭/完,公众/出游/前/请/提前/关注/这/信息,做好/规划。

训练五：

李克强表示,东亚峰会成立13年以来,已成为推动东亚地区对话合作的重要平台,为增进各方理解信任、维护地区和平稳定、促进地区发展繁荣发挥了重要作用。当前国际形势不稳定不确定因素增多,我们要继续秉持和睦相处、合作共赢的理念,加强平等协商、推进相互开放,维护东亚地区的和平稳定与发展繁荣。

手语译文：

李克强/表示,东亚/峰会/成立/13年/以来,成为/推动/东亚/地区/对话/合作/重要/平台,增进/各方/理解/信任、维护/地区/和平/稳定、促进/地区/发展/繁荣/发挥/重要/作用。当前/国际/形势/不稳定/不确定/因素/增多+,我们/继续/秉持/和睦/相处、要/合作/共赢/理念,加强/平等/协商、推进/相互/开放,维护/东亚/地区/和平/稳定/发展/繁荣。

（二）训练难度：中

训练一：

中国国家主席习近平5日在首届中国国际进口博览会开幕式主旨演讲中向来自世界各国的与会嘉宾呼吁,共建创新包容的开放型世界经济。接受中新社记者采访的中外人士指出,习近平的讲话传递出重要信号:中国再次明确扩大开放的态度,继续坚持开放的政策,"这对全世界欢迎中国非常重要"。

以"新时代,共享未来"为主题的首届中国国际进口博览会从诞生伊始就代表了国际贸易发展史上的一个创新,并受到世界欢迎与响应:它是迄今世界上首个以进口为主题的国家级展会。有172个国家、地区和国际组织参会,3600多家企业参展。

习近平指出,举办中国国际进口博览会,是中国着眼于推动新一轮高水平对外开放作出的重大决策,是中国主动向世界开放市场的重大举措。这体现了中国支持多边贸易体制、推动发展自由贸易的一贯立场,是中国推动建设开放型世界经济、支持经济全球化的实际行动。

习近平在讲话中对全球经济治理体系提出三个方向的倡议:第一,各国应该坚持开放融通,拓展互利合作空间。各国削减壁垒、扩大开放,国际经贸就能打通血脉;第二,各国应该坚持创新引领,加快新旧动能转换。共同打造新技术、新产业、新业态、新模式;第三,各国应该坚持包容普惠,推动各国共同发展,共享经济全球化和世界经济增长成果。

手语译文:

中国/主席/习近平/5日/在/首届/中国/国际/进口/博览会/开幕式/主旨/演讲/向/来自/世界/各国/参会/嘉宾/呼吁,共建/创新/包容/开放型/世界/经济。接受/中新社/记者/采访/中外/人士/指出,习近平/讲话/传递/重要/信号:中国/再次/明确/扩大/开放/态度,继续/坚持/开放/政策,"这/对/全世界/欢迎/中国/非常/重要"。

以/主题/"新/时代,共享/未来"/首届/中国/国际/进口/博览会/从/诞生/伊始/就/代表了/国际/贸易/发展史/一个/创新,受到/世界/欢迎/响应:它/是/迄今/世界上/首个/进口/主题/国家级/展会。172/国家/地区/国际/组织/参会,3600/多/企业/参展/有。

习近平/指出,举办/中国/国际/进口/博览会,中国/着眼/推动/新一轮/高水平/对/外/开放/作出/重大/决策,中国/主动/向/世界/开放/市场/重大/举措。这/体现/中国/支持/多边/贸易/体制、推动/发展/自由/贸易/一贯/立场,中国/推动/建设/开放型/世界/经济、支持/经济/全球化/实际/行动。

习近平/讲话/对/全球/经济/治理/体系/提出/三/方向/倡议:第一,各国/应该/坚持/开放/融通,拓展/互利/合作/空间。各国/削减/壁垒/扩大/开放,国际/经贸/能/打通/血脉;第二,各国/应该/坚持/创新/引领,加快/新旧/动能/转换。共同/打造/新技术/新产业/新业态/新模式;第三,各国/应该/坚持/包容/普惠,推动/各国/共同/发展,共享/经济/全球化/世界/经济/增长/成果。

训练二:

目前北半球一些地方酷暑难耐。为了在"烧烤""蒸笼"模式下寻得一丝清凉,快要"热化了"的人们除了电风扇和空调之外,还想出各种防暑降温高招。

7—8月份,日本东京,太阳刺眼,记者出门不久便汗流浃背。持续一周的酷暑,让日本人备受折磨。为缓解高温带来的不适,洒水是日本夏季降温的主要手段。

东京都浅草地区的洒水活动有着悠久历史,盛夏时节,浅草居民会一起手持水桶或水盆,上街洒水,达到降温的效果。日本的"洒水大作战本部"就设在浅草,洒水活动遍及全国,从中国24节气的大暑到处暑的大约一个月时间里,日本全国有700多万人上街洒水。这一活动旨在缓解城市热岛效应,目标是把城市温度降低2摄氏度。日本很多地方种植爬山虎等藤蔓植物,既扩大了绿化面积,又降低了室内温度。

泰国气候常年炎热,当地人开玩笑说,泰国只有两个季节——热季和更热季。泰国

手语传译基础

人的日常饮料离不开冰块。在当地餐馆点冷饮，多半是一杯里有半杯、甚至四分之三杯是冰块。如果特意嘱咐服务员饮料要"常温"，对方会惊讶得停顿几秒，之后端上来一杯不加冰的可乐或水，但也是刚刚从冰箱里拿出来的冷饮，这就是泰国人的"常温"概念。

印度的高温天气从四五月份会一直持续到七八月份，首都新德里和北部地区气温经常达到40摄氏度至50摄氏度，每年都有一些人死于热浪。在印度北部，人们喜欢用薄荷和药草以及香料制作解暑饮料。

炎炎夏季，欧洲人喜欢坐在户外喝啤酒，但烈日下坐在户外晒上几分钟，便会头顶冒汗。记者在欧洲常驻时发现，一些餐馆在露天设置喷雾装置，清凉"雨雾"倾泻而下，弥漫在空气中，人们即使坐在户外也暑意全无。

手语译文：

目前/北半球/一些/地方/酷暑/难耐。为/"烧烤"/"蒸笼"/模式/寻得/一丝/清凉，快要/"热化了"/人们/电风扇/空调/除外，还/想出/各种/防暑/降温/高招(办法)。

7—8月/，日本/东京，太阳/刺眼，记者/出门/时间短/汗流浃背。持续/一周/酷暑，日本人/备受/折磨。为/缓解/高温/带来/不适，洒水/日本/夏季/降温/主要/手段/是。

东京都/浅草/地区/洒水/活动/悠久/历史，盛夏/时节，浅草/居民/会/一起/手持/水桶/水盆，上街/洒水，达到/降温/效果。日本/"洒水/大作战/本部"/设/浅草，洒水/活动/全国/遍及，从/中国/24节气/大暑/到/处暑/大约/一个月/时间，日本/全国/有/700多万/人/上街/洒水。这/活动/目的/缓解/城市/热岛/效应，目标/城市/温度/降低/2摄氏度/。日本/很多/地方/种植/爬山虎/等/藤蔓/植物，扩大了/绿化/面积，降低了/室内/温度。

泰国/气候/常年/炎热，当地人/开玩笑/说，泰国/只有/两个/季节——热季/更热季。泰国人/日常/饮料/离不开/冰块。当地/餐馆/点/冷饮，多半/是/一杯里/半杯、四分之三杯/冰块/有。如果/特意/嘱咐/服务员/饮料/要/"常温"，对方/会/惊讶/停顿/几秒，之后/端/一杯/不加冰/可乐/水，但/也是/刚刚/冰箱里/拿出来/冷饮，这/泰国人/"常温"/概念/是。

印度/高温/天气/从/四五月/一直/持续/七八月份/会，首都/新德里/北部/地区/气温/经常/达到/40至50/摄氏度，每年/一些人/死于/热浪/有。印度/北部，人们/喜欢/用/薄荷/药草/香料/制作/解暑/饮料。

炎炎/夏季，欧洲人/喜欢/坐/户外/喝啤酒，但/烈日下/坐/户外/晒/几分钟，头顶/冒汗/会。记者/欧洲/常驻时/发现，一些/餐馆/露天/设置/喷雾/装置，清凉/"雨雾"/倾泻而下，弥漫/空气，人们/坐/户外/暑意/全无。

训练三：

10月7日下午，江苏泰州张女士收到了一个快递包裹，收到包裹时张女士心想："最近没有网购啊，会不会是骗人的？"心存疑惑的她没有立即拆包，而是仔细查看发货人信息。突然，张女士发觉手中的包裹动了一下，吓得她赶紧将包裹扔得老远。

"里面到底有什么?"张女士赶紧问家人最近是否有网购。此时,十岁的儿子才说,他前几天用妈妈的手机在网上逛时,一时兴起买了一条鳄鱼,"就那天用你手机花了500块钱买的,不可能是真鳄鱼吧?"

面对仍有动静的包裹,张女士选择了报警。

泰州海陵公安局京泰派出所民警到达现场后,通过晃、听,仔细判断了包裹内物品的大小后,小心翼翼地拆开了包裹,只见一条长40厘米左右,浑身呈暗绿色,尾和背上有暗黄色横纹的小鳄鱼慢慢爬出了箱子。之后经张女士要求,民警将这条小鳄鱼带回了派出所。

手语译文:

10月7日/下午/江苏/泰州/张女士/收到/一/快递/包裹,收到/包裹/时/张女士/心想,"最近/网购/没有,会不会/骗人?"心/疑惑/她/没有/立即/拆包,仔细/查看/发货人/信息。突然/张女士/发觉/手中/包裹/动,吓/她/赶紧/包裹/扔/远。

"里面/到底/有什么?"张女士/赶紧/问/家人/最近/网购/有? 此时,十岁/儿子/说,他/前几天/用/妈妈/手机/网上/看看,一时/兴起/买完/一/鳄鱼,她儿子说:"那天/用/妈妈/手机/花/500/钱/买,不可能/真鳄鱼/是?"

看着/包裹/动动/有,张女士/决定/报警。

泰州/海陵/公安/京泰派出所/民警/到达/现场,通过/晃/听,仔细/判断/包裹/内/物品/大小/后,小心/拆开/包裹,见/一/长/40厘米/左右,浑身/暗绿色,尾/背/暗黄色/横纹/小鳄鱼/慢慢/爬出/箱子。张女士/要求,民警/这/小鳄鱼/带回/派出所。

训练四:

又到一年就业季,用人单位忙校招,大学生忙应聘。记者近日在江西等地调查发现,在新就业的大学生中,"闪辞"现象增多,一些大学生在职时间变短,稳定性变差,入职不久就辞职。记者采访发现,当前大学生就业出现"闪辞"现象,主要有以下三个原因。

原因1:部分大学生匆忙就业后,感觉与预期不一致,选择"闪辞"。有的高校在考核压力下,督促毕业生快就业;部分大学生在就业前对行业企业不了解,缺少慎重考量就把自己"签约"出去,入职后发现和预期不一致,给"闪辞"埋下隐患。今年7月份毕业的刘伟俊,在毕业前匆忙找了一份苏州某互联网公司销售岗位的工作,前不久他选择"闪辞"。他向记者解释说:"此前一直忙着考研和考公务员,结果都落空了。来自学校就业老师和已就业同学的压力,使我抓紧时间在毕业前找了这份工作,可入职后发现销售岗位并不是把产品或消费理念推销给客户,只是和客户维护好关系,而且在工作中常常遭遇'闭门羹',这让我受不了。"

原因2:家庭条件改善,大学生不成熟心理,加剧情绪化"闪辞"。如今独生子女的家庭结构越来越多,大学生辞职后经济压力减小;部分大学生更加追求个性化,在工作中难以正确处理与同事、领导的关系,往往情绪化"闪辞"。最近,今年7月份毕业的陈百发放弃了在珠海某银行的工作岗位,原来"合拍"的部门领导换了,与新领导在一次项目讨论会上发生争吵,第二天就"闪辞"了。"虽然公司挽留我,但我不想再待了。反正家里也不指望我这份工作赚钱,想走就走。"

原因3:企业夸大宣传,大学生感觉被欺骗,选择"闪辞"。部分企业招聘时向大学生承诺,福利待遇好、工作强度低,但等入职后却难以兑现。江西师范大学2018届毕业生黄绮雯在参加工作后从某教育机构离职,她说:"招聘宣讲的时候说年薪十万元,可实际上不到六万元;'五险一金'缩水成'三险一金';说好的偶尔加班却经常加班,我感觉受到了欺骗。如此不诚信,怎么与谋?"

手语译文:

又/一年/就业/季,用人/单位/忙/校招,大学生/忙/应聘。记者/近日/在/江西/等地/调查/发现,新/就业/大学生,"闪辞"/现象/增多,一些/大学生/在职/时间/变短,稳定性/变差,入职/不久/辞职。记者/采访/发现,当前/大学生/就业/出现"闪辞"/现象,主要/以下/三/原因/有。

原因1:部分/大学生/匆忙/就业/后,感觉/预期/不一致,选择/"闪辞"。有的/高校/考核/压力,督促/毕业生/快/就业;部分/大学生/就业前/对/行业/企业/不了解,缺少/慎重/考量/"签约",入职后/发现/预期/不一致,"闪辞"/埋下/隐患。刘伟俊/今年/7月份/毕业,毕业前/匆忙/找/苏州/某/互联网/公司/销售/工作,前不久/他/选择/"闪辞"。他/向/记者/解释:"此前/一直/忙/考研/考公务员,结果/都/落空。来自/学校/就业/老师/已就业/同学/压力,我/抓紧/时间/毕业前/找/这/工作,可/入职后/发现/销售/岗位/不是/产品/或/消费/理念/推销/给/客户,和/客户/维护/好/关系,工作中/常常/遭遇/'闭门羹',这/我/受不了。"

原因2:家庭/条件/改善,大学生/不成熟/心理,加剧/情绪化/"闪辞"。如今/独生子女/家庭/结构/越来越多,大学生/辞职/后/经济/压力/减小;部分/大学生/更加/追求/个性化,工作中/难以/正确/处理/同事、领导/关系,情绪化/"闪辞"。最近,今年/7月份/毕业/陈百发/放弃/珠海/某/银行/工作/岗位,原来/"合拍"/部门/领导/换了,和/新领导/一次/项目/讨论会/发生/争吵,第二天/"闪辞"。"虽然/公司/挽留/我,但/我/不想/再待。家里/不指望/我/这/工作/赚钱,想走/就走。"

原因3:企业/夸大/宣传,大学生/感觉/欺骗,选择/"闪辞"。部分/企业/招聘/时/向/大学生/承诺,福利/待遇/好、工作/强度/低,但/等/入职后/难以/兑现。江西/师范/大学/2018届/毕业生/黄绮雯/参加/工作/后/从/某教育/机构/离职,她说:"招聘/宣讲/时候/说/年薪/十万元,实际/不到/六万元;'五险一金'/缩水/'三险一金';说好/偶尔/加班/却/经常/加班,我/感觉/受到/欺骗。如此/诚信,不怎么/合作?"

训练五:

中新网8月11日电 据日媒报道,日本政府写入2016年度第二次补充预算案的人工智能(AI)相关跨部门政策内容日前曝光。

农业方面将运用AI技术,传递资深农家的智慧和技术以培养接班人。造船行业采用自动焊接机器人。日媒指出,随着日本社会老龄化,政府力争在往往依靠经验丰富人士的第一线采用尖端技术,提高生产率并克服人手短缺问题。

报道称,日本政府此举旨在把金融和通信行业等方面发展迅速的 AI 运用范围扩大,推动日本经济增长。补充预算案是为落实本月汇总的经济刺激计划而编制,将在秋季提交日本临时国会。部分政策会写入 2017 年度政府预算申请中,持续给予支持。

与自然"打交道"的农业需要长年积累的经验找到感觉,迄今多是由接班人耳濡目染学习技术。今后会通过 AI 解析这种难以言说的技术要领,构筑可让农业"门外汉"在短期内掌握本领的系统。

关于与亚洲企业竞争激烈的造船行业,将支持以焊接机器人为主的技术创新从而提高生产率。此外,土木工程的测量规划和新药研发方面也将运用最新技术。日本政府将完善能在全国范围利用国家相关机构迄今积累的 AI 相关信息的环境,努力开拓新业务。

手语译文:

中新网/8 月 11 日/电　据/日媒/报道,日本/政府/写入/2016 年度/第二次/补充/预算案/人工智能(AI)/相关/跨部门/政策/内容/日前/曝光。

农业/方面/运用/AI/技术,传递/资深/农家/智慧/技术/培养/接班人。造船/行业/采用/自动/焊接/机器人。日媒/指出,随着/日本/社会/老龄化,政府/力争/往往/依靠/经验/丰富/人/第一线/采用/尖端/技术,提高/生产率/克服/人手/短缺/问题。

报道/说,日本/政府/此举/旨在/金融/通信/行业/等/方面/发展/迅速/AI/运用/范围/扩大,推动/日本/经济/增长。补充/预算案/为/落实/本月/汇总/经济/刺激/计划/编制,秋季/提交/日本/临时/国会。部分/政策/会/写入/2017 年度/政府/预算/申请,持续/给予/支持。

与/自然/"打交道"/农业/需要/长年/积累/经验/找到/感觉,迄今/多是/接班人/耳濡目染/学习/技术。今后/通过/AI/解析/这/难以/言说/技术/要领,构筑/可让/农业/"门外汉"/短期内/掌握/本领/系统。

关于/亚洲/企业/竞争/激烈/造船/行业,支持/焊接/机器人/为主/技术/创新/提高/生产率。土木/工程/测量/规划/新药/研发/方面/运用/最新/技术。日本/政府/完善/全国/范围/利用/国家/相关/机构/迄今/积累/AI/相关/信息/环境,努力/开拓/新/业务。

(三)训练难度:高

训练一:

日本 2020 年将首次推出面向中国游客的电子签证

日本政府消息人士 10 月 14 日透露,围绕到 2020 年使访日外国游客增加到 4000 万人这一目标,日本政府最快在 2020 年 4 月将首次推出在网上受理申请并发放的"电子签证"。对象为以观光为目的访日的中国人单次签证。此举意在减轻驻外公馆的办公负担、加强面向 2020 年东京奥运会和残奥会的防止非法入境等边境措施。

据日本共同社10月14日报道，日本外务省称，仅限一次入境的中国游客签证占2017年全部签证的近六成。日本政府将关注运用情况，逐渐扩大电子签证的对象种类和国家。预计也会有助于提高申请方的便利度。

电子签证由受理申请的旅行社在网上申请，当地日本大使馆等经审查后通知旅行社是否发放签证。作为反恐对策的一环，航空公司方面也将共享签证信息。中国游客在机场办理登机手续时，航空公司方面可在系统上确认其是否取得了适当的签证。

围绕中国游客单次签证的发放，目前当地旅行社负责人要前往日本驻外公馆提交护照和申请材料。为了领取贴有签证贴纸的护照，还需再次前往驻外公馆。随着签证发放的增加，对日方而言粘贴工作等也成为工作人员的负担。

（环球网）

手语译文：

日本/2020年/首次/推出/面向/中国/游客/电子/签证

日本/政府/消息/人/10月14日/透露，围绕/2020年/访日/外国/游客/增加/到/4000万/人/目标，日本/政府/最快/2020年/4月/首次/推出/网上/受理/申请/发放/"电子/签证"。对象/是/观光/目的/访日/中国人/单次/签证。减轻/驻外/公馆/办公/负担、加强/面向/2020年/东京/奥运会/残奥会/防止/非法/入境/等/边境/措施。

据/日本/共同社/10月14日/报道，日本/外务省/称，仅限/一次/入境/中国/游客/签证/占/2017年/全部/签证/近六成。日本/政府/关注/运用/情况，逐渐/扩大/电子/签证/对象/种类/国家。预计/有助/提高/申请/方便/利度。

电子/签证/受理/申请/旅行社/网上/申请，当地/日本/大使馆/等/审查后/通知/旅行社/是否/发放/签证。作为/反恐/对策/一环，航空/公司/方面/共享/签证/信息。中国/游客/机场/办理/登机/手续/时，航空/公司/方面/可/系统/确认/是否/取得/适当/签证。

围绕/中国/游客/单次/签证/发放，目前/当地/旅行社/负责人/前往/日本/驻外/公馆/提交/护照/申请/材料/要。为/领取/签证//贴纸/护照，再次/前往/驻外/公馆/要。随着/签证/发放/增加，日方/粘贴/工作/等/成为/工作人员/负担。

训练二：

世界"宁波帮·帮宁波"发展大会

11月16日,世界"宁波帮·帮宁波"发展大会在浙江宁波举行,700多位来自25个国家和地区的各领域宁波籍乡贤,以及对宁波发展有重要贡献的各界人士代表共聚宁波,同绘发展"同心圆",续写新乡情故事。

宁波商帮是宁波商人在开展商事活动中逐渐形成并发展起来的一种群体称谓,是当代中国最负盛名的商帮之一。30多年来,无数闯荡世界的"宁波商帮"树高不忘根,在事

第九章 手语传译专题训练

业成功后造福桑梓,成就了一段段佳话。

雅戈尔集团股份有限公司董事长李如成表示,随着近代商业文明的兴起,宁波人创建了中国第一家商业银行、第一家保险公司、第一家航运公司,涌现出一批像包玉刚、王宽诚、邵逸夫、李达三等无数爱国爱乡的前辈。

随着改革开放不断深入,宁波商帮与宁波这座城市的关系,也从原先的"帮扶桑梓"发展为"合作共享",越来越多的"新生代"宁波商帮,踏上故乡热土,积极寻找黄金机遇及广阔的合作空间。

网易公司董事局主席兼首席执行官丁磊表示,宁波拥有坚实的产业基础,当互联网时代阔步而来时,宁波要积极叩响"智造"时代大门。"网易在宁波落地了一个中国规模最大、技术最先进的跨境仓库,下一步将把这一'宁波仓'打造成货物周转中心,帮助宁波注入数字化基因,进一步提升城市竞争力。"丁磊说。

除了互助守望、回馈故土的宁波商帮"集体群像",浙江吉利控股集团有限公司董事长李书福、宁波江丰电子材料股份有限公司董事长姚力军等从各地加入宁波建设的"新甬商",也源源不断地为宁波商帮群体注入新的活力。

浙江省委副书记、宁波市委书记郑栅洁表示,宁波商帮是宁波的宝贵财富,希望新老宁波商帮能在不同场合讲述"宁波故事",传播宁波"发展好声音",汇聚起跨越发展的强大力量。

(中国新闻网浙江)

手语译文:

世界/"宁波/帮·帮/宁波"发展/大会

11月16日,世界/"宁波帮/帮宁波"发展/大会/浙江/宁波/举行,700/多/来自/25/国家/地区/各/领域/宁波/籍/乡贤,对/宁波/发展/重要/贡献/有/各界/人士/代表/共聚/宁波,同绘/发展"同心圆",续写/新/乡情/故事。

宁波/商帮/是/宁波/商人/开展/商事/活动/逐渐/形成/发展/起来/一/群体/称谓,当代/中国/最/盛名/商帮/之一。30多年/以来,无数/闯荡/世界/"宁波/商帮"不忘/根,事业/成功/后/造福/桑梓,成就/一段段/佳话。

雅戈尔/集团/股份/有限/公司/董事长/李如成/表示,随着/近代/商业/文明/兴起,宁波人/创建/中国/第一家/商业/银行、第一家/保险/公司、第一家/航运/公司,涌现/一批/包玉刚/王宽诚/邵逸夫/李达三/等/无数/爱国/爱乡/前辈。

随着/改革/开放/不断/深入,宁波/商帮/宁波/这/城市/关系,原先/"帮扶桑梓"/发展/为/"合作/共享",越来越多/"新生代"/宁波/商帮,踏上/故乡/热土,积极/寻找/黄金/机遇/广阔/合作/空间。

网易/公司/董事局/主席/兼/首席/执行官/丁磊/表示,宁波/拥有/坚实/产业/基础,互联网/时代/阔步/来/时,宁波/积极/叩响/"智造"/时代/大门/要。"网易/宁波/落地/一/中国/规模/最大、技术/最/先进/跨境/仓库,下一步/这/'宁波仓'/打造/货物/周转/中心,帮助/宁波/注入/数字化/基因,进一步/提升/城市/竞争力。"丁磊/说。

除了/互助/守望、回馈/故土/宁波/商帮/"集体/群像",浙江/吉利/控股/集团/有限/公司/董事长/李书福/宁波/江丰/电子/材料/股份/有限/公司/董事长/姚力军/等/从/各地/加入/宁波/建设/"新甬商",源源不断/为/宁波/商帮/群体/注入/新/活力。

浙江/省委/副书记、宁波/市委书记/郑栅洁/表示,宁波/商帮/宁波/宝贵/财富/是,希望/新老/宁波/商帮/不同/场合/讲述/"宁波/故事",传播/宁波"发展/好声音",汇聚/跨越/发展/强大/力量。

训练三:

宁波跨境电商进口"双十一"再创新纪录

11月12日,记者最新从浙江省宁波市口岸办获悉,今年"双十一"购物狂欢节,宁波跨境电商进口呈现井喷式增长态势,继续蝉联全国榜首。

据统计,11月11日0时至24时,宁波海关共接收跨境电商进口单量773万单,货值突破14亿元,达到14.48亿元,同比去年分别增长24%和30%,位居全国之首。这也是宁波跨境电商进口额自今年5月份跃居全国首位以来,交出的又一份靓丽成绩单。

据分析,宁波保税区是当之无愧的"领头羊",当日申报单量547万单、货值10.7亿元,同比去年分别增长44%和13%,占宁波全市的74%;"后起之秀"杭州湾新区今年表现依然不俗,当日申报单量204万单、货值3.3亿元,占宁波全市的23%。从企业来看,企业平台销量排名前五分别为天猫国际、网易、小红书、京东、唯品会,其中天猫国际独占鳌头,当日申报单量660万单,占宁波全市的85%。

在宁波保税区内跨境电商重点企业宁兴优贝的仓库内,仓储经理邓迎春同2800多名工人一道,穿梭在流水线之间忙得停不下来。

"今年我们投入1200万元用于自动化改造,对现场每个工位都进行智能化数字化模拟,通过实时数据监控提升包裹分拣装箱的速度。"邓迎春告诉记者,宁波今年"双十一"期间送出的第一单来自北仑当地的居民,整个货物包装过程只用了43秒,而昨日"双十一"零点开启后半小时内,就有50辆集装箱货车完成进仓、装货。

截至11月11日,今年宁波全市累计申报跨境电商进口商品单量7607万单,进口额达到130亿元,同比去年均增长一倍以上,成为全国首个突破百亿元大关的城市,预计2018年宁波全市跨境电商进口单量将同比增长1倍以上,有望突破9000万单,交易额将突破150亿元,宁波跨境电商进口的领先优势正在不断扩大,龙头地位日渐稳固。

(中国新闻网浙江)

手语译文:

宁波/跨境/电商/进口/"双十一"/再/创新/记录

11月12日,记者/最新/从/浙江省/宁波市/口岸办/获悉,今年/"双十一"/购物/狂欢节,宁波/跨境/电商/进口/呈现/井喷式/增长/态势,继续/蝉联/全国/榜首。

据/统计,11月11日/0时/至/24时,宁波/海关/共/接收/跨境/电商/进口/单量/773万,货值/突破/14亿,达到/14.48亿,同比/去年/分别/增长/24%/30%,位居/全国/之首。这/也是/宁波/跨境/电商/进口额/今年/5月份/跃居/全国/首位/以来,交出/又一份/靓丽(最好)/成绩单。

据/分析,宁波/保税区/当之无愧/"领头羊",当日/申报/单量/547万/单/货值/10.7亿,同比/去年/分别/增长/44%/13%,占/宁波/全市/74%;"后起之秀"/杭州湾/新区/今年/表现/依然/不俗,当日/申报/单量/204万/单/货值/3.3亿,占/宁波/全市/23%。从/企业/来看,企业/平台/销量/排名/前五/分别/天猫/国际/网易/小红书/京东/唯品会,其中/天猫/国际/独占/鳌头,当日/申报/单量/660万/单,占/宁波/全市/85%。

宁波/保税区/跨境/电商/重点/企业/宁兴/优贝/仓库,仓储/经理/邓迎春/同/2800多/工人/一道,穿梭/流水线/之间/忙/停/不行。

"今年/我们/投入/1200/万/用于/自动化/改造,现场/每个/工位/进行/智能化/数字化/模拟,通过/实时/数据/监控/提升/包裹/分拣/装箱/速度。"邓迎春/告诉/记者,宁波/今年/"双十一"/期间/送出/第一单/来自/北仑/当地/居民,整个/货物/包装/过程/只用/43秒,昨日/"双十一"/零点/开启/后/半个小时,50辆/集装箱/货车/完成/进仓/装货。

截至/11月11日,今年/宁波/全市/共/申报/跨境/电商/进口/商品/单量/7607万,进口额/达到/130亿,同比/去年/均/增长/一倍/以上,成为/全国/首个/突破/百亿/大关/城市,预计/2018年/宁波/全市/跨境/电商/进口/单量/同比/增长/1倍/以上,有望/突破/9000万,交易额/突破/150亿,宁波/跨境/电商/进口/领先/优势/不断/扩大,龙头/地位/日渐/稳固。

训练四:

迪士尼后上海又添新乐园

继上海迪士尼乐园于2016年6月在上海开业后,又一大主题乐园登陆上海。11月16日,作为海昌海洋公园的旗舰项目,上海海昌海洋公园在上海浦东新区临港新城举行开园仪式,正式迎接全球游客的到来。当天,央视少儿频道主持人鞠萍、绿泡泡还带来了公益歌曲《有梦有爱有快乐》,现场气氛热烈。

据了解,此次开业的上海海昌海洋公园共分为人鱼海湾、极地小镇、冰雪王国、海底奇域、海洋部落五大主题区。

极地小镇拥有南极企鹅馆、海兽探秘馆等人气场馆。其中,南极企鹅馆尤受游客追捧,通体采用亚克力玻璃材质打造的全球最大"企鹅超级碗",全景呈现帝企鹅、阿德利企鹅等近百只企鹅的自然生活形态。而在该馆一旁的天幕影院则是国内唯一的360度全息海洋主题球幕影院,可容纳300多名游客同时观影,带领大家穿梭于银河系、微观世界、绝美极地等美轮美奂的七大奇观。

定位为世界级旗舰海洋公园的上海海昌海洋公园拥有虎鲸、鲸鲨等海洋馆,园区还包含有《海豚奇缘》《白鲸之恋》等五大明星剧目。值得一提的是,备受期待的虎鲸剧场,在开园首日也迎来了首秀,全场座无虚席,虎鲸们精彩的表演也赢得了现场游客的阵阵掌声。

上海海昌海洋公园总经理李绍君对记者透露,该园首日接待游客大约为1.2万人次。而在被问及面对上海诸多主题乐园之间的竞争这一问题时,李绍君认为,上海海昌海洋公园最大的优势是其差异化。它最大的优势还是差异化的一个优势,因为这个它是海洋公园,海洋文化和海洋的主题元素应该是相当丰满,这是一个方面。另外,它具有海洋科普的一些独特性的优势,我们也围绕海洋的主题做出了很多丰富多彩的一些主题活动,包括接下来的"海底万圣节"。

此外,上海海昌海洋公园"全国海洋意识教育基地"也于当天的开园盛典现场正式揭牌。未来,上海海昌海洋公园将围绕海洋意识宣传教育、海洋科普宣传、动物知识传播、生物保育研究及环境保护等方面积极发挥作用。

(中国新闻网上海站)

手语译文:

迪士尼/后上海/添/新乐园/又

上海/迪士尼/乐园/2016年/6月/上海/开业/后,又/一/主题/乐园/上海/登陆。11月16日,作为/海昌/海洋/公园/旗舰/项目,上海/海昌/海洋/公园/在/上海/浦东/新区/临港/新城/举行/开园/仪式,正式/迎接/全球/游客/到来。当天/央视/少儿/频道/主持人/鞠萍/绿泡泡/带/公益/歌曲《有/梦/有/爱/有/快乐》,现场/气氛/热烈。

据/了解,此次/开业/上海/海昌/海洋/公园/共/分/人鱼/海湾、极地/小镇/冰雪/王国、海底/奇域、海洋/部落/五/主题区/有。

极地/小镇/拥有/南极/企鹅/馆、海兽/探秘/馆/等/人气/场馆。其中,南极/企鹅/馆/特别/受/游客/追捧,通体/采用/亚克力/玻璃/材质/打造/全球/最大"/企鹅/超级/碗",全景/呈现/帝企鹅/阿德利/企鹅/等/近百只/企鹅/自然/生活/形态。该馆/一旁/天幕/影院/国内/唯一/360度/全息/海洋/主题/球幕/影院,可/容纳/300多/游客/同时/观影,带领/大家/穿梭/银河系、微观/世界、绝美/极地等/美轮美奂/七大/奇观。

定位/世界级/旗舰/海洋/公园/上海/海昌/海洋/公园/拥有/虎鲸、鲸鲨/等/海洋馆,园区/包含/《海豚/奇缘》《白鲸/之恋》/等/五大/明星/剧目。值得/一提/是,备受/期待/虎鲸/剧场,开园/首日/迎来/首秀,全场/座无/虚席,虎鲸们/精彩/表演/赢得/现场/游客/阵阵/掌声。

上海/海昌/海洋/公园/总经理/李绍君/对/记者/透露,该/园/首日/接待/游客/大约/1.2万/人次。面对/上海/诸多/主题/乐园/之间/竞争/这/问题/时,李绍君/认为,上海/海昌/海洋/公园/最大/优势/差异化。因为/这/是/海洋/公园,海洋/文化/海洋/主题/元素/相当/丰满,这/一/方面。另外,它/具有/海洋/科普/一些/独特性/优势,我们/围绕/海洋/主题/做/很多/丰富/多彩/一些/主题/活动,包括/接下来/"海底/万圣节"。

第九章 手语传译专题训练

此外,上海/海昌/海洋/公园"全国/海洋/意识/教育/基地"当天/开园/盛典/现场/正式/揭牌。未来,上海/海昌/海洋/公园/围绕/海洋/意识/宣传/教育、海洋/科普/宣传、动物/知识/传播、生物/保育/研究/环境/保护/等/方面/积极/发挥/作用。

训练五:

公益万人相亲会举行　情定佘山　缘聚月湖

十全十美,月湖月圆。持续七年的上海婚恋服务品牌活动——上海市第十届婚恋博览会(公益万人相亲会),正在上海市松江区月湖雕塑公园举行。

单身青年的婚恋问题是广大市民群众最关心、最直接、最现实的民生问题之一。为积极引导青年端正择偶观念和家庭观念,为青年提供更多交友服务,更好地帮助单身青年解决婚姻大事,自2011年上海市首届婚恋博览会(万人相亲会)在松江泰晤士小镇举办以来,至今已进入了第十届。

本届婚恋博览会主题定为"情定佘山,缘聚月湖,爱在其中",主要面向社会各界40岁以下适婚单身男女。与往届显著不同的是,上海市第十届婚恋博览会呈现出三个新特点:一是活动形式更加多元化。本届万人相亲会改变以往历届相亲会静态交友为主的形式,以青年人喜爱的运动型方式开展交友联谊,来一场水、陆、空立体交融的"万人相亲运动会"。二是服务方式更加人性化。为兼顾不同性格、兴趣和不同工休时间的青年男女都有机会参与活动,本届婚恋博览会会期从往届的两天时间延长到三天。在活动形式上,既突出了本届相亲会以运动型为特征的交友联谊方式,又保留了许多青年男女喜闻乐见的传统经典交友项目。三是参与群体更显广泛性。本届婚恋博览会从交友群体和服务团队方面都做了精心安排和组织发动,让更多的单身青年都能参与其中,沐浴在爱的阳光下。

开幕式上,组委会为一批服务整整十届婚恋博览会的志愿者、红娘、婚介机构颁发了"爱情使者"证书,并送上鲜花。通过历届婚恋博览会喜结良缘的情侣达16000余人,其中的3对在开幕式上与众人分享了他们的爱情历程和爱情宣言。婚恋博览会一路走来,也见证了交友方式的变迁,今年新上线的约me 3.0在开幕式上进行了展示,体现了年轻人交友越来越多元化、新媒体化。来自复旦大学校辩论队的学生为大家表演了《婚恋"奇葩说"》,以轻松诙谐的形式,向与会嘉宾宣誓了年轻人的婚恋观。

市妇联、市民政局、市总工会、上海市现代服务业联合会等上海市第十届婚恋博览会组委会成员单位及松江区的领导及代表,与各界人士、男女青年嘉宾及亲友团代表共4000余人出席了开幕式。

(中国新闻网上海站)

手语译文:

公益/万人/相亲会/举行/情定佘山/缘聚月湖

十全十美,月湖/月圆。持续/七年/上海/婚恋/服务/品牌/活动——上海市/第十届/婚恋/博览会/(公益/万人/相亲会),正在/上海市/松江区/月湖/雕塑/公园/举行。

单身/青年/婚恋/问题/是/广大/市民/群众/最关心/最直接/最现实/民生/问题/之一。为/积极/引导/青年/端正/择偶/观念/家庭/观念,为/青年/提供/更多/交友/服务,更好/帮助/单身/青年/解决/婚姻/大事,2011 年/上海市/首届/婚恋/博览会/(万人/相亲会)/在/松江/泰晤士/小镇/举办/以来,至今/已有/第十届。

本届/婚恋/博览会/主题"情定/佘山,缘聚/月湖,爱在/其中",主要/面向/社会/各界/40 岁/以下/适婚/单身/男女。与/往届/显著/不同/是,上海市/第十届/婚恋/博览会/呈现/三/新/特点:一/活动/形式/更加/多元化。本届/万人/相亲会/改变/以往/历届/相亲会/静态/交友/为主/形式,以/青年人/喜爱/运动型/方式/开展/交友/联谊,来/一场/水/陆/空/立体/交融"万人/相亲/运动会"。二/服务/方式/更加/人性化。为/兼顾/性格/不同、兴趣/不同/工休/时间/青年/男女/都有/机会/参与/活动,本届/婚恋/博览会/从/往届/两天/时间/延长/三天。活动/形式,突出/本届/相亲会/运动型/特征/交友/联谊/方式,保留/许多/青年/男女/喜闻/乐见/传统/经典/交友/项目。三/参与/群体/更/广泛。本届/婚恋/博览会/交友/群体/服务/团队/方面/都/精心/安排/组织/发动,更多/单身/青年/都/参与/其中,沐浴/爱/阳光。

开幕式,组委会/为/一批/服务/整整/十届/婚恋/博览会/志愿者/红娘/婚介/机构/颁发/"爱情/使者"/证书,送上/鲜花。通过/历届/婚恋/博览会/喜结/良缘/情侣/16000/余人,其中/3 对/开幕式/众人/分享/他们/爱情/历程/爱情/宣言。婚恋/博览会/一路/走来,见证/交友/方式/变迁,今年/新/上线/约 me 3.0/开幕式/展示,体现/年轻人/交友/越来越/多元化/新媒体化。来自/复旦大学/校/辩论队/学生/表演《婚恋"/奇葩说"》,轻松/诙谐/形式,向/嘉宾/宣誓/年轻人/婚恋观。

市妇联/市民政局/市总工会/上海市/现代/服务业/联合会/等/上海市/第十届/婚恋/博览会/组委会/成员/单位/松江区/领导/代表,各界/人士、男女/青年/嘉宾/亲友团/代表/共/4000/人/出席/开幕式。

第二节　教育手语传译

教育手语传译指的是在聋人课堂或聋人培训班承担手语翻译工作的同时,还兼具助教的身份与职责。在整个课堂教学过程中,手语译员要和任课教师相互合作,为聋生创建一个无障碍的课堂语言环境,共同完成教书育人的任务。教育手语传译时要精神饱满,切忌懒散。教育手语译员的精神面貌直接影响着聋生的学习状态,进而影响着任课教师的授课效果,因此,这方面应引起手语译员的高度重视。

语用原则强调教育手语传译须符合聋人的日常交际习惯,具有一定语境下的表达效果,注重手语翻译的实用性,这样才能更好地发挥出教育手语传译的作用,提高手语译员的表达与传译能力。因此,基于语用角度进行教育手语传译有着重要的意义。在语用原则中,语境是其中的关键要素,也是手语传译的重要方向,因此把握语境是提高教育手语翻译表达水平的重要途径。语境包含较多的讲课内容,包话教学语言、交际情景、互动语言的了解程序等,手语译员必须做足课前准备工作,只有准确把握语境,才能让聋生更好地理解任课老师的语言内容及情感表达。手语译员要忠实地转达任课老师讲授的所有信息,包括语气和态度,无权掺杂任何个人感情成分,不能粉饰倾向于任何一方。最后,传译时要保障任课老师和聋生交流的连续性和畅通性。

一、教育手语传译的基本功

大致分为手译、眼观和口译三项。

(一) 手译

在教师讲课的时候能熟练地将讲课的内容用双手自如地打出聋人看懂的手语。

(二) 眼观

在翻译同时要观察聋生的反应,即训练应变能力,能用眼睛及时捕捉课堂发生的一切变化,能结合聋生的面部表情快速读懂聋人的手语所表达的含义。当聋生对自己所翻译的内容看不懂时,要及时更换一种手语打法或将聋生的反应及时反馈给教师,避免影响授课效果。

(三) 口译

在学生回答问题或与教师沟通时,译员在进行手译之外还要使用汉语普通话进行口译,即能迅速地将手语语序理顺,将手语省略的词句补充完整,继而流利准确地用普通话表达出来。

二、技能训练

(一) 训练难度:易

训练一:

《日月潭》是一篇写景的文章,迷人景色的秀丽和作者的赞美都蕴含于文章之中,隐藏于文字之下。为让学生欣赏到这里的秀丽风光,感悟到作者的赞美之情,我采用了"品读"的方法,引导学生在读中品味。

手语译文:

《日月潭》/一篇/写景/文章/是,迷人/景色/秀丽/作者/赞美/都/蕴含/文章/里,隐藏/文字/下。让/学生/欣赏/这里/秀丽/风光/可以,感悟/作者/赞美/之情,我/采用/"品读"/方法,引导/学生/读中品。

训练二:

在学习课文的过程中,我注重学生的口头语言表达能力的训练,引导学生说完整话,并对表达好的同学给予表扬鼓励,学生说话的积极性一下子就被调动了起来,变成了愿意说、想要说。同时,这节课我也特别注重学生的朗读,以读促悟,以悟促读。

手语译文:

学习/课文/过程,我/注重/学生/口头/语言/表达/能力/训练,引导/学生/说话/完整,表达/好/同学/给予/表扬/鼓励,学生/说话/积极性/调动/起来,变成/愿意/说、想要/说。同时,这节课/我/特别/注重/学生/朗读,通过/以读促悟/以悟促读。

训练三:

当几个数相乘时,如果其中两个数相乘得整十、整百、整千的数就可以应用乘法交换律和乘法结合律。乘法结合律可以改变乘法运算中的顺序。数字如:25和4、50和2、125和8、50和4、500和2等。

手语译文:

几个数/相乘/时,如果/其中/两数/相乘/得/整十/整百/整千/应用/乘法/交换律/乘法/结合律/可以。乘法/结合律/改变/乘法/运算中/顺序/可以。数字/如/25/4、50/2、125/8、50/4、500/2等。

训练四:

物理学是研究物质运动一般规律和物质基本结构的学科。作为自然科学的带头学科,物理学研究大至宇宙,小至基本粒子等一切物质最基本的运动形式和规律。我们一起学习中学初二物理课重点知识:水的密度,什么是水的密度?我们一起学习。

手语译文:

物理学/研究/物质/运动/一般/规律/物质/基本/结构/学科/是。作为/自然/科学/带头/学科,物理学/研究/大至/宇宙,小至/基本/粒子/等/一切/物质/最基本/运动/形式/规律。我们/一起/学习/中学/初二/物理课/重点/知识:水/密度,水/密度/是/什么?我们/一起/学习。

训练五:

中华人民共和国的成立开辟了中国历史新纪元。从此,中国结束了一百多年被侵略被奴役的屈辱历史,真正成为独立自主的国家;中国人民从此站起来了,成为国家的主人。新中国的成立,壮大了世界和平、民主和社会主义力量,鼓舞了世界被压迫民族和被压迫人民争取解放的斗争。

(精品学习网初中版)

第九章 手语传译专题训练

手语译文：

中华/人民/共和国/成立/开辟/中国/历史/新纪元。从此,中国/结束/一百多年/被/侵略/被/奴役/屈辱/历史,真正/成为/独立/自主/国家;中国/人民/从此/站起来,成为/国家/主人。新中国/成立,壮大/世界/和平、民主/社会主义/力量,鼓舞/世界/被/压迫/民族/被/压迫/人民/争取/解放/斗争。

(二)训练难度:中

训练一：

学习是从好奇到探索再到了解的享受。把自己喜欢的科目当作一种享受,不喜欢的科目就强迫着自己喜欢。如果是真的喜欢,总是沉浸在解题的快乐中,那么每个人都可以做得很好。这是一个很美的过程,因为你会从中得到真正的快乐和成就感。学习不是一种负担,学习是一件很快乐的事情。从内心喜欢学习,并且调动积极性投入到学习中,那么一切困难都会迎刃而解。总站在山脚下,哀叹山高路远,总也无法感受攀登的快乐,不能享受登临绝顶时一览众山小的豪迈;只要你迈开脚步,无论步伐多小,都会体察攀登之乐,都是在逐渐地靠近山顶。所以,无论现在你在什么位置,出于什么位次都不重要,重要的是你要启动,你要前进,不要犹豫,不要悲伤,静心除燥,心中怀揣着自己的梦想,自信能行,奇迹就会在你的不懈努力中产生。有了浓厚的学习兴趣,只是万里长征的第一步,还要有好的学习方法。"未来的文盲不再是不识字的人,而是没有学会怎样学习的人。"好多同学在平时学习中往往是知而不会,会而不对,对而不全。具体表现就是:一听就懂,一看就会,一做就错,一考就糟。什么原因呢? 是因为学习的方法不当,没有达到应有的思维层次。

手语译文：

学习/从/好奇/到/探索/再到/了解/享受。自己/喜欢/科目/当作/享受,不喜欢/科目/强迫/自己/喜欢。如果/真/喜欢,总是/沉浸/解题/快乐,每个人/都/做/好。这是/很美/过程,因为/你/从中/得到/真正/快乐/成就感/会。学习/负担/不是,学习/很/快乐/事情/是。内心/喜欢/学习,调动/积极性/投入/学习,一切/困难/都/迎刃而解/会。站在/山脚,哀叹/山高/路远,无法/感受/攀登/快乐,享受/登临/绝顶/时/一览众山小/豪迈/不能;你/迈开/脚步,无论/步伐/多小,体察/攀登/快乐/会,逐渐/靠近/山顶/是。所以,无论/现在/你/在/什么/位置,什么/位次/都/不重要,重要/是/你/启动/前进/要,犹豫/悲伤/不要,静心/除燥,心中/怀揣/自己/梦想,自信/能行,奇迹/在/你/不懈/努力/产生/会。有了/浓厚/学习/兴趣,万里长征/第一步/是,还要/有/好/学习/方法。"未来/文盲/不再/是/不识字/人,而是/没有/学会/怎样/学习/人。"好多/同学/平时/学习/往往/是/知/不会,会/不对,对/不全。具体/表现/是:听/懂,看/会,做/错,考/糟。原因/什么? 因为/学习/方法/不当/是,达到/应有/思维/层次/没有。

训练二：

为了学懂,同学们必须做到以下三点:认真阅读课本;认真听讲;理论联系实际。课本知识是前人经验的高度概括和总结,准确精练,不是随便看一遍就可弄懂的,必须反复阅读和揣摩,通过课前的阅读了解知识重、难和疑点?以便上课时有目的听讲,提高学习效率。课堂上,老师的讲解一般会比课本更具体更详细。认真听讲,一方面能更好地掌握知识的来龙去脉,加深理解,另一方面,还要注意学习老师分析问题解决问题的思路和方法,提高思维能力;此外,重视实验,理论联系实际也是提高学习效果的重要途径之一。这是因为物理知识都是从生产、生活、科学实验中概括和总结出来的,是一门实验性极强的学科。把理论知识与实际相联系,不仅能提高动手能力,而且能加深对所学知识的印象,加深理解,巩固记忆。对课堂上刚学过的新知识,课后一定要把它的引入、分析、概括、结论、应用等全过程进行回顾,并与大脑里已有的相近的旧知识进行对比,看看是否有矛盾,否则说明还没有真正弄懂。这时就要重新思考,重新看书学习。在弄懂所学知识的基础上,要即时完成作业,有余力的同学还可适量地做些课外练习,以检验掌握知识的准确程度,巩固所学知识。

手语译文:

为/学懂,同学们/必须/做到/三点:认真/阅读/课本;认真/听讲;理论/联系/实际。课本/知识/前人/经验/高度/概括/总结,准确/精练,不是/随便/看一遍/弄懂/可以,必须/反复/阅读/揣摩,通过/课前/阅读/了解/知识/重/难/疑点?以便/上课时/有目的/听讲,提高/学习/效率。课堂,老师/讲解/一般/比/课本/更/具体/详细。认真/听讲,一方面/能/更好/掌握/知识/来龙去脉,加深/理解,另一方面,注意/学习/老师/分析/问题/解决/问题/思路/方法,提高/思维/能力;此外,重视/实验,理论/联系/实际/提高/学习/效果/重要/途径。这/因为/物理/知识/都是/从/生产/生活/科学/实验/概括/总结,一门/实验性/极强/学科。理论/知识/实际/相联系,提高/动手/能力,加深/对/所学/知识/印象,加深/理解,巩固/记忆。课堂/刚/学过/新知识,课后/一定/要/引入/分析/概括/结论/应用/等/全过程/进行/回顾,与/大脑/已有/相近/旧知识/进行/对比,矛盾/有没有,否则/说明/没有/真正/懂。这时/要/重新/思考,重新/看书/学习。懂/所学/知识/基础,即时/完成/作业,有/余力/同学/还可/适量/课外/练习/做,检验/掌握/知识/准确/程度,巩固/所学/知识。

训练三:

生活中的阳光无处不在,只要用心收集,就能让心里的瓶子蓄满阳光。心是一个容器一个瓶子,刚开始的时候是空的。想让它满起来,就要源源不断地注入阳光。阳光,那质朴、纯真的阳光,正是那爱的力量,爱的力量使人们改变了自我,成为美丽的蝴蝶。当爱的阳光普照于人心中,那片阴霾将散去。在阳光之中人才会有所改变。爱是人世间最暖的阳光,也正是这片阳光使人更加奋进。阳光会让人的心变得舒坦,把阳光收集起来装在心里,心会无限升温。什么时候,把瓶子里的阳光倒出来分享,让周围的世界都暖洋洋。阳光,爱,无处不在。给予人心灵的滋润。人世间最纯真的阳光。你看,小溪湖水就能听见阳光的声音。溪水在阳光的声音中充满了活力,欢快地向前奔跑跳跃着,还一路

第九章 手语传译专题训练

唱着小溪流的歌。阳光从地球的东边转到西边,一路在歌唱,小溪流也从不停止他的歌儿。湖水在阳光的声音中却温柔安静,她虽没有歌儿,但她波光粼粼的湖面给阳光的歌声增加一些色彩,带给了一个舞台。我喜爱冬天的凛冽,更喜爱冬天的太阳,它冲破灰色的天空露出笑容,它驱赶着冬季的寒冷,带给大自然一片盎然的生机。阳光总是让人感到无限的温暖,有阳光就有灿烂的明媚,有阳光就有舒畅的心情。阳光像友情,因为阳光总是纯纯的,没有一丝杂质。

手语译文:

生活/阳光/到处/有,用心/收集,心里/瓶子/蓄满/阳光/能。心/一/容器/瓶子,刚开始/时候/空。想/它/满起来,源源不断/注入/阳光/要。阳光/质朴/纯真,正是/爱/力量,爱/力量/使/人们/改变/自我,成为/美丽/蝴蝶。爱/阳光/普照/人心中,那/阴霾/散去。阳光/中/人/有所/改变/会。爱/人世间/最暖/阳光,这/阳光/使人/更加/奋进。阳光/让人/心/变/舒坦/会,阳光/收集/装/心里,心/无限/升温。什么/时候,瓶子/里/阳光/倒出/分享,周围/世界/都/暖洋洋。阳光/爱/,到处/有。给予/人/心灵/滋润。人世间/最/纯真/阳光。你看,小溪/湖水/听见/阳光/声音/能。溪水/声音/充满/活力,欢快/向前/奔跑/跳跃,唱/小溪流/歌。阳光/从/地球/东边/转到/西边,一路/歌唱,小溪流/不停止/歌儿。湖水/在/阳光/声音/温柔/安静,她/歌儿/没有,但/波光粼粼/湖面/给/阳光/歌声/增加/一些/色彩,带给/一/舞台。我/喜爱/冬天/凛冽,更/喜爱/冬天/太阳,它/冲破/灰色/天空/露出/笑容,/驱赶/冬季/寒冷,带给/大自然/一片/盎然/生机。阳光/让人/感到/无限/温暖,阳光/有/灿烂/明媚/就有,阳光/有/舒畅/心情/就有。阳光/像/友情,纯纯/总是,一丝/杂质/没有。

训练四:

消防安全是关系生命的大事。人生只有一次,我们怎么能不珍惜它? 生命是一曲优美的交响曲,是一片华丽经典的诗章,是一次经历挫折与艰难的远航,生命诚可贵! 我们歌颂生命,因为生命是宝贵的,它只有一次,我们热爱生命,因为生命是美好的,它令我们的人生焕发出光彩! 在这个世界上最蓬勃旺盛和美好的就是人的生命! 消防安全是关系到生命的大事。人生只有一次,我们怎么能不珍惜它? 俗话说:水火无情,这一点也没错。人们在不经意间就酿成了灾难。我们的身边处处离不开火,做饭需要火,烧水需要火。自从古人发明了钻木取火,人类才吃上了热的食物,在冬天刺骨的寒风中得到了温暖。可任何事物都有两面性,人类如果不好好使用它,就会造成严重的损失。每年,有多少起因为火灾造成的严重事故? 又有多少人命丧这熊熊大火的魔爪下? 消防安全人们总不重视,这还不足以给我们一个警告吗?"人,最宝贵的是生命,生命对于每一个人来说,只有一次。"的确,只有生命的健康存在才能有新的生活。尤其是我们这些祖国的花朵,更是要精彩地活着! 消防安全就是生命,我们要时刻牢记:生命是宝贵的!

手语译文:

消防/安全/关系/生命/大事。人生/只/一次,我们/怎么/能/珍惜/不? 生命/一/优美/交响曲,一/华丽/经典/诗章/是,一/经历/挫折/艰难/远航,生命/诚/可贵！我们/歌颂/生命,生命/宝贵,只有/一次,我们/热爱/生命,生命/美好,让/我们/人生/焕发/光彩！在/这/世界/最/蓬勃/旺盛/美好/人/生命/是！消防/安全/关系/生命/大事。人生/只有/一次,我们/怎么/能/珍惜/不？俗话/说/水火/无情,这/对。人们/在/不经意/酿成/灾难。我们/身边/处处/离不开/火,做饭/烧水/火/需要。自从/古人/发明/钻木/取火,人类/吃/热/食物,冬天/刺骨/寒风/温暖/有。任何/事物/两面性/都有,人类/如果/好好/使用/它/没有/造成/严重/损失/会。每年/有/多少/起因/火灾/造成/严重/事故？多少人/命丧/熊熊大火？消防/安全/人们/不重视,这/不足以/给/我们/警告/？"人/最宝贵/生命,生命/对/每人/只有/一次。"只有/生命/健康/存在/才能/新/生活/有。尤其/我们/这些/祖国/花朵,更是/精彩/活着/要！消防/安全/就是/生命,我们/时刻/牢记:生命/宝贵++！

训练五:

九月,一个凉爽的季节,一个活力的季节,一个感恩的季节。漫长的暑假已经过去,到来的是新的学期。就在这美好的日子里,我们迎来了这个学期的第一个节日——教师节！

今年的教师节刚好是周一,同学们早早地来到了学校。几个最能搞怪的男生便开始"施展才华",热火朝天地忙起来了。一个人组织着女生在黑板上画画,那几个又拉上窗帘,关上灯,准备营造气氛。甚至把卖花的同学都安排成了花束队。我这个班干部看着这几个男生忙里忙外的,还真有一副领导的样子！不过马上就露馅儿了。

"哎呀这里还没画！""窗帘又漏缝了！"诸如此类的话一波接着一波,忙得好不热闹！渐渐地,走廊里隐隐约约地传来一阵脚步声,我们赶紧安静下来,老师一推门,我们便大喊着:"老师节日快乐！"纷纷把准备的礼物送上,我能清楚地看到,老师的眼中闪动着泪花。

在升旗时,我们郑重地向国旗敬礼。同时,我们心里也在向老师敬队礼。老师,我们看到和感受到了您的伟大与平凡,您从不在乎所得所失,因为您深深地懂得自己在付出什么,在收获什么。这是任何数字都无法计算的生命价值和幸福的成果！

教师节,让我们真诚地说一声,老师节日快乐！老师,您辛苦了！

(精品学习网高中版)

手语译文:

九月/凉爽/季节,活力/季节,感恩/季节。漫长/暑假/已经/过去,新学期/到来。在/这/美好/日子,我们/迎来/这/学期/第一个/节日——教师节！

今年/教师节/刚好/周一,同学们/早早/来到/学校。几/最能/搞怪/男生/开始"/施展/才华",热火/朝天/忙起来。一人/组织/女生/黑板/画画,那几个/拉上/窗帘/关灯,准备/营造/气氛。卖花/同学/安排/花束/队。我/这/班干部/看/这几/男生/忙里忙外,真有/领导/样子！不过/马上/露馅儿/要。

"这里/没/画!""窗帘/漏缝了!"诸如/此类/话一波/接一波,忙/热闹/很!渐渐地,/走廊/隐隐约约/传来/脚步/声,我们/赶紧/安静,老师/推门,我们/大喊:"老师/节日/快乐!"纷纷/准备/礼物/送/我,清楚/看到,老师/眼中/闪动/泪花。

升旗时,我们/郑重/向/国旗/敬礼。同时,我们/心里/也/向/老师/敬队礼。老师,我们/看/感受到/您/伟大/平凡,您/从不在乎/所得/所失,您/深深/懂/自己/付出/什么,收获/什么。这/任何/数字/无法/计算/生命/价值/幸福/成果!

教师节,我们/真诚/说,老师/节日/快乐!老师,您/辛苦!

(三)训练难度:高

训练一:

关于提高高中地理成绩的经验分享,文章中主要介绍了三个经验,这些经验都是同学们在学习过程中整理来给大家分享吧。地理:要想拿高分要有扎实的基本功。这个基本功包括两个方面:一个是定位,一个是牢记地理规律和区域特点。准确定位就要求非常熟悉地图,可通过画图来加深记忆。还有就是区域特点,以世界地理为例,13个分区,每个区把它分成自然和人文两个部分。自然部分再分面积、气候、植被、水文、矿产等,人文部分还可分成人口、语言、区域文化、旅游、工业、农业等。这样经过整理的知识点会比较清晰,方便记忆复习。

经验一 高考就是三大块:自然地理,人文地理和区域地理。自然地理——考时间计算,地理事物的时间、空间分布,气候的特点、分布和成因,洋流,水循环。人文地理——就是考区位分析:农业、工业、城市、交通(线、点、中心)、商业中心或小区等。区域地理——就是定位。就是考通过重要的经线和纬线来定位。

经验二 我是地理师范专业的,我觉得地理还是要结合地图看,把每一个知识点都结合到地图上。然后就是书,横向纵向都要串起来,理解它很重要的。最后是怎么在考试中拿到最多的分数,最好还是总结出答题的模式,把做过的试卷拿出来看标准答案总结吧。还有学习地理,从自然地理,大气,水文等,都是规律性的东西,如地球的公转、自转、太阳辐射、太阳高度角、时区等,都是规律性的东西,有很多都是有公式的东西,记得它们就可以。自然地理中,区域地理的自然环境,要记得每个区域划分的特点。它们的划分都是有共性的东西。如气候带的划分,日本的是温带季风,英国是温带海洋,虽然它们都是岛国,但由于它们在大陆的东西部,它们的气候划分就不一样。自然地理中,每个地区资源分布,都是要记得,要知道伊拉克产石油、南非产钻石、非洲的矿产资源是十分丰富的……人文地理中,很多东西都是以自然环境为基础的产生的人文现象,如我国东部城市化进程快,西部地区发展慢,地形、海陆位置是很重要的影响因素。人文地理中,区位是最重要的一个概念,分析一个区位,要从自然条件和社会经济条件来说明,这是答题的套路,自然条件有气候、水文、土壤、地形等。社会经济条件有人口、交通、科技水平、政策等。这些在学习地理中都是要记得的。弄清楚这些规律,普遍性和特殊性的结合,其实学习地理也并不难。

经验三 1.多看地图,要达到看着地图就能把知识点说出,以图化文。2.预习时就要从自然地理人文地理、地理位置(海陆位置、半球位置)、人种(白、黄、黑)地形(地势、主要地形、起伏)、宗教、河流(流向、长短、发源)、经济(旅游、工业、农业)、气候资源、来简单总结归纳,以达到初步把握知识点的效果。3.总结归纳后,试着做一做练习册上的选择题,加深对知识的印象,同时也对上课有很大的帮助。4.上课时认真听课,这时只需对自己总结归纳的知识点做修改了,慢慢地,需改动的知识会越来越少,上课也就轻松多了,总结的知识还会为复习起重大作用。

手语译文:

关于/提高/高中/地理/成绩/经验/分享,文章/主要/介绍/三/经验,这/经验/都是/同学们/学习/过程/整理/给/大家/分享。地理:拿高分/扎实/基本功/要有。这/基本功/包括/两/方面:一/定位,一/牢记/地理/规律/区域/特点。准确/定位/要求/非常/熟悉/地图,可/通过/画图/加深/记忆。区域/特点,世界/地理/为例,13/分区,每区/分成/自然/人文/两部分。自然/部分/再/分/面积/气候/植被/水文/矿产等,人文/部分/还可/分成/人口/语、区域/文化/旅游/工业/农业/等等。经过/整理/知识点/会/比较/清晰,方便/记忆/复习。

经验一 高考/三大块:自然/地理,人文/地理,区域/地理。自然/地理——/考/时间/计算,地理/事物/时间、空间/分布,气候/特点、分布/成因,洋流/水循环。人文/地理——考/区位/分析:农业/工业/城市/交通(线/点/中心)商业/中心/小区/等。区域/地理——定位。考/通过/重要/经线/纬线/定位。

经验二 我/专业/地理师范,我/觉得/地理/结合/地图/看/要,每一/知识点/都/结合/地图。书,横向/纵向/都要/串起来,理解/它/很重要。最后/怎么/在/考试/拿到/最多/分数,最好/总结/答题/模式,做过/试卷/拿出来/看/标准/答案/总结。还有/学习/地理,从/自然/地理/大气/水文/等,都是/规律性/东西,如/地球/公转/自转/太阳/辐射/太阳/高度角/时区/等,都是/规律性/东西,有公式,记得/它们/可以。自然/地理,区域/地理/自然/环境,记得/每个/区域/划分/特点。它们/划分/有共性。如/气候带/划分,日本/温带/季风,英国/温带/海洋,它们/都/岛国,但/它们/在/大陆/东西部,它们/气候/划分/不一样。自然/地理,每/地区/资源/分布,要/记得,知道/伊拉克/产/石油,南非/产/钻石,非洲/矿产/资源/十分/丰富……人文/地理,很多/东西/都是/自然/环境/基础/产生/人文/现象,如/我国/东部/城市化/进程/快,西部/地区/发展/慢,地形,海陆/位置/很重要/影响/因素。人文/地理,区位/最重要/概念/是,分析/一/区位,从/自然/条件/社会/经济/条件/说明,这/答题/套路,自然/条件/有,气候/水文/土壤/地形/等。社会/经济/条件/有,人口/交通/科技/水平/政策/等。这些/学习/地理/都/要/记得。清楚/这些/规律,普遍性/特殊性/结合,学习/地理/不难。

经验三 1.多看/地图,要/看着/地图/能/把/知识点/说出,以/图/化/文。2.预习/时/从:自然/地理/人文/地理,地理/位置(海陆/位置,半球/位置),人种(白/黄/黑)/地形(地势,主要/地形/起伏),宗教,河流(流向/长,发源)经济(旅游/工业/农业)、气候/资源,简单/总结/归纳,达到/初步/把握/知识点/效果。3.总结/归纳/后,试着/做一做/练习册/选择题,加深/对/知识/印象,同时/对/上课/帮助/很大。4.上课/认真/听课,只需/对/自己/总结/归纳/知识点/做/修改,慢慢/需/改动/知识/越来/越少,上课/轻松,总结/知识/为/复习/重大/作用/有。

训练二:

对于参加初三体育测试的考生来说,耐久跑是必测项目,也是考生普遍感到最难的一项。耐久跑其实主要考查考生的耐力水平,耐久跑要长期坚持锻炼才能取得优异的成绩。具体耐久跑如何训练取得好成绩请看如下:

男生1000米跑和女生800米跑是田径运动中长跑项目中的中跑,是考查考生心肺机能的项目,它的运动特点是全程跑的速度也就是体力分配均匀才能取得最好成绩,即从起跑开始到跑完全程是匀加速的过程。现在,天气渐渐寒冷,在秋冬季节考生要怎样练习长跑呢?

专家表示,耐久跑主要考查考生的耐力水平,需要长期坚持锻炼才能提高水平。现在,天气变冷,考生在练习时要选择透气性好的运动服,但不要太厚。练习后要注意保暖,以防感冒伤风,影响以后的练习。如果受伤或得病要及时就医,暂停练习,等伤病好了再进行练习。他建议,练习前除了充分做好准备活动、热身、活动各关节外,还要进行几次加速跑,使运动器官顺利进入运动状态。

专家解释,耐力练习包括一般耐力练习、速度耐力和专项耐力练习。锻炼初期要以一般耐力练习为主,如定时跑,定距跑等,定时跑根据自己的耐力水平选择10分钟、12分钟、20分钟、30分钟以及更多;定距跑可以根据体力选择1500米、2000米、3000米等。没有正规场地可在小区或无车的马路上进行练习,如果有大风、大雾就停止练习。锻炼中期要以速度耐力练习为主,可穿插一般耐力练习,练习方法有间歇跑、变速跑、反复跑等,专家还建议,锻炼后期即测试前锻炼要以专项耐力为主,男生要跑中等强度1200米和大强度1000米,女生要跑中等强度1000米和大强度800米。另外在各个时期都要有适当的专项测试,如男生测1000米,女生测800米,耐久跑如何训练取得好成绩就为考生及家长提供到此,其实耐力较差的考生除了体育课练习外,还要增加练习次数、练习密度和练习强度。需要注意的是,锻炼周期之内不能停练时间过长,防止耐力水平下降。

手语译文:

参加/初三/体育/测试/考生,耐久跑/必测/项目/是,考生/普遍/感到/最难/一项。耐久跑/主要/考查/考生/耐力/水平,耐久跑/长期/坚持/锻炼/才能/取得/优异/成绩。具体/耐久跑/如何/训练/取得/好成绩/请看:

男生/1000米跑/女生800米跑/田径/运动/长跑/项目/中长跑/是,考查/考生/心肺/机能/项目,运动/特点/是/全程跑/速度/体力/分配/均匀/才能/取得/最好/成绩,从/起跑/到/跑完/全程/匀加速/过程。现在,天气/渐渐/寒冷,秋冬/考生/怎样/练习/长跑?专家/表示,耐久跑/主要/考查/考生/耐力/水平,长期/坚持/锻炼/提高/水平/能。现在,天气/变冷,考生/练习/时/选择/透气性/好/运动服,但/太厚/不要。练习/后/注意/保暖/要,以防/感冒/伤风,影响/以后/练习。如果/受伤/或/得病/及时/就医,暂停/练习,等/伤病/好/再/进行/练习。他/建议,练习/前/充分/做好/准备/活动、热身、活动/各关节,进行/几次/加速跑/要/使/运动/器官/顺利/进入/运动/状态。

专家/解释,耐力/练习/包括/一般/耐力/练习、速度/耐力/专项/耐力/练习。锻炼/初期/一般/耐力/练习/为主,如/定时跑/定距跑/等,定时跑/根据/自己/耐力/水平/选择/10分钟/12分钟/20分钟/30分钟/更多;定距跑/可以/根据/体力/选择/1500米/2000米/3000米等。没有/正规/场地/可/在/小区/或/无车/马路/进行/练习,如果/有/大风/大雾/练习/停止。锻炼/中期/速度/耐力/练习/为主,可/穿插/一般/耐力/练习,练习/方法/间歇跑/变速跑/反复跑/等,专家/建议,锻炼/后期/测试前锻炼/专项/耐力/为主,男生/跑/中等/强度/1200米/大强度/1000米,女生/跑/中等/强度/1000米/大强度/800米。另外/各/时期/都要/适当/专项/测试/有,如/男生/测/1000米,女生/测/800米,耐久跑/如何/训练/取得/好成绩/为/考生/家长/提供/结束,耐力/较差/考生/体育课/练习,增加/练习/次数/要、练习/密度/练习/强度。需要/注意,锻炼/周期/不能/停练/时间/过长/防止/耐力/水平/下降。

训练三:

直接从书中获取知识是一条重要的途径,即使是教科书中的知识,也不能纯粹依靠老师的讲解来学习。下文整理了高考语文学习技能,希望可以帮助到大家!

(1)学会快速阅读。一个掌握阅读技能的学生,能够更迅速、更顺利地掌握知识,学的更主动,更轻松。在实际学习中,许多同学习惯于上课听讲,下课做作业,即使是教科书也不怎么阅读,更不用说大量阅读课外书籍。长期下去造成的结果是不会读书,没有形成熟练的阅读技能,对学习的发展造成严重阻碍,这可能是很多同学在学业上落伍的一个重要原因。我们讲的阅读技能并不是指简单的读,而是指在阅读的同时能思考,在思考的同时能阅读的能力,是指能够根据不同书籍的模式迅速分清主次、把握书中内容的一种技能。这就要求同学必须多读书,注意了解不同书籍的特点和阅读技巧,加强读思结合,并且有意识地加快阅读速度,逐渐形成快速阅读技能。

(2)学会快速书写。中学阶段课业负担比较重,如果没有掌握快速书写的技能,这种负担会更加沉重。比如课堂上跟不上老师的速度记录笔记,课后完成作业用时过多,考试因书写太慢而答不完试卷等,这些现象都与书写技能有关。可以说书写技能是我们借以掌握知识的工具,这种工具所处的状态将决定我们能否有效而合理地使用时间。那些书写速度慢的同学对此应引起足够的注意,自觉地加强这方面的训练,尽快掌握这一技能。当然,快速书写的同时还要保证字迹的清楚与规范。

(3)学会做笔记。做笔记是一种与动手相结合的学习行为,有助于对知识的理解和记忆,是一种必须掌握的技能。中学生的学习笔记主要有课堂笔记、读书笔记和复习笔记等,课堂笔记应注意结合教材进行记录,不能全抄全录老师的板书。读书笔记应注意做好圈点勾批,所谓"不动笔墨不读书"。复习笔记应注意做好知识的归纳整理,厘清知识结构和联系。还需要指出的是,不论哪种笔记都要做好疑难问题的记录,便于集中处理。

手语译文:

直接/从/书中/获取/知识/一/重要/途径/是,教科书/知识,全/依靠/老师/讲解/学习/不能。下文/整理/高考/语文/学习/技能,希望/帮助/大家/可以!

(1)学会/快速/阅读。一/掌握/阅读/技能/学生,能够/更/迅速/顺利/掌握/知识,学/更/主动/轻松。实际/学习/中,许多/同学/习惯/上课/听讲,下课/做/作业,教科书/不/阅读,大量/阅读/课外/书籍/没有。长期/结果/不会/读书,没有/形成/熟练/阅读/技能,学习/发展/严重/阻碍/有,这/可能/很多/同学/学业/落伍/一/重要/原因。我们/讲/阅读/技能/能/简单/读/不是,阅读/同时/思考/能,思考/同时/阅读/能,能够/根据/不同/书籍/模式/迅速/分清/主次、把握/书中/内容/一/技能。这/要求/同学/必须/多/读书,注意/了解/不同/书籍/特点/阅读/技巧,加强/读思/结合,有意识/加快/阅读/速度,逐渐/形成/快速/阅读/技能。

(2)学会/快速/书写。中学/阶段/课业/负担/比较/重,如果/没有/掌握/快速/书写/技能,这种/负担/会/更加/沉重。比如/课堂/跟不上/老师/速度/记录/笔记,课后/完成/作业/用时/过多,考试/书写/太慢/答不完/试卷/等,这些/现象/与/书写/技能/有关。书写/技能/我们/借以/掌握/知识/工具/是,这/工具/所处/状态/决定/我们/能否/有效/合理/使用/时间。那些/书写/速度/慢/同学/应/引起/足够/注意,自觉/加强/这/方面/训练,尽快/掌握/这/技能。快速/书写/同时/还要/保证/字迹/清楚/规范。

(3)学会/做/笔记。做笔记/是/一/与/动手/相结合/学习/行为,有助/知识/理解/记忆,是/一/必须/掌握/技能。中学生/学习/笔记/主要/有/课堂/笔记、读书/笔记、复习/笔记/等,课堂/笔记/应/注意/结合/教材/记录,全抄/全录/老师/板书/不能。读书/笔记/应/注意/做好/圈点勾批,所谓"不动/笔墨/不读书"。复习/笔记/应/注意/做好/知识/归纳/整理,理清/知识/结构/联系。不论/哪种/笔记/都要/做好/疑难/问题/记录,便于/集中/处理。

训练四:

近几年来,我国每年发生火灾约4万起,死2000多人,伤3000~4000人,每年火灾造成的直接财产损失10多亿元,给国家和人民群众的生命财产造成了巨大的损失。严峻的现实证明,火灾是当今世界上多发性灾害中发生频率较高的一种事故灾害,对人的生命构成极大的威胁。随着社会和经济的发展,消防工作的重要性越来越突出,消防安全也越来越重要。在公共场所发生火灾绝大多数都是人为造成的,如使用功率过大电器、线路安装不当,线路缺乏维护和检修,使用电热设备长期通电,或忘记关闭电源开关等,都极容易引起火灾。在家庭中,除了上述原因外,煤气、石油气等燃气引起的火灾也极为常见。所以,平时我们要有强烈的防火意识。

作为大学生,我们不能玩火,不可以随身携带火柴或打火机等火种;不得随意点火,禁止在存放有易燃物品处用火;不能在公共场所燃放鞭炮、烟花等危险物品,更不允许将点燃的鞭炮乱扔。在火灾现场,小学生等未成年人要有秩序地逃离。如果有避难层或疏散楼梯,可先进入避难层或由疏散楼梯撤到安全地点。如果楼层已经着火燃烧,但楼梯尚未烧断，火势并不十分猛烈时，可披上用水浸湿的衣被，从楼上快速冲下。多层建筑火灾，如楼梯已经烧断，或者火势已相当猛烈时，可利用房屋的阳台、落水管或竹竿等物品逃生。如各种逃生的路线被切断，应退居室内，关闭门窗。有条件时可向门窗上浇水，以延缓火势蔓延过程。同时，可向室外扔出小东西，在夜晚则可向外打手电，发出求救信号。如生命受到严重威胁，又无其他自救办法时，可绳子或床单撕成条状连接起来，一端紧拴在牢固的门窗格或其他重物上，再顺着绳子或布条滑下。如无条件采取上述自救办法，而时间又十分紧迫，烟火威胁严重，被迫跳楼时，可先向地面抛下一些棉被等物，以增加缓冲，然后手扶窗台往下滑，以缩小跳楼高度，并保证双脚首先落地。要发扬互助精神，帮助老人、小孩、病人优先疏散。对行动不便者可用被子、毛毯等包扎好，用绳子布条等吊下。

如果发现火灾发生，最重要的是报警，这样才能及时扑救，控制火势，减轻火灾造成的损失。火警电话的号码是119。这个号码应当牢记，在全国任何地区，向消防部门报告火警的电话号码都是一样的。报警时，应说清地址、被困人员等详细信息。不能随意拨打火警电话，假报火警是扰乱社会公共秩序的违法行为。在没有电话的情况下，应大声呼喊或采取其他方法引起邻居、行人注意，协助灭火或报警。

火灾是无情的，我们要时时刻刻防范火灾，避免不必要的损失。

手语译文：

近几年/我国/每年/发生/火灾/约/4万起，死/2000多/人，伤/3000～4000人，每年/火灾/造成/直接/财产/损失/10多亿，给/国家/人民/群众/生命/财产/造成/巨大/损失。严峻/现实/证明，火灾/是/当今/世界/多发性/灾害/中/发生/频率/较高/一/事故/灾害，对/人/生命/构成/极大/威胁。随着/社会/经济/发展，消防/工作/重要性/越来越/突出，消防/安全/越来越/重要。公共场所/发生/火灾/绝大多数/人为/造成，如/使用/功率/过大/电器、线路/安装/不当，线路/缺乏/维护/检修，使用/电热/设备/长期/通电，或/忘记/关闭/电源/开关/等，都/极容易/引起/火灾。在/家庭/中，除/上述/原因，煤气/石油气/等/燃气/引起/火灾/极/常见。平时/我们时刻/有一/强烈/防火/意识/要。

作为/大学生，玩火/随身/携带/火种/不可以，带/火柴/或/打火机/等/火种/不能；随意/点火/不得，禁止/在/存放/有/易燃/物品/处/用火；在/公共场所/燃放/鞭炮/烟花/等/危险/物品/不能，点燃/鞭炮/乱扔/更/不允许。火灾/现场，小学生/等/未成年人/要/有秩序/逃离。如果/有/避难层/或/疏散/楼梯，可/先进入/避难层/或/疏散/楼梯/撤到/安全/地点。如果/楼层/已经/着火/燃烧，楼梯/尚未/烧断，火势/不/猛烈/时，可/披上/用水/浸湿/衣被，从/楼上/快速/冲下。多层/建筑/火灾，如/楼梯/已经/烧断，或者/火势/已/猛烈/时，可/利用/房屋/阳台/落水管/竹竿/等/物品/逃生。如/各种/逃生/路线/被/切断，应/退居/室内，关闭/门窗。有条件/可/向/门窗/浇水，延缓/火势/蔓延/过程。同时，可/向/室外/扔出/小东西，夜晚/可/向外/打手电，发出/求救/信号。如/生命/受到/严重/威胁，无/其它/自救/办法/时，可用/绳子/床单/撕成/条状/连接/起来，一端/紧拴/牢固/门窗格/或/其它/重物，顺/绳子/或/布条/滑下。如/无条件/采取/上述/自救/办法，时间/十分/紧迫，烟火/威胁/严重，被迫/跳楼/时，可/先/向地面/抛下/

一些/棉被/等/物,增加/缓冲,然后/手扶/窗台/往下滑,缩小/跳楼/高度,保证/双脚/首先/落地。发扬/互助/精神,帮助/老人/小孩/病人/优先/疏散。行动/不便者/可用/被子/毛毯/等/包扎/好,用/绳子/布条/等/吊下。

如果/发现/火灾/发生,/最重要/报警/是,这样/及时/扑救/才能,火势/控制,减轻/火灾/造成/损失。火警/电话/号码/119。这/号码/应当/牢记,全国/任何/地区,向/公安/消防/部门/报告/火警/电话号码/都是/一样。报警/时,应/说清/地址、被困/人员/等/详细/信息。随意/拨打/火警/电话/不能,假报/火警/扰乱/社会/公共/秩序/违法/行为/是。没有/电话/情况,应/大声/呼喊/或/采取/其他/方法/引起/邻居、行人/注意,协助/灭火/或/报警。

火灾/无情,我们/时时/刻刻/防范/火灾/要,避免/不必要/损失。

训练五:

为全面贯彻和实施素质教育,培养学生欣赏美和创造美的能力;增强学生的美感体验,开发学生的智力,提高学生开拓进取的精神;加强学校德育和美育工作,促进学生身心健康的发展,有必要对中学生开设一门新的课程——美学课。从而有效地把美术、音乐等教育的作用更充分显示出来。

美术、音乐教育属于美的教育的一部分。不可否认,它们对培养人的兴趣,陶冶人的情操,提高人的素养和审美能力具有重要的作用。但这种作用是一种潜在、容易被人所忽略,而且其范围极限小,其形式虽是实践,但其实质仍脱离不了为学而学,为教而教的范畴。尽管有的学校,美术、音乐、劳技搞得有声有色,但学生的德育、智育等方面却仍很欠缺,原因之一就是缺少对美的认识发展和真正的感悟。而要真正领略到它们的美和作用,关键还是要"悟",而这个"悟",如果不具备一定的美学知识是很难达到其境界的。也就是说,这种教育并不是使某人单纯只具有什么特长获得什么奖就达到了,或只是知道它们的作用而自己并未用此来规范自己平时的言行举止就行了。真正的目的是要通过这种教育,在提高他们的审美情趣、审美修养、审美品位的基础上,用此来约束自己的行为,达到"言行文明礼貌;衣着合适得体;情趣高尚有别;心灵纯洁无私的境界。"真正做"全面发展,特长明显"的中学生,就必须加强美学教育。

美学教育的任务是把美学理论渗入人们的审美心理、审美意识之中,培养人们的审美能力和创造能力。其形式可以是多样化的:可开设专题讲座,如行为美,外在美和内在美等;可贯穿于各学科教育中,如语文的语言美,数学的线条美等;可寓于美术课中,如山水画的意境美、色泽美,人物画的形体美、动作美等;也可推广到班主任工作中,教室的环境美,学生的心灵美都可对班级管理起到良好的推动作用。

(精品学习网高中版)(中国课件站论文网)

手语译文:

为/全面/贯彻/实施/素质/教育,培养/学生/欣赏美/创造美/能力;增强/学生/美感/体验,开发/学生/智力,提高/学生/开拓/进取/精神;加强/学校/德育/美育/工作,促进/学生/身心/健康/发展,有/必要/中学生/开设/一/新课程——美学课。有效/把/美术/音乐/等/教育/作用/更/充分/显示/出来。

美术/音乐/教育/属于/美/教育/一部分。不可/否认,它们/对/培养/人/兴趣,陶冶/人/情操,提高/人/素养/审美/能力/具有/重要/作用。但/这种/作用/潜在,容易/被人/忽略,而且/范围/极限/小,形式/实践,但/实质/脱离/不了/为学/而学,为教/而教/范畴。尽管/有/学校,美术/音乐/劳技/搞得/有声有色,但/学生/德育/智育/等/方面/却/仍/欠缺,原因/什么/缺少/对/美/认识/发展/真正/感悟。真正/领略/它们/美/作用/要,关键/要/"悟",这/"悟",如果/不具备/一定/美学/知识/很难/达到/是。就是/说,这种/教育/使/某人/不是/单纯/具有/什么/特长/获得/什么/奖/就/达到,或/只是/知道/它们/作用/自己/没有/用此/规范/自己/平时/言行/举止/可以。真正/目的/通过/这/教育,提高/他们/审美/情趣、审美/修养、审美/品味/基础,用此/约束/自己/行为,达到"言行/文明/礼貌;衣着/合适/得体;情趣/高尚/有别;心灵/纯洁/无私/境界。"真正/做"/全面/发展,特长/明显"/中学生,必须/加强/美学/教育。

美学/教育/任务/把/美学/理论/渗入/人们/审美/心理/审美/意识/之中,培养/人们/审美/能力/创造/能力。可以/形式/多样化:开设/专题/讲座/可以,如/行为美,外在美/内在美/等;可以/贯穿/各学科/教育,如/语文/语言美,数学/线条美/等;可/寓于/美术课,如/山水画/意境美/色泽美/人物画/形体美/动作美/等;也/可/推广/到/班主任/工作,教室/环境美,学生/心灵美/都/可/对/班级/管理/良好/推动/作用/有。

第三节　法律手语传译

　　法律手语传译指的是发生在包括法庭、律师事务所等法律语境中的与法律相关的程序或活动中的手语翻译。法律手语传译涉及民事、刑事以及行政案件,对象也涵盖成年人和青少年。聋人的角色也是多重的,可以是原告、被告,也可以是受害者或者目击证人,所以在法律场合清晰准确的传达与交流至关重要,不准确的信息传递可能会损害涉案各方的生命和自由权利。

　　在不同类型的手语传译中,法律手语传译的特点具有专业性、严谨性,相应的法律传译也具有难度大、质量要求高的特点。法律手语传译的内容中一些法律专业术语具有严谨性、多样性,法律句式也具有复杂性的特点。另外,不同法系的差异造成法律概念上的抽象难懂的特点。法律手语传译中,每个词每句话都有其清晰解释性的表达方式,手语传译过程中,应该具有忠实性、准确性、明晰性及规范性的特点。因此,需要最少有5—6年手语翻译经验的译员才有资格参与法律传译。

第九章　手语传译专题训练

一、法律手语传译注意要点

(一)注意文义精确多于注重文采

法律手语传译中用词需考究,准确。需要考虑到上下文的语境选用正确合适的词汇或句型结构。手语译员必须保证内容首尾一致,不能像文学、故事或描述那样,对源语言进行润色或加工,也不能使用替代词以增添手语语境,加以夸张或删减的"二次加工"的传达。句子次序在某种程度上或可改变,也可把长句拆分为短句,但不得引起文意含糊或引起误解。

(二)意旨清晰,首尾连贯

举例来说,销售合同的意旨是界定买卖双方的义务和权利;服务细则及条款的意旨是阐述供应双方与顾客的责任及义务;投资基金法的意旨是基金的运作订立监管规定。在译文中,此意旨须清晰表达出来,使原文蕴含的法律精神和效力得以重现。

(三)翻译风格与发言者风格保持一致

法律传译最注重与发言者、法律法条风格的贴近。手语译员在其他的公共活动进行翻译时,通常有较大的传译自由度。比如,有些手语译员对原文原话进行改写,从不同的聋人文化层次或教育程度适用文化与个体的差异需求,然而这样的自由度在法律翻译中是绝不容许的。近几年来,法律手语传译也追求浅白易懂。然而,法律手语传译时始终要注意严谨庄重,翻译必须保留其风格。

二、技能训练

(一)训练难度:易

训练一:

跟原房主签订了房屋购买合同,房子包括主房和车位。但是原房主收到全额房款后拒交车位(且租给别人使用,一直未告知),并要求我们多给他几万,真实原因是他觉得房子卖得便宜了,想讹钱。针对这个问题,结合合同内容如何通过法律讨回车位?

手语译文:

和/原房主/签订/房屋/购买/合同,房子/包括/主房/车位。但是/原房主/收到/全额/房款/后/拒交/车位(租给/别人/使用,一直/告知/没有),要求/我们/多给/他/几万,真实/原因/什么/他觉得/房子/卖/便宜,想/讹钱。针对/这/问题,想/结合/合同/内容/如何/通过/法律/讨回/车位?

训练二:

小学六年级的学生,体育课玩耍时,主动去撞别的同学,结果自己摔倒了,被同学压着了,造成锁骨骨折,体育老师不在场,学生也没有向老师和班主任报告,事情发生以后,家长要求学校赔偿所有的医疗费、误工费、营养费等共计三万元。律师认为:学校未尽到教育、管理和保护的职责,具有过失,学校就要承担民事赔偿责任。

手语译文:

小学/六年级/学生,体育课/玩耍/时,主动/撞/别/同学,结果/自己/摔倒,被/同学/压,造成/锁骨/骨折,体育/老师/不在场,学生/向/老师/班主任/报告/没有,事情/发生/以后,家长/要求/学校/赔偿/所有/医疗费/误工费/营养费/等/共计/三万。律师/认为:学校/教育/管理/保护/职责/尽到/没有,具有/过失,学校/承担/民事/赔偿/责任/要。

训练三:

陈先生两年前被他的同学借了5万元,直至现在还差3万元没还上,他同学搬到外地工作,一直联系不上,还把陈先生的微信拉黑了,他不知怎么办。但是有微信聊天与转账记录。只好找律师咨询,律师明确告诉他:如果能够提供民间借贷关系成立的证据,可以在你的当地法院起诉追偿。

手语译文:

陈先生/两年前/向/同学/借/5万,现在/还/差/3万/还/没,同学/搬到/外地/工作,一直/联系/不行,把/陈先生/微信/拉黑,他/不知/怎么办?但是/微信/聊天/转账/记录/有。只好/找/律师/咨询,律师/明确/告诉/他:如果/能够/提供/民间/借贷/关系/成立/证据,你/当地/法院/起诉/追偿/可以。

训练四:

检察机关提醒有关部门,应加强对外来人口的管理以及对无业人员的收容帮扶工作。同时也提醒奔波在楼宇之间的送餐员,送餐行程繁忙,也要保管好电瓶车、外卖保温箱等财物。如有必要,可给外卖箱上锁或将外卖箱随身携带,以防偷盗案件的发生。

手语译文:

检察/机关/提醒/有关/部门,加强/对/外来/人口/管理/对/无业/人员/收容/帮扶/工作。同时/提醒/奔波/在/楼宇/之间/送餐员,送餐/行程/繁忙,保管/好/电瓶车/外卖/保温箱/等/财物/要。如/有必要,可/给/外卖箱/上锁/或/把/外卖箱/随身/携带,偷盗/案件/发生/以防。

训练五:

国家干部遵纪守法,照章办事,不论远近亲疏都一视同仁;教师平等地对待每个学生,没有智力差别和家庭贫富贵贱之分;售货员公平地对待每位顾客,服务热情,不以貌取人,欺叟骗童。这是人的高度文明的体现,也是最基本的职业道德的要求。

第九章　手语传译专题训练

手语译文：

国家/干部/遵纪/守法,照章/办事,不论/远近/亲疏/都/一视同仁;教师/平等/对待/每/学生,没有/智力/差别/家庭/贫富/贵贱/之分;售货员/公平/对待/每/顾客,服务/热情,以貌取人,欺叟/骗童/不。这是/人/高度/文明/体现,最基本/职业/道德/要求,一样/是。

(于正保法律教育网)

(二)训练难度:中

训练一:

2017年8月13日18时30分,王某驾驶自己的私家车载着妻子吕某、儿子王某强和女儿王某静等人回所住的小区,后王某将车停在小区单元楼下电梯口外面的路上,让其妻子及孩子等人下车。王某在未确认行车环境是否安全的情况下继续往前向停车位行驶,不料在行驶过程中将其儿子王某强碾轧致死。

经鉴定,王某强头部遭受暴力作用造成脑腔出血、头颅骨折伴小脑挫碎,其程度足可致其死亡。王某见状,当即向河南省驻马店市遂平县公安局投案。近日,遂平县人民法院对这起机动车驾驶人因开车疏忽大意过失轧死自己儿子的案件进行了审理。一审认为,王某在所居住的小区内驾车行驶过程中,因过失致其儿子死亡,其行为已触犯我国刑法,依据刑法规定构成过失致人死亡罪。综合案情后,法院判处王某有期徒刑一年,缓刑二年。疏忽大意致亲属死亡属过失犯罪。

根据我国刑法规定,过失致人死亡的,处三年以上七年以下有期徒刑;情节较轻的,处三年以下有期徒刑。本案中,王某过失致其儿子死亡,犯罪发生在其与亲属之间,属情节较轻,应在三年以下有期徒刑量刑幅度内量刑。王某犯罪后主动投案,如实供述自己的犯罪事实,系自首,依法可对其从轻处罚。

手语译文：

2017年/8月13日/18时30分,姓名/王/驾驶/自己/私家车/载/妻子/姓名/吕、儿子/姓名/王某强/女儿/姓名/王某静/等人/回/所住/小区,后/王某/车/停/小区/单元楼下/电梯口/外面/路,让/妻子/孩子/下车。王某/未确认/行车/环境/是否/安全/情况/继续/往前/向/停车位/行驶,不料/行驶/过程/将/儿子/王某强/碾轧/致死。

经/鉴定,王某强/头部/遭受/暴力/作用/造成/脑腔/出血、头颅/骨折/伴/小脑/挫碎,程度/足可/死亡。王某/见状,当即/向/河南省/驻马店市/遂平县/公安局/投案。近日,遂平县/人民/法院/对/这/机动车/驾驶人/开车/疏忽/大意/过失/轧死/自己/儿子/案件/进行/审理。一审/认为,王某/居住/小区/内/驾车/行驶/过程,过失/致/儿子/死亡,这/行为/已/触犯/我国/刑法,依据/刑法/规定/构成/过失/致人/死亡/罪。综合/案情/后,法院/判处/王某/有期/徒刑/一年,缓刑/二年。疏忽/大意/致/亲属/死亡/属/过失/犯罪。

根据/我国/刑法/规定,过失/致人/死亡,处/三年以上/七年以下/有期/徒刑;情节/较轻,处/三年以下/有期/徒刑。本/案中,王某/过失/致/儿子/死亡,犯罪/发生/亲属/

之间,属/情节/较轻,应/三年以下/有期/徒刑/量刑/幅度/内/量刑。王某/犯罪/后/主动/投案,如实/供述/自己/犯罪/事实,自首/依法/从轻/处罚/可以。

训练二:

昔日情侣分手后因彩礼对簿公堂的事情早就屡见不鲜了。生活不似恋爱时那般甜蜜,每天都围绕着柴米油盐。钱钟书先生说,婚姻是一堵围墙,看着美妙,墙外的人想进来,墙内的人想出去。所以,现在很多人选择了"试婚",也就是我们所说的未婚同居,然而试得好的最终走向美满,试得不好的最终就只能劳燕分飞了。

近日,陕西省蒲城县人民法院审理了这样一起"婚姻财产"纠纷案。原告曹某(男)与被告刘某(女)于2014年2月经人介绍相识并恋爱,经过一段时间的相处,二人便开始同居生活。2014年11月29日,曹某与刘某按照当地习俗举办了结婚仪式,但未领取结婚证。曹某给付刘某礼金38000元,并为刘某购买了"两金一银"(金戒指、金项链、银镯子)。同居生活期间,刘某以与曹某性格不合为由,多次离家出走。2016年4月6日,刘某回娘家后就再没有返回二人家中,双方及其家人经过多次协商,刘某坚决表示不愿再与曹某继续生活下去,并拒绝返还彩礼。曹某遂向蒲城法院提起诉讼。

该院经审理认为,我国在法律上未设婚约制度,就其性质而言,婚约只有道德约束力,没有法律效力。"办婚礼"也并不是结婚的法定程序。根据相关法律规定,婚约期间一方按照风俗习惯给付另一方的彩礼,在双方没有办理结婚登记以前,给付方可以要求返还。结合该案案情,法院酌定刘某向原告曹某返还彩礼20000元;原告曹某给付被告刘某的金戒指、金项链、银镯子,属于原告曹某对被告刘某的赠予,不予返还。

手语译文:

昔日/情侣/分手/后/彩礼/对簿/公堂/事情/屡见/不鲜早有。生活/不像/恋爱/甜蜜,每天/围绕/柴米/油盐。钱钟书/先生/说,婚姻/一堵/围墙/是,看/美妙,墙外人/想/进来,墙内人/想/出去。所以,现在/很多人/选择"试婚",我们/所说/未婚/同居/一样/是,试/好/最终/走向/美满,试/不好/最终/分开。

近日,陕西省/蒲城县/人民/法院/审理/一/"婚姻/财产"/纠纷/案。原告/曹某(男)/被告/刘某(女)/2014年/2月/经人/介绍/相识/恋爱,经过/一段/时间/相处,二人/开始/同居/生活。2014年/11月29日,曹某/刘某/按照/当地/习俗/举办/结婚/仪式,但/领取/结婚证/没有。曹某/给付/刘某/礼金/38000元,为/刘某/购买/"两金/一银"(金戒指、金项链、银镯子)。同居/生活/期间,刘某/曹某/性格/不合/为由,多次/离家/出走。2016年/4月6日,刘某/回/娘家/后/返回/二人/家中/没有,双方/家人/经过/多次/协商,刘某/坚决/表示/不愿/与/曹某/继续/生活,拒绝/彩礼/返还。曹某/向/蒲城/法院/提起/诉讼。

该院/经/审理/认为,我国/法律/未设/婚约/制度,按照/性质/而言,婚约/道德/约束力/只有,法律/效力/没有。"办/婚礼"/结婚/法定/程序/不是。根据/相关/法律/规定,婚约/期间/一方/按照/风俗习惯/给付/另一方/彩礼,双方/没有/办理/结婚/登记/

以前,给付方/要求/返还/可以。结合/该案/案情,法院/酌定/刘某/向/原告/曹某/彩礼/20000元/返还/原告/曹某/给付/被告/刘某/金戒指、金项链、银镯子,属于/原告/曹某/对/被告/刘某/赠予,返还/不用。

训练三:

三天前,镇江丹徒区发生了一起抢劫案,嫌疑人被警方抓获后交代,自己抢劫的原因竟然是为了进监狱躲债。

2016年12月29日凌晨4点多钟,在丹徒区勤政南路一家棋牌室发生了一起持枪抢劫案,7名受害者被嫌疑人抢劫了1万多元。犯罪嫌疑人当时蒙面,右手持有一把手枪,左手还拿着一根电棍。逼迫受害人交出身上财物。该男子抢得1万多元后,驾驶着一辆黑色轿车逃离现场。民警立即对案发地路口的监控进行了查询,很快发现可疑车辆。通过信息查询,民警了解到,车主姓朱,就住在丹徒某小区内。民警迅速前往该小区,成功抓获了嫌疑人朱某。民警在朱某的家中找到了作案工具。这把枪并不是真枪,但弹夹里装有疑似金属弹,对人体具有一定的杀伤力。

经过审讯,朱某交代这些作案工具都是从网上购买的,而他抢劫竟然是为了躲债。原来,朱某此前放了高利贷,但对方没有及时还,这导致他无力偿还自己向别人借的30万高利贷。因为欠债,朱某就想到了抢劫,想到监狱里面去躲躲债。目前,朱某已经被刑事拘留,案件正在进一步审理中。

手语译文:

三天/前,镇江/丹徒区/发生/抢劫/案,嫌疑人/被/警方/抓获/后/交代,自己/抢劫/原因/什么/进/监狱/躲债/是。

2016年/12月29日/凌晨/4点多,丹徒区/勤政/南路/一家/棋牌室/发生/持枪/抢劫案,7名/受害者/被/嫌疑人/抢劫/1万多。犯罪/嫌疑人/当时/蒙面,右手/手枪/持有,左手/拿/电棍。逼迫/受害人/交出/身上/财物。男子/抢/1万多/后,驾驶/黑色/轿车/逃离/现场。民警/立即/案发地/路口/监控/查询,很快/发现/可疑/车辆。通过/信息/查询,民警/了解,车主/姓/朱,住/丹徒/某小区。民警/迅速/前往/小区,嫌疑人/朱某/抓获/成功。民警/在/朱某/家中/找到/作案/工具。这/枪/真枪/不是,但/弹夹里/装有/疑似/金属弹,对/人体/杀伤力/有。

经过/审讯,朱某/交代/这些/作案/工具/从/网上/购买/都是,他/抢劫/想不到/为了/躲债/是。原来,朱某/此前/放/高利贷,但/对方/及时/还/没有,这/导致/他/无力/偿还/自己/向/别人/借/30万/高利贷。因为/欠债,朱某/想到/抢劫,到/监狱/里面/去/躲躲债。目前,朱某/已经/刑事/拘留,案件/正在/进一步/审理。

训练四:

叶某系某公司的电工。2017年夏的一天,叶某在上晚班前半小时喝了三瓶啤酒。晚上7时30分左右,由于机器故障,公司员工李某叫叶某去维修。叶某要求李某开维修单,李某开好之后交给叶某。

叶某看过之后,认为不是其工作范围,遂告诉李某不修理。李某将此情况报告班组长张某,张某遂到叶某办公室交涉。在此期间叶某让张某"滚",双方发生口角并产生肢体冲突。叶某报警后,双方到派出所接受调查。叶某在打架中头部等处受外伤,张某轻伤。两天后,公司以叶某临近上班前大量饮酒、酒后不能控制情绪,出言不逊,上班时与同事打架、发生打架后由派出所调解时又态度恶劣、拒不接受调解为由,向叶某出具解除劳动合同通知书。

随后,根据该公司制定的员工守则中"在公司工作时间进行赌博、打斗、喝酒、盗窃等有害风纪行为者,给予提前解除劳动合同处理"的规定,公司经研究并征求工会意见同意后,决定解除与叶某的劳动合同。

叶某对此不服,他认为"上班前喝酒"并非"工作时喝酒",他受到了张某的殴打,并非主动参与打架,故公司解除劳动合同不合法,向劳动仲裁部门申请仲裁,要求赔偿违法解除劳动合同赔偿金13万余元。劳动仲裁部门裁决公司违法解除劳动合同,公司应支付赔偿金。

仲裁裁决作出后,公司不服裁决,认为公司属于合法解除,遂向法院提起诉讼,要求判令无须支付赔偿金。

手语译文:

叶某/某公司/电工/是。2017年/夏天,叶某/上晚班/前/半小时/喝/三瓶/啤酒。晚上/7时30分/左右,由于/机器/故障,公司/员工/李某/叫/叶某/维修。叶某/要求/李某/开/维修单,李某/开好/后/交给/叶某。

叶某/看过/之后,认为/工作/范围/不是,告诉/李某/修理/不。李某/情况/报告/班组长/张某,张某/到/叶某/办公室/交涉。期间/叶某/让/张某/"滚",双方/发生/口角/产生/肢体/冲突。叶某/报警/后,双方/到/派出所/接受/调查。叶某/打架/头部/受外伤,张某/轻伤。两天/后,公司/以/叶某/临近/上班前/大量/饮酒、酒后/控制/情绪/不能,出言/不逊,上班时/与/同事/打架、发生/打架后/派出所/调解/时/态度/恶劣、拒/不/接受/调解/为由,向/叶某/解除/劳动/合同/通知书。

随后,根据/公司/制定/员工/守则/公司/工作/时间/进行/赌博、打斗、喝酒、盗窃/有害/风纪/行为,给予/提前/解除/劳动/合同/处理/规定,公司/研究/并/征求/工会/意见/同意/后,决定/解除/叶某/劳动/合同。

叶某/不服,他/认为"上班前/喝酒"是,工作时/喝酒"不是,他/受到/张某/殴打/是,主动/参与/打架/不是,公司/解除/劳动/合同/不合法,向/劳动/仲裁/部门/申请/仲裁,要求/赔偿/违法/解除/劳动/合同/赔偿金/13万。劳动/仲裁/部门/裁决/公司/违法/解除/劳动/合同,公司/应/支付/赔偿金。

仲裁/裁决/后,公司/不服/裁决,认为/公司/属于/合法/解除,向/法院/提起/诉讼,要求/判令/支付/赔偿金/不需要。

训练五:

不少人遇到精美有趣的摄影图片或是动漫美术作品都会随手保留,这些作品往往不知来源与作者,就朋友圈里随意上传了。殊不知,一张小图片也可能引发著作权侵权风险。

北京一家图像技术公司起诉称,其为全球最大图片供应商美国盖帝公司在中国境内唯一授权代理,横店影视股份有限公司未经许可,在其"横店影视""横店影视城"的微信公众号中使用了该公司享有著作权的摄影作品,侵害了其摄影作品的信息网络传播权。该公司曾多次要求横店公司提供授权使用文件或者停止侵权行为并赔偿经济损失,但遭到拒绝。为此,起诉要求对方立即停止侵权并赔偿经济损失及维权合理开支两万元。

最终,在法院的调解下,双方达成协议,支付原告版权使用费6000元。谭乃文法官提示:不明来源的图片尽量不上传。

谭乃文法官称,我国《著作权法》规定,未经著作权人许可,任何人擅自在网络上传播其他人作品的行为,都构成侵权。在网络上将他人享有著作权的图片未经许可随意上传,属于侵犯著作权中的信息网络传播权的范畴,在没有其他法定理由的情况下,可能构成侵权。

手语译文:

很多/人/遇到/精美/有趣/摄影/图片/动漫/美术/作品/都会/随手/保留,这些/作品/往往/不知/来源/作者,朋友圈/随意/上传。不知,一/小图片/可能/引发/著作权/侵权/风险。

北京/一家/图像/技术/公司/起诉,为/全球/最大/图片/供应商/美国/盖帝/公司/在/中国/境内/唯一/授权/代理,横店/影视/股份/有限/公司/未经/许可,在/横店/影视、横店/影视/城/微信/公众号/使用/公司/享有/著作权/摄影/作品,侵害/摄影/作品/信息/网络/传播权。该公司/多次/要求/横店/公司/提供/授权/使用/文件/或者/停止/侵权/行为/赔偿/经济/损失,但/遭到/拒绝。为此,起诉/要求/对方/立即/停止/侵权/赔偿/经济/损失/维权/合理/开支/两万元。

最终,法院/调解/,双方/达成/协议,支付/原告/版权/使用费/6000元。谭乃文/法官/提示:不明/来源/图片/尽量/上传/不要。

谭乃文/法官/说,我国/《著作权/法》/规定,未经/著作权/人/许可,任何人/擅自/网络上/传播/作品/行为,构成/侵权/是/网络上/将/他人/享有/著作权/图片/未经/许可/随意/上传,属于/侵犯/著作权/中/信息/网络/传播权/范畴,没有/其他/法定/理由/情况,可能/构成/侵权。

(三)训练难度:高

训练一:

5月19日0时许,喝得醉醺醺的陈某请代驾司机送自己回家,到达停车场后,却发现有辆轿车停在自己车库入口挡住了门。下车一看,又是那辆曾经挡住自己车位的宝马轿车。据了解,因车库入口被挡,无法停车入库,不胜其烦的陈某曾为此专门在车库前贴了一张"拦住车库,后果自负"的提示条,没想到对方的车这次又停在此处。陈某一气之下,趁着醉意,用车钥匙将宝马车前引擎盖和四扇车门划伤后,冲进保安室,叫保安喊车主挪车。

保安跟着陈某来到车库前,看到宝马停在非停车区域,挡住了陈某车位,马上联系车主程先生。此时,陈某还不解气,一脚将宝马前侧左车灯踢坏,保安赶紧拦住了他。没多久,程先生到场,看到爱车被划,他和陈某理论起来。二人吵闹不休,程先生索性掏出手机,选择报警处理。看到程先生报了警,陈某将车钥匙往对方车引擎盖上一扔,转身跑回了家。

5月22日,经公安机关口头传唤,陈某到案后,对故意毁坏财物的犯罪事实供认不讳。陈某表示,他以为损坏后照价赔偿就行,并不知道损坏他人财物的行为违法,现在后悔莫及。经鉴定,被害人被损坏财物价值9284元。

近日,该案被移送至湖北省武汉市人民检察院审查逮捕。检察院审查后认为,陈某故意毁坏他人财物,且数额较大,其行为已触犯刑法,涉嫌故意毁坏财物罪。但因陈某无前科,且积极悔过并赔偿被害人损失,取得被害人的谅解,依据《刑事诉讼法》第八十八条,检察机关以无社会危险性不批准逮捕犯罪嫌疑人陈某。随后,陈某被取保候审。

划车泄愤不是小事恐担刑责

手语译文:

5月19日/晚上/12时,喝/醉醺醺/陈某/请/代驾/司机/送/自己/回家,停车场/到达/后,发现/轿车/停/自己/车库/入口/挡住/有。下车/看,又是/曾经/挡住/自己/车位/宝马/轿车。据/了解,车库/入口/被挡,无法/停车/入库,不胜其烦/陈某/曾/专门/在/车库/前/贴"拦住/车库,后果/自负"提示条,没想到/对方/车/又停。陈某/生气,趁着/醉意,用/车钥匙/宝马车/前引擎盖/四扇/车门/划伤/后,冲进/保安室,叫/保安/喊/车主/挪车。

保安/跟/陈某/来到/车库前,看到/宝马/停/非停车/区域,挡住/陈某/车位,马上/联系/车主/程先生。此时,陈某/不解气,一脚/宝马/前侧/左车灯/踢坏,保安/赶紧/拦住/他。没/多久,程先生/到场,看到/爱车/被划,他/陈某/理论/起来。二人/吵闹/不休,程先生/马上/掏出/手机,选择/报警/处理。看到/程先生/报警,陈某/车钥匙/往/对方/车/引擎盖/扔,转身/跑/回家。

5月/22日,经/公安/机关/口头/传唤,陈某/到案/后,自己/故意/毁坏/财物/犯罪/事实/供认不讳。陈某/说,他/以为/损坏/后/照价/赔偿/就行,不知道/损坏/他人/财物/行为/违法,现在/后悔/很。经/鉴定,被害人/被损坏/财物/价值/9284元。

近日,该案/移送/湖北省/武汉市/人民/检察院/审查/逮捕。检察院/审查/后/认为,陈某/故意/毁坏/他人/财物,数额/较大,行为/触犯/刑法,涉嫌/故意/毁坏/财物/罪。但/因/陈某/无前科,积极/悔过/赔偿/被害人/损失,取得/被害人/谅解,依据/刑事/诉讼法/第八十八条,检察/机关/以/无社会/危险性/不批准/逮捕/犯罪/嫌疑人/陈某。随后,陈某/被/公安/机关/取保/候审。

划车/泄愤/小事/不是,怕/刑责/承担。

训练二：

女职工因孕期、产期、哺乳期等特殊的生理特点，在职场上时常受到不公平对待。为了保护女职工合法权益，我国《劳动法》《劳动合同法》《女职工劳动保护特别规定》等法律法规对女职工的权益都有特殊规定，但女职工因"三期"期间劳动权利受到侵害而提起诉讼的案件仍屡见不鲜。下面是北京一中院的法官将结合近三年来审理的涉女职工权益保护劳动争议的典型案例，为大家详细解读女职工劳动保护的特殊规定，快来一起学习吧。

手语译文：

女职工/因为/孕期/产期/哺乳期/等/特殊/生理/特点，职场/时常/受到/不公平/对待。为/保护/女职工/合法/权益，我国/《劳动法》、《劳动合同法》、《女职工/劳动/保护/特别/规定》等/法律/法规/对/女职工/权益/特殊/规定/都有，但/女职工/因"三期"/期间/劳动/权利/受到/侵害/提起/诉讼/案件/仍/屡见不鲜。下面/北京/一中院/法官/结合/近三年/审理/涉/女职工/权益/保护/劳动/争议/典型/案例，为/大家/详细/解读/女职工/劳动/保护/特殊/规定，快来/一起/学习。

案例："三期"期间不得恶意降薪

王女士在一家科技公司任实验室研究员。2013年1月31日，王女士生育一女。休完产假后，王女士回到公司工作，公司仍安排其继续从事有毒有害实验，还以其未履行岗位职责为由仅按照北京市最低工资标准支付工资报酬。王女士诉至法院，主张公司在其哺乳期让其做有毒有害实验，且无正当理由克扣工资，故要求公司向其支付拖欠的工资。法院经审理认为，任何单位不得因结婚、怀孕、产假、哺乳等情形，降低女职工的工资。该公司在王女士哺乳期内降低工资的做法明显违反了国家的法律规定，应当将降低工资部分补发给王女士。

法官说法：《女职工劳动保护特别规定》第五条规定了"用人单位不得因女职工怀孕、生育、哺乳降低其工资"。如果"三期"女职工的现工作岗位对其身体有害，用人单位应与女职工协商将其调到适合其身体状况的岗位，但是，不得以女职工怀孕、生育、哺乳为由降薪。

手语译文：

王女士/一家/科技/公司/任/实验室/研究员。2013年/1月/31日，王女士/生育/一女。休完/产假/后，王女士/回到/公司/工作，公司/仍/安排/继续/从事/有毒/有害/实验，还/以/未履行/岗位/职责/为由/按照/北京市/最低/工资/标准/支付/工资/报酬。王女士/诉至/法院，公司/在/哺乳期/让/做/有毒/有害/实验，无正当/理由/克扣/工资，要求/公司/支付/拖欠/工资。法院/经/审理/认为，任何/单位/因/结婚/怀孕/产假/哺乳/等/情形，女职工/工资/降低/不得。公司/在/王女士/哺乳期/内/降低/工资/做法/明显/违反/国家/法律/规定，应当/降低/工资/部分/补发/王女士。

法官/说法:《女职工/劳动/保护/特别/规定》第五条/规定/"用人/单位/女职工/怀孕/生育/哺乳/降低/其工资/不得"。如果/"三期"/女职工/现/工作/岗位/对/身体/有害,用人/单位/应/与/女职工/协商/调到/适合/身体/状况/岗位,但是,以/女职工/怀孕/生育/哺乳/为由/降薪/不得。

训练三：

近期，本市长宁区中山公园一带连续发生数起偷盗外卖案件。窃贼在外卖小哥上楼送餐的间隙，从送餐车内"顺手牵羊"。近日，长宁区检察院先后对两起偷盗外卖案件提起公诉。

今年3月，警方接到多名送餐员报案，称放在送餐车内的外卖不翼而飞。通过调阅周边监控录像，民警很快就发现了窃贼的踪迹。录像中，一名沿街闲逛的男子貌似不经意走到送餐车旁，左右张望了一番。见四下无人，他打开保温箱的盖子，从中摸出一袋外卖后便迅速离开，手法十分老练。根据监控，警方在长宁路多媒体广场附近将被告人陈某抓获。

经查，2017年9月4日至2018年3月24日期间，陈某于长宁区万丽酒店及新时空酒店门口，先后4次窃得外卖共6份，总计价值人民币187.28元。据陈某供述，他从外地到上海打零工，近期接不到活没有收入，才想到偷外卖果腹。长宁区检察院依法以涉嫌盗窃罪对被告人陈某提起公诉，近日，陈某被判处拘役三个月，并处罚金人民币一千元。被告人陈某原以为外卖并非贵重财物，即便是多次偷盗也不构成犯罪。事实上，我国《刑法》第二百六十四条规定，盗窃公私财物、数额较大的，或者多次盗窃、入户盗窃、携带凶器盗窃、扒窃的，处三年以下有期徒刑、拘役或者管制，并处或者单处罚金。其中，两年内盗窃三次以上的，应当认定为多次盗窃。根据上述法律及司法解释，被告人陈某的行为均符合"两年内盗窃三次以上"，属于多次盗窃，应依法追究其刑事责任。

检察机关提醒有关部门，应加强对外来人口的管理以及对无业人员的收容帮扶工作。同时也提醒奔波在楼宇之间的送餐员，送餐行程繁忙，也要保管好电瓶车、外卖保温箱等财物。如有必要，可给外卖箱上锁或将外卖箱随身携带，以防类似案件的发生。

手语译文：

近期,本市/长宁区/中山/公园/一带/连续/发生/偷盗/外卖/案件。窃贼/在/外卖/小哥/上楼/送餐/间隙,从/送餐车/内"/顺手牵羊"。近日,长宁区/检察院/先后/对/两/偷盗/外卖/案件/提起/公诉。

今年/3月,警方/接/多名/送餐员/报案,称/放/送餐车/内/外卖/不翼而飞。通过/调阅/周边/监控/录像,民警/很快/发现/窃贼/踪迹。录像/中,一/沿街/闲逛/男子/貌似/不经意/走到/送餐车/旁,左右/张望。见/四下/无人,他/打开/保温箱/盖子,从/里/摸出/一袋/外卖/后/迅速/离开,手法/十分/老练。根据/监控,警方/在/长宁路/多媒体/广场/附近/将/被告人/陈某/抓获。

经查,2017年/9月4日/至/2018年/3月24日/期间,陈某/长宁区/万丽/酒店/新时空/酒店/门口,先后/4次/窃/外卖共6份,总计/价值/人民币/187.28元。据/陈某/供述,他/从/外地/到/上海/打零工,近期/接不到/活/没有/收入,想到/偷外卖/果腹。长宁区/检察院/依法/以/涉嫌/盗窃罪/对/被告人/陈某/提起/公诉,近日,陈某/被判/拘役/三个月,处罚金/人民币/一千元。被告人/陈某/原/以为/外卖/不是/贵重/财物,多次/偷盗/不构成/犯罪。事实,我国/《刑法》/第二百六十四条/规定,盗窃/公私/财物、数额/较大,或者/多次/盗窃/、入户/盗窃、携带/凶器/盗窃、扒窃,处/三年/以下/有期/徒刑、拘役/或者/管制,并处/或者/单处/罚金。两年/内/盗窃/三次/以上,应当/认定/多次/盗窃。根据/上述/法律/司法/解释,被告人/陈某/行为/均/符合"两年内/盗窃/三次/以上",属于/多次/盗窃,应/依法/追究/刑事/责任。

检察/机关/提醒/有关/部门,应/加强/外来/人口/管理/对/无业/人员/收容/帮扶/工作。同时/提醒/奔波/楼宇/送餐员,送餐/行程/繁忙,保管/好/电瓶车/外卖/保温箱/等/财物/要。如/有必要,可/给/外卖箱/上锁/或/外卖箱/随身/携带,以防/类似/案件/发生。

训练四:

陈某和妻子马某离婚后,儿子小强一直由陈某抚养,几年后陈某去世,马某将陈某的父母老陈夫妇告上法庭,请求法院判决自己拥有小强的监护权。近日,浙江省平阳县人民法院审理了这起监护权纠纷案。

2000年,陈某经人介绍认识马某,并与之领证结婚。次年,他们的儿子小强出生。但陈某和妻子马某因性格不合于2013年离婚,当时法院判决儿子小强由陈某抚养,马某一次性支付抚养费4.2万元。2017年陈某因病去世,由于马某一直未支付抚养费,老陈夫妇以继承人身份向法院申请强制执行,之后马某将4.2万元抚养费汇入平阳法院执行账户。

"小强爸爸去世,我担心爷爷奶奶年纪大了照顾不好孩子,可他们不让我见孩子。"紧接着,马某又将老陈夫妇告上法庭,请求法院判决自己拥有小强的监护权,小强跟随自己生活。

"离婚后这些年,她连抚养费都不肯给,根本没尽到做母亲的义务,小强都是我们这边带的,他也说要跟我们生活。"老陈夫妇情绪激动,不同意马某带走小强。

第一次庭审结束后,老陈夫妇就拉着小强到法院,要求他向法官表示自己想和爷爷奶奶生活。但法官在与小强单独谈话时,他却一言不发,始终沉默应对。

考虑到家庭变故可能会对小强心理造成影响,法官联系心理咨询师对他进行心理辅导。心理咨询师多次沟通后,小强终于吐露心声:"我很想妈妈,可爷爷奶奶年纪大了身体不太好,我跟哪边生活都可以,但无论跟谁,都觉得对不起另一方。"

小强的母亲及爷爷奶奶得知其想法后,态度渐渐有所缓和。后经法官调解,双方达成调解协议,老陈夫妇确认马某享有小强的监护权,小强由马某抚养,4.2万元抚养费以定期3年的形式存于小强存折内。

父母是孩子的第一顺序监护人,根据我国民法总则规定,父母是未成年子女的监护人。在父母一方死亡的情形下,另一方理所当然是未成年子女的唯一监护人,在其尚有监护能力的情况下,祖父母作为第二顺序监护人,是没有监护资格的。

手语译文:

陈某/和/妻子/马某/离婚/后,儿子/小强/一直/陈某/抚养,几年/后/陈某/去世,马某/将/陈某/父母/老陈/夫妇/告上/法庭,请求/法院/判决/自己/拥有/小强/监护权。近日,浙江省/平阳县/人民/法院/审理/这/监护权/纠纷/案。

2000年,陈某/经人/介绍/认识/马某,领证/结婚。第二年,他们/儿子/小强/出生。但/陈某/和/妻子/马某/性格/不合/2013年/离婚,当时/法院/判决/儿子/小强/陈某/抚养,马某/一次性/支付/抚养费/4.2万。2017年/陈某/因病/去世,马某/一直/抚养费/支付/没有,老陈/夫妇/以/继承人/身份/向/法院/申请/强制/执行,之后/马某/4.2万/抚养费/汇入/平阳/法院/执行/账户。

"小强/爸爸/去世,我/担心/爷爷/奶奶/年纪/大/照顾/孩子/不好,可/他们/不让/我/见/孩子。"接着,马某/又/将/老陈/夫妇/告上/法庭,请求/法院/判决/自己/拥有/小强/监护权,小强/跟随/自己/生活。

"离婚后/这些年,她/连/抚养费/给/不肯,没/尽到/做/母亲/义务,小强/都是/我们/这边/带,他/也说/要/跟/我们/生活。"老陈/夫妇/情绪/激动,不同意/马某/带走/小强。

第一次/庭审/结束/后,老陈/夫妇/拉/小强/到/法院,要求/他/向/法官/表示/自己/想/和/爷爷/奶奶/生活。但/法官/与/小强/单独/谈话/时,他/一言不发,始终/沉默。

考虑/家庭/变故/可能/会/对/小强/心理/造成/影响,法官/联系/心理/咨询师/对/他/进行/心理/辅导。心理/咨询师/多次/沟通/后,小强/终于/心声/吐露:"我/很想/妈妈,可/爷爷/奶奶/年纪大/身体/不太好,我/跟/哪边/生活/都可以,但无论/跟/谁,都/觉得/对不起/另一方。"

小强/母亲/爷爷/奶奶/得知/想法/后,态度/渐渐/缓和。法官/调解,双方/达成/调解/协议,老陈/夫妇/确认/马某/享有/小强/监护权,小强/由/马某/抚养,4.2万/抚养费/以/定期/3年/形式/存入/小强/存折。

父母/孩子/第一/顺序/监护人,根据/我国/民法/总则/规定,父母/未成年/子女/监护人。父母/一方/死亡/情形,另一方/理所当然/未成年/子女/唯一/监护人,尚有/监护/能力/情况,祖父母/作为/第二/顺序/监护人,监护/资格/没有。

训练五:

2015年9月,原告李某在被告某健身公司办理了一张健身房会员卡。健身过程中,李某刷卡支付8600元报名参加为期6个月的瑜伽私人小班培训课程,由教练宋某一对一教学。双方未签订合同,被告公司未出具相关收据发票。2016年初,私教宋某离职,健身公司聘请了新的瑜伽教练。由此李某不愿继续瑜伽私教课程,要求健身房退还剩余学费。双方协商未果,故李某诉至法院,请求健身房退还剩余学费8000余元,并要求支付精神损失费、误工费等损失。

被告健身公司辩称,该公司已将健身房交给他人经营,后更换了经营者和教练,原告可以继续正常上课。原告没有提交相关票据,只有刷卡记录,不能证明是其学瑜伽的学费。

怀柔法院经审理后认为,本案被告公司作为健身房的经营管理者,对其主张原告在其公司刷卡消费支出的项目应当承担举证责任,并对原告已经上课的课时进行举证。案件审理过程中,被告公司未提出相关证据证明其主张,应承担证明不利的后果。同时,健身私教具有较强的身份属性,在双方没有相关书面约定的情况下,原告以健身房更换私教为由要求退还学费,理由正当,法院予以支持。最终,法院依法判决被告健身公司退还原告学费8000余元,驳回了原告其他诉讼请求。

法官说法:根据《最高人民法院关于适用〈中华人民共和国民事诉讼法〉的解释》第九十条规定,当事人对自己提出的诉讼请求所依据的事实或者反驳对方诉讼请求所依据的事实,应当提供证据加以证明。当事人未能提供证据或者证据不足以证明其事实主张的,由负有举证证明责任的当事人承担不利的后果。

法院特别提醒消费者进行消费时,应注意向商家索要相关票据,如今很多交易可通过POS机刷卡、移动扫码支付进行,这种情况下收款人很可能与服务提供者不一致,如果不索要相关票据,就难以证明费用项目,给后续维权带来麻烦。此外,消费者还应注意留存书面证据,尽量不要以口头承诺作为协议方式,应落实到书面合同,并仔细阅读合同内容,避免因未注意到格式条款而引发其他纠纷。

(来源于中法网校)

手语译文:

2015年/9月,原告/李某/在/被告/某/健身/公司/办理/一/健身房/会员卡。健身过程,李某/刷卡/支付/8600元/报名/参加/6个月/瑜伽/私人/小班/培训/课程,教练/宋某/一对一/教学。双方/未签订/合同,被告/公司/未/出具/相关/收据/发票。2016年/初,私教/宋某/离职,健身/公司/聘请/新瑜伽/教练。李某/不愿/继续/瑜伽/私教/课程,要求/健身房/退还/剩余/学费。双方/协商/结果/没有,李某/诉/法院,请求/健身房/退还/剩余/学费/8000余,要求/支付/精神/损失费/误工费/等/损失。

被告/健身/公司/辩称,该公司/已/将/健身房/交给/他人/经营,更换/经营者/教练,原告/可以/继续/正常/上课。原告/没有/提交/相关/票据,只有/刷卡/记录,不能/证明/是/学/瑜伽/学费。

怀柔/法院/审理/后/认为,本案/被告/公司/作为/健身房/经营/管理者,对/原告/公司/刷卡/消费/支出/项目/应当/承担/举证/责任,对/原告/已经/上课/课时/进行/举证。案件/审理/过程,被告/公司/未/提出/相关/证据/证明/主张,应/承担/证明/不利/后果。同时,健身/私教/较强/身份/属性/具有,双方/没有/相关/书面/约定/情况,原告/以/健身房/更换/私教/为由/要求/退还/学费,理由/正当,法院/予以/支持。最终,法院/依法/判决/被告/健身公司/退还/原告/学费/8000余,原告/其他/诉讼/请求/驳回。

法官/说法:根据《最高/人民/法院/关于/适用〈/中华/人民/共和国/民事/诉讼法〉/解释》/第九十条/规定,当事人/对/自己/提出/诉讼/请求/所/依据/事实/或者/反驳/对方/诉讼/请求/所/依据/事实,应当/提供/证据/证明。当事人/未能/提供/证据/或者/证据/不足/证明/事实/主张,负有/举证/证明/责任/当事人/承担/不利/后果。

法院/特别/提醒/消费者/消费/时,注意/向/商家/索要/相关/票据,如今/很多/交易/可/通过/POS机/刷卡/移动/扫码/支付,这种/情况/收款人/可能/与/服务/提供者/不一致,如果/相关/票据/不索要,证明/费用/项目/困难,后续/维权/麻烦。此外,消费者/应/注意/留存/书面/证据,尽量/口头/承诺/作为/协议/方式/不要,应/落实/书面/合同,仔细/阅读/合同/内容/要,避免/因/注意/没有/格式/条款/引发/其他/纠纷。

第四节　医疗手语传译

医疗手语传译是聋人去医院就医时配备的手语翻译服务,涉及问诊、体检、取药、手术、住院等。随着社会发展,老龄化聋人就医住院不断增加,对手语译员的需求也在不断增加。作为手语译员,应该了解就医流程与聋人患者的病情,以更好地帮助聋人解决就医的各种问题。

目前,我国对残疾人关注度越来越高,特别是残疾人的健康问题。保健养生也受到越来越多聋人的重视与青睐,聋人去医院看病也在不断增多。因此,需要高水平懂医学的手语翻译人才,为医生与聋人之间在医学领域与保健养生方面的交流消除障碍与恐惧感。医疗手语传译的作用是阐明聋人患者的病情和医疗措施、治疗方案等,以及新药品的功能和疗效,还包括新的治疗技术的特点等。其宗旨是为了医学成果共享,让聋人与听人平等享有知情权,从而造福聋人。医学手语传译不同于普通手语传译的主要特点在于,相关医学翻译的语言运用需规范严肃,体现科学的严谨性。根据患者的病情是否使用药品关系到患者的生命健康,因此,医疗手语传译的翻译必须准确无误,稍微有些差错就可能导致重大医学事故的发生。手语译员要更加关注医疗传译的技巧和准确性,这需要大量的反复练习和实践经验。

一、医疗手语传译技巧

(一)正确理解医学术语或词义

我们在学习英语时会遇到一些模棱两可的词,这些是正常现象,但是对于医学翻译来说,必须准确界定含糊的词汇的意思,这也有利于方便医生与聋人患者的交流,也便于医生对患者的病情做出正确的诊断。往往一个词汇的拿捏不准会导致整个句子的意思发生变化,从而造成医生判断失误,写错药方,酿成医学事故。手语传译时切忌断章取义,要做到联系上下文,从整句话的角度对词汇做出准确的定义。所以,正确理解词义是医疗手语传译实训的首要要求。

(二)正确理解句子

做医疗手语传译时,要提前了解聋人患者与病情与病因等,然后进行医疗手语传译时,应把握句子的整体,而不仅仅局限于某个单词,分析句子的语法和时态,翻译要保持手语表达方式的习惯,便于聋人的视觉吸收,使之产生信任感。切忌生涩难懂,否则会对医生与聋人的交流产生障碍。

(三)适当地采用直译

直译是按照汉语音节的意思直接翻译。一些医学术语或疾病名称等在不引起误解的前提下,采用直译方式可保持医学角度上的原汁原味。特别是婉语中的一些词触及人们所忌讳的、隐私的疾病名词或生理名词,翻译的手势过于形象会让人尴尬,那么采用直译的办法比较好。还有一些医学药品名称,我们不是很熟悉,可以顺其自然地运用手指字母+仿字+表意的打法,如:A/S/匹/林——阿司匹林、红/M/S——红霉素,等等。所以采用拼音是正确的选择,既方便于聋人记忆,也减少不必要的麻烦。

二、技能训练

(一)训练难度:易

训练一:

从中医讲,冬季起床宜慢不宜快。尤其是脑供血不足、颈椎病患者和心血管疾病患者等更要注意。因为人平躺时,血流平缓,若立刻起床,易头晕、心慌、四肢乏力、反应迟钝。但过度贪睡,则可能引发抑郁、感冒、记忆力下降等疾病。

手语译文:

中医/讲,冬季/起床/宜慢/快/不要。尤其/脑供血/不足/颈椎病/患者/心血管/疾病/患者/等/更/要/注意。因为/人/平躺/时,血流/平缓,若/起床/立刻,头晕/心慌/四肢/乏力/反应/迟钝/容易。但/贪睡/过度,可能/引发/抑郁/感冒/记忆力/下降/等/疾病。

训练二:

1.多吃苦食物。夏季适当吃些苦味食品可清心除烦、醒脑提神。2.制作菜肴常加醋。烹调时放点醋,不仅味鲜可口,且有保护维生素c的功效。3.多喝粥、汤。很多粥都属凉血清暑之物,食后既能生津止渴。4.天热常饮保健茶。5.饮食要清淡。易于消化。

手语译文:

1.多/吃/苦食物。夏季/适当/吃/苦味/食品/清心/除烦、醒脑/提神/可以。2.制作/菜肴/常/加醋。烹调/时/放点/醋,味鲜/可口,保护/维生素c/功效/有。3.多喝/粥/

汤。很多/粥/属/凉血/清暑/物,食后/生津/止渴/能。4.天热/常饮/保健茶。5.饮食/清淡/要。消化/容易。

训练三:

早晨第一杯水最重要,它能促进血液循环,帮助排除体内毒素、滋润皮肤。夜晚,人在睡觉的时候从皮肤、呼吸、尿中消耗了大量的水分,早上身体就会处于生理性缺水状态。因此,晨起需要喝一杯水来补充代谢所消耗的水分;另外,晨起喝水还能刺激肠胃的蠕动,湿润肠道、防止便秘。

手语译文:

早晨/第一杯/水/重要++,促进/血液/循环,帮助/排除/体内/毒素、滋润/皮肤/能。夜晚,人/睡觉/时候/从/皮肤/呼吸/尿/消耗/大量/水分,早上/身体/会/出现/生理性/缺水/状态。因此,晨起/喝/一杯水/补充/代谢/消耗/水分/需要;另外,晨起/喝水/刺激/肠胃/蠕动/能,湿润/肠道、便秘/防止。

训练四:

美国俄亥俄州大学癌症中心的厄尔·哈里森教授介绍说:"我们通过尿检发现,大蒜吃得越多,人体内潜在的致癌物质含量就越少。"不过,高温会破坏大蒜中最重要的抗癌物质——蒜氨酸,因此建议,压碎大蒜放置15分钟后再煮。

手语译文:

美国/俄亥俄州/大学/癌症/中心/哈里森/教授/介绍/说:"我们/通过/尿检/发现,大蒜吃得/越多,人体内/潜在/致癌/物质/含量/越少。"不过,高温/破坏/大蒜/最/重要/抗癌/物质——蒜氨酸/会,因此/建议,压碎/大蒜/放置/15分钟/后/再煮。

训练五:

心要静,身要动,营养均衡不过剩,这是历代各个门派的养生家提倡的三大法宝。生命的开始就是衰老的启动,养生抗衰老是一辈子都要做的事情,俗话说:50岁以前人找病,50岁以后病找人。防病、抗衰老的重点在于调节控制情绪,实现健康长寿关键在养心修性。百病生于气,养生先养心。长期的昼夜颠倒、饮食无节制、运动少,生气等都会引发疾病,这都是对自己身体的摧残,都是在"找病"。

手语译文:

心/静/要,身/动/要,营养/均衡/过剩/不,这/历代/各/门派/养生家/提倡/三大/法宝。生命/开始/就是/衰老/启动,养生/抗衰老/是/一辈子/做/事情/都要,俗话/说:50岁/以前/人/找/病,50岁/以后/病/找/人。防病/抗衰老/重点/调节/控制/情绪,实现/健康/长寿/关键/养心/修性。百病/生于气,养生/先养心。长期/昼夜/颠倒、饮食/无节制、运动/少,生气/等/都/引发/疾病/会,这/对/自己/身体/摧残,"找病"/都是。

第九章 手语传译专题训练

（二）训练难度：中

训练一：

在过去很长的时间里，阑尾发炎曾夺去了很多人的生命。1870年，美国哈佛医科学校病理解剖学显微专家菲菲，在研究了几百名腹部患病的病人后，首次提出了"阑尾炎"这一医学术语。1880年，德国医生曼特斯特克解剖了146个因阑尾发炎而死亡者的尸体，发现其中有132个人的阑尾已穿孔。继而，英国外科医生首先提出了把整个阑尾切除的方法，以治疗阑尾炎。

1887年4月27日，美国医生莫顿在美国费城，首次成功地为一个26岁的急性阑尾炎患者做了阑尾切除手术，挽救了他的生命。从此阑尾炎切除手术在世界各地被普遍使用。此后麦克伯医生提出了确定阑尾炎的触病点——脐孔至右髂前上棘之间的连线的中外三分之一交界处，为阑尾炎的治疗与诊断提供了极大的帮助。

手语译文：

过去/很长/时间，阑尾/发炎/夺去/很多/人/生命。1870年，美国/哈佛/医科/学校/病理/解剖学/显微/专家/菲菲，研究/几百名/腹部/患病/病人/后，首次/提出/"阑尾炎"/这/医学/术语。1880年，德国/医生/曼特斯特克/解剖/146个/阑尾/发炎/死亡者/尸体，发现/其中/132人/阑尾/已/穿孔。继而，英国/外科/医生/首先/提出//整/阑尾/切除/方法，治疗/阑尾炎。

1887年/4月27日，美国/医生/莫顿/在/美国/费城，首次/成功/为/一/26岁/急性/阑尾炎/患者/做/阑尾切除/手术，挽救/他/生命。从此/阑尾炎/切除/手术/在/世界/各地/被/普遍/使用。此后/麦克伯/医生/提出/确定/阑尾炎/触病点/：/脐孔/至/右髂前/上棘/之间/连线/中外/三分之一/交界处，为/阑尾炎/治疗/诊断/提供/帮助/极大。

训练二：

腹泻、头晕恶心，这些看似各有原因的症状都可以由一种怪病引起，那就是"丝绸之路病"。这一疾病在日本、中国、土耳其、伊朗等地的发病率较高，发病范围与古代丝绸之路的线路基本吻合，所以得名"丝绸之路病"。该病虽较为罕见，但容易导致全身各个系统的病变，严重的会致人完全失明、脑萎缩甚至死亡。

"丝绸之路病"的专业名称是白塞氏综合征，属于免疫系统疾病，是血管炎的一种。它的可怕之处在于，可累及全身血管，侵害到口腔、关节、眼睛、肠胃和神经等多个器官。起初症状不太明显，像口腔溃疡这样的症状很容易被忽视，等累及眼睛、关节的时候又以为是单纯的眼部发炎和关节疼痛，容易造成误诊。很多患者误到口腔科、眼科、消化科等求诊多年无果，后来到风湿科确诊为白塞氏综合征时，身体已经遭受了重创，诊断和治疗不及时可能导致失明、肠穿孔、脑损伤甚至死亡。

手语译文：

腹泻/头晕/恶心，这些/看似/各有/原因/症状/都/可以/一种/怪病/引起，那/就是

"丝绸之路/病"。这/疾病/日本/中国/土耳其/伊朗/等地/发病率/较高,发病/范围/与/古代/丝绸之路/线路/基本/吻合,所以/名/"丝绸之路/病"。该病/罕见,但/容易/导致/全身/各/系统/病变,严重/会/致人/完全/失明/脑萎缩/死亡。

"丝绸之路/病"专业/名称/白塞氏/综合征,属于/免疫/系统/疾病,血管炎/一种。它/可怕/之处,可/累及/全身/血管,侵害/口腔/关节/眼睛/肠胃/神经/等/多个/器官。起初/症状/不太/明显,像/口腔/溃疡/这样/症状/容易/忽视,等/累及/眼睛/关节/时候/又/以为是/单纯/眼部/发炎/关节/疼痛,容易/造成/误诊。很多/患者/误到/口腔科/眼科/消化科/等/求诊/多年/效果/没有,后来/到/风湿科/确诊/为/白塞氏/综合征/时,身体/已经/遭受/重创,诊断/治疗/不及时/可能/导致/失明/肠穿孔/脑损伤/甚至/死亡。

训练三:

秋冬季节是哮喘的多发季节,哮喘被称为呼吸道"隐形杀手",目前全球有近3亿哮喘、气管炎患者,其中有3000万在中国。

许多患者到了冬天病情复发加重,导致呼吸困难、咳脓痰、憋喘等,严重时并发肺部感染,导致呼吸衰竭,增加猝死的风险。因此,在冬季,哮喘患者要特别注意调养预防。

手语译文:

秋冬/季节/哮喘/多发/季节/是,哮喘/这/称为/呼吸道"隐形/杀手",目前/全球/有/近3亿/哮喘/气管炎/患者,3000万/在/中国/有。

许多/患者/冬天/病情/复发/加重,导致/呼吸/困难/咳脓痰/憋喘等,严重/并发/肺部/感染,导致/呼吸/衰竭,增加/猝死/风险。因此,冬季,哮喘/患者/特别/注意/调养/预防/要。

预防哮喘5原则

1. 别太早减少衣物。冬季室内与室外的冷热变化较大,昼夜温差也大,不宜过早减少衣物,以免受凉感冒造成哮喘病情加重。

2. 定期通风。地毯、沙发、空调中的灰尘中往往寄生着看不见的螨虫、霉菌等微生物,可诱发或加重哮喘。应定期开窗通风,使空气流通,空调滤网应定期清洁,被褥要勤洗勤晒。

3. 远离宠物。对于养宠物的患者来说,远离宠物比用湿毛巾擦除、胶带粘除的方法来除去衣物、被褥上的毛发更能预防哮喘发作。应禁止宠物在房间跑跳,不乱上床、沙发,不在衣物上趴卧。

4. 注意加强营养。多吃些富含蛋白质、维生素、微量元素的食物,如瘦肉、禽蛋、豆制品以及新鲜蔬菜、水果、干果等。

5. 多锻炼。在日常生活中,应防止过度疲劳,保证充足的睡眠,加强体育锻炼,增强体质,提高机体对气候变化的适应性和耐受力,减少发病的机会。

手语译文：

1. 太早/减少/衣物/不要。冬季/室内/室外/冷热/变化/较大,昼夜/温差/大,过早/减少/衣物/不宜,以免/受凉/感冒/造成/哮喘/病情/加重。

2. 定期/通风。地毯/沙发/空调/灰尘/寄生/看不见/螨虫/霉菌/等/微生物,诱发/加重/哮喘。应/定期/开窗/通风,空气/流通,空调/滤网/应/定期/清洁,被褥/勤洗/勤晒/要。

3. 远离/宠物。养宠物/患者,远离/宠物/比用/湿毛巾/擦除/胶带/粘除/方法/来/除去/衣物/被褥/毛发/预防/哮喘/发作/能。禁止/宠物/房间/跑跳,乱/上床/沙发/不要,衣物/趴卧/不要。

4. 注意/加强/营养。多吃/富含/蛋白质/维生素/微量元素/食物,如/瘦肉/禽蛋/豆制品/新鲜/蔬菜/水果/干果等。

5. 多/锻炼。日常/生活,防止/过度/疲劳,保证/充足/睡眠,加强/体育/锻炼,增强/体质,提高/机体/对/气候/变化/适应性/耐受力,发病/机会/减少。

训练四：

验血是诊断疾病的重要方法,结果准确与否和病人的配合有着密切关系。为此,化验前的正确准备是得到准确结果的前提,就拿常见的采血化验来说,需要注意：

第一,空腹血的采集时间。

空腹血,通常是指清晨未进餐,距前一餐约8～12小时抽的血。验血脂前2周要保持平时的饮食习惯,且在餐后12小时采血。

第二,采血前不宜多运动。

一类运动是静态的,即持续时间不长,但具有高强度,如举重、扔球等,利用肌肉储存的能量进行,对化验影响不大。另一类运动是动态的,即持续时间长,动作强度不大,如长跑、自行车比赛等,需要大量热量才能维持,对化验结果影响较大,在化验前两天内要尽量避免。

第三,采血前别大量服维生素。

采血前别大量服维生素,否则会导致一些结果失真。例如,摄入大剂量,会影响的结果。

第四,末梢采血化验时请伸无名指。

末梢采血适用于血量小于0.1毫升的检验项目,如末梢血糖等。通常选择左手无名指指尖的侧面,一是这个部位的血管比较丰富,二是有破口后不会影响手指继续接触物体。

手语译文：

验血/诊断/疾病/重要/方法,结果/准确/是否/病人/配合/密切/关系/有。为此,化验前/正确/准备/得到/准确/结果/前提,拿/常见/采血/化验/来说,需要/注意：

第一,/空腹血/采集/时间。

空腹血,通常/指/清晨/进餐/不要,距/晚餐/以后/约 8~12 小时/抽血/要。验血脂/前/2 周/保持/平时/饮食/习惯/要,餐后/12 小时/采血。

第二,/采血前/多运动/不宜。

一类/运动/静态,持续/时间/不长,但/具有/高强度,如/举重/扔球/等,利用/肌肉/储存/能量/进行,对/化验/影响/不大。另一类/运动/动态,持续/时间/长,动作/强度/不大,如/长跑/自行车/比赛/等,需要/大量/热量/才能/维持,对/化验/结果/影响/较大,化验/前 2 天/内/要/尽量/避免。

第三,采血前/大量/服/维生素/不要。

采血前/大量/服/维生素/不要,否则/会/导致/一些/结果/失真。例如,摄入/大剂量,影响/结果/会。

第四,末梢/采血/化验时/请/伸/无名指。

末梢/采血/适用/血量/小于/0.1 毫升/检验/项目,如/末梢/血糖/等。通常/选择/左手/无名指/指尖/侧面,一/这/部位/血管/比较/丰富,二/有/破口/后/不会/影响/手指/继续/接触/物体。

训练五:

睡觉流口水,大多人认为只是不雅的问题,但医生提醒,成年人睡觉流口水,其实是脾胃功能不好的身体反应。

25 岁的张先生总为一件事感到尴尬:他有睡觉流口水的情况,他的衣肩和枕巾总有异味。张先生对此很苦恼,有时即使只是在办公室打个盹,嘴角都会有唾液流出。张先生有点担心是否身体出现了某些问题。

现代医学认为,当患口腔黏膜炎症以及神经麻痹、脑炎后遗症等神经系统疾病时,因唾液分泌过多,或吞咽障碍所致者,为病理现象。而假如是本身无其他疾病,只是单纯在睡梦中流口水,就如张先生这种状况,有可能是脾虚导致。中医认为,"五脏化液,脾为涎。口为脾窍,涎出于口,涎为脾之液。"即为脾统摄液体,当脾胃虚寒、阳气亏虚会引起脾功能失调,无法运化津液,造成睡觉流涎的症状。

成年人脾虚多是从小就造成的,小儿时脾虚流口水,长大后也较易发生脾虚流口水的情况。另外睡眠姿势不当,侧睡、趴着睡时,嘴角被挤开或者刺激到唾液腺,导致唾液增多,也会造成流涎的情况出现。脾虚引起的可以服用君子丸调理,卧姿不当则需调整睡姿,睡觉时尽量保持仰睡。

手语译文:

睡觉/流口水,大多人/认为//不雅/问题,但/医生/提醒,成年人/睡觉/流口水,脾胃/功能/不好/身体/反应。

25 岁/张先生/为/这/事/感到/尴尬:他/睡觉/流口水/情况/有,他/衣肩/枕巾/总有/异味。张先生/对此/苦恼,有时/办公室/打个盹,嘴角/唾液/流出/有。张先生/有点/担心/是否/身体/出现/问题。

现代/医学/认为,患/口腔/黏膜炎症/神经/麻痹/脑炎/后遗症/等/神经/系统/疾病/时,唾液/分泌/过多,或/吞咽/障碍/所致/者,为/病理/现象。假如/本身/无/其他/疾病/是,单纯/睡梦/流口水,如/张先生/这/状况,可能/脾虚/导致。中医/认为,"五脏/化液,脾为/涎。口为/脾窍,涎出/口,涎/为/脾之液。"为/脾/统摄/液体,脾胃/虚寒、阳气/亏虚/会/引起/脾功能/失调,无法/运化/津液,造成/睡觉/流涎/症状。

成年人/脾虚/最多/从小/造成,小儿/时/脾虚/流口水,长大后/较易/发生/脾虚/流口水/情况。另外/睡眠/姿势/不当,侧睡/趴着睡,嘴角/被/挤开/或者/刺激/到/唾液腺,导致/唾液/增多,也会/造成/流涎/情况/出现。脾虚/引起/服用/君子丸/调理/可以,卧姿/不当/调整/睡姿/需要,睡觉时/尽量/保持/仰睡。

(三)训练难度:高

训练一:

在家庭用药中,绝大部分是口服用药。为了让口服的药品更好地发挥药效,在服药过程中很多问题都是需要注意的。专家表示,家庭用药应注意以下几点。

不要用除白开水以外的其他水送药

口服用药应用白开水送药。不提倡用茶水、果汁等其他水送药。因为茶水中含有咖啡因、茶碱等物质,属于偏碱性的水溶液,这样用来送药,会与某些药物发生化学反应,影响药效的发挥。例如,我们经常服用的止痛药,是酸性的,如果用茶水送服,就会使酸碱中和,失去药效。果汁也同样,是酸性的水溶液,它可以使许多药提前溶解,不利于胃肠道的吸收。而且果汁中含有大量的维生素C,它是一种氧化还原剂,会影响到部分药效的发挥。

对于缓释制剂不要分解药剂后再服用

专家介绍,像一些片剂的药或胶囊都属于缓释药剂,在服用时把胶囊打开或把药片研碎都是不正确的服药方法。像止痛药的茶碱、治疗心脏病的硝苯吡啶就属于这类药,这样会破坏药品原有的药效,容易使服药当时吸收的浓度过高,而且也达不到一天平稳地释放药效的作用。

不要强行给小孩灌药

小孩都不愿意吃药,很多家长常捏孩子鼻子,强迫孩子张开口,而把药灌进去。这样很容易发生危险。小孩的鼻子被捏住,只能靠嘴巴呼吸,这时的溶液易呛进气管和支气管,轻则引起剧烈咳嗽,重则发生吸入性肺炎或药片堵塞呼吸道引起窒息,危及生命。

手语译文:

家庭/用药,大部分/口服/用药。为/让/口服/药品/更好/发挥/药效,服药/过程/很多/问题/注意/需要。专家/说,家庭/用药/应/注意/以下/几点。

除外/白开水/其他/水/送药/不要

口服/用药/应用/白开水/送药。不提倡/用/茶水/果汁/等/其他/水/送药。因为/茶水/咖啡因/茶碱/等/物质/含有,属于/偏碱性/水溶液,这样/用来/送药,会/与/某些/

药物/发生/化学/反应,影响/药效/发挥。例如,我们/经常/服用/止痛药,是/酸性,如果/用/茶水/送服,就会/酸碱/中和,药效/失去。果汁/同样,酸性/水溶液/是,它/可以/使/许多/药/提前/溶解,不利于/胃肠道/吸收。果汁/大量/维生素C/含有,是/一/氧化/还原剂,影响/部分/药效/发挥/会。

对/缓释/制剂/分解/药剂/后/再/服用/不要

专家/介绍,片剂/药/或/胶囊/都/属于/缓释/药剂,服用/把/胶囊/打开/或/药片/研碎/不正确/服药/方法/都是。像/止痛药/茶碱/治疗/心脏病/硝苯吡啶/就是,这样/会/破坏/药品/原有/药效,容易/使/服药/当时/吸收/浓度/过高,达不到/一天/平稳/释放/药效/作用。

强行/给/小孩/灌药/不要

小孩/不愿意/吃药,很多/家长/常/捏/孩子/鼻子,强迫/孩子/张开口,把/药/灌进去。这样/发生/危险/容易。小孩/鼻子/被/捏住,只能/靠/嘴巴/呼吸,这时/溶液/易/呛进/气管/支气管,轻/引起/剧烈/咳嗽,重/发生/吸入性/肺炎/或/药片/堵塞/呼吸道/引起/窒息,危及/生命。

训练二:

高血脂又称是全身性疾病,初期并无明显症状,发展到一定程度才被发觉,如果到这时候,一定要及时进行诊断治疗,因为高血脂会有很多并发症与危害,严重是会诱发猝死的,还有其他严重的危害生命的症状,所以一旦发现高血脂,一定要尽早到医院。而针对高血脂的治疗会有很多种方式,当然我们现在常常都是以药物治疗的,所以我们今天就来讲讲药物治疗的方式,选择正确的降脂药能早点脱离疾病折磨,乱服用可能会导致更严重的后果,那高血脂吃什么药好呢?我们一起来了解一下。

高血脂用药

他汀类药物是一种具有显著调脂疗效的还原酶抑制剂,抑制胆固醇的生物合成,是目前临床应用最为普遍的、降脂效果最好的药物,适用于自身胆固醇合成较多的高脂血症患者,对于来源于食物的胆固醇无抑制作用。

烟酸类

虽然烟酸是B族维生素的一种,但超过维生素作用的剂量时就能起到调节血脂的作用。烟酸类药物具有广泛的调脂作用,因此可作为辅助或单一的治疗用药,主要适用于高甘油三酯血症和混合性高脂血症患者。

中药

很多中药如血脂康也具有降血脂的作用,可降低血胆固醇、甘油三酯、低密度脂蛋白胆固醇和升高高密度脂蛋白胆固醇,保护血管内皮细胞,抑制脂质在肝脏沉积,也可用于由高脂血症及动脉粥样硬化引起的心脑血管疾病的辅助治疗。

药物治疗通常是比较"简单粗暴"的方式,高血脂吃什么药好,一定要根据自身的病症,结合医生的指示服用,切不可自行决定(上述药物也有各自的缺点)。在药物治疗的过程中结合非药物治疗如饮食、锻炼、戒烟戒酒等,早日脱离疾病的折磨,恢复健康的身体。

手语译文：

高血脂/又称/全身性/疾病,初期/并无/明显/症状,发展/到/一定/程度/被/发觉,如果/这时候,一定/要/及时/诊断/治疗,因为/高血脂/很多/并发症/危害/会有,严重/诱发/猝死/会,还有/其他/严重/危害/生命/症状,所以/发现/高血脂,一定/尽早/到/医院/要。针对/高血脂/治疗/会有/很多/方式,我们/现在/常常/药物/治疗/都是,所以/我们/今天/讲讲/药物/治疗/方式,选择/正确/降脂药/能/早点/脱离/疾病/折磨,乱/服用/可能/会/导致/更严重/后果,高血脂/吃/什么/药/好？我们/一起/了解。

高血脂/用药

他汀类/药物/他汀类/药物/是/一/具有/显著/调脂/疗效/还原酶/抑制剂,抑制/胆固醇/生物/合成,目前/临床/应用/最为/普遍、降脂/效果/最好/药物,适用/自身/胆固醇/合成/较多/高脂血/患者,对于/来源/食物/胆固醇/无抑制/作用。

烟酸类

虽然/烟酸/B族/维生素/是,但/超过/维生素/作用/剂量/起到/调节/血脂/作用/可以。烟酸类/药物/具有/广泛/调脂/作用,因此/作为/辅助/或/单一/治疗/用药/可以,主要/适用/高甘油/三酯血症/混合性/高脂血/患者。

中药

很多/中药/如/血脂康/具有/降血脂/作用,可/降低/血/胆固醇/甘油三酯/低密度/脂蛋白/胆固醇/升高/高密度/脂蛋白/胆固醇,保护/血管/皮细胞,抑制/脂质/在/肝脏/沉积,可/用于/高脂血症/动脉/粥样硬化/引起/心脑血管/疾病/辅助/治疗。

药物/治疗/通常/比较/"简单/粗暴"/方式,高血脂/吃/什么/药/好,一定/根据/自身/病症/要,结合/医生/指示/服用,自行/决定/不可(上述/药物/各自/缺点/一样/有)。药物/治疗/过程/结合/非药物/治疗/如/饮食/锻炼/戒烟/戒酒/等,早日/脱离/疾病/折磨,恢复/健康/身体。

训练三：

现在的人,吃肉吃得太多,吃的食物里有污染,运动少,身体阴盛阳虚,湿邪内郁。甚至有些人大便经常无法成形。为什么成形的大便很少呢？

中医里讲,脾虚则便溏,中国人本应以五谷杂粮为食,现在以肉食为主了,长期这样,伤害的是脾胃。所以,大便不成形意味着脾虚,也意味着体内有湿气。

寒湿过重为万病之源,在致病的风、寒、暑、湿、燥、火这"六淫邪气"中,最怕湿邪。湿是最容易渗透的。湿邪从来不孤军奋战,总是要与别的邪气狼狈为奸。

湿气遇寒则成为寒湿,这就好比冬天的时候,如果气候干燥,不管怎么冷,人都还是能接受的,但如果湿气重,人就很难受了。南方的冬天比北方的冬天更令人难受,就是因为南方湿气比较重,寒湿袭人。

湿气遇热则成为湿热,这就好比夏天的桑拿天,又热又湿,让人喘不过气来,明显不如烈日当空、气候干燥的时候来得痛快。

湿气遇风则成为风湿,驱风很容易,但一旦成了风湿,就往往是慢性疾病,一时半会儿治不好了。湿气在皮下,就形成肥胖,也是不好处理的健康问题。

体内湿气过重的表现:体内湿气重的人大多数都是饮食油腻、缺乏运动的人,而同时他们又常常会因为湿气重而感觉身体沉重四肢无力。这样形成了一种恶性循环,越是不爱运动,体内淤积的湿气就越多,久而久之,必然就会导致湿气攻入脾脏,引发一系列的重症。

体内湿气过重,会让人觉得困倦、身体四肢沉重、没有食欲、手脚冰冷、皮肤起疹、脸上黏腻不舒服,甚至出现肠胃炎现象,口腔症状比较明显,舌苔白厚。可能与你的情志不畅、劳倦过度或吃得多、贪凉等等有关。

肠胃不佳、精神不振、四肢沉重、皮肤起疹子、雀斑加重这五种症状,是体内湿气过重的最典型表现。

手语译文:

现在/人,吃肉/太多,吃/食物/污染/有,运动/少,身体/阴盛/阳虚,湿邪/内郁。有些人/大便/经常/无法/成形。为什么/成形/大便/很少?

中医/讲,脾虚/便溏,中国人/原来/以/五谷杂粮/为食,现在/肉食/为主,长期/这样,伤害/脾胃。所以,大便/不成形/意味/脾虚,体内/湿气/有。

寒湿/过重/万病/之源,在/致病/风/寒/暑/湿/燥/火这"六淫/邪气"中,最怕/湿邪。湿/渗透/最容易。湿邪/孤军奋战/不,与/别/邪气/狼狈为奸/要。

湿气/遇寒/成为/寒湿,好比/冬天,如果/气候/干燥,不管/怎么/冷,人/都能/接受,但/如果/湿气/重,人/难受/很。南方/冬天/比/北方/冬天/令人/难受/很,因为/南方/湿气/比较/重,寒湿/袭人。

湿气/遇热/成为/湿热,好比/夏天/桑拿/天,又热/又湿,让人/喘不过气,明显/不如/烈日当空/气候干燥/时候/痛快。

湿气/遇风/成为/风湿,驱风/很/容易,但/人/得/风湿,是/慢性/疾病,短时间/治不好。湿气/在/皮下,肥胖/会,影响/健康/问题/会。

体内/湿气/过重/表现:体内/湿气重/人/大多数/饮食/油腻/缺乏/运动/人,同时/他们/常常/湿气重/感觉/身体/沉重/四肢/无力/有。这样/形成/恶性/循环,越/不爱/运动,体内/淤积/湿气/越多,久而久之,必然/导致/湿气/攻入/脾脏,引发/重症。

体内/湿气/过重,让人/觉得/困倦/会、身体/四肢/沉重、食欲/没有、手脚/冰冷、皮肤/起疹、脸上/黏腻/不舒服,甚至/出现/肠胃炎/现象,口腔/症状/比较/明显,舌苔/白厚。可能/与你/情志/不畅、劳倦/过度/或/吃得多/贪凉/等等/有关。

肠胃/不佳、精神/不振、四肢/沉重、皮肤/起疹、雀斑/加重/这五/症状,体内/湿气/过重/最典型/表现/是。

训练四：

你以为中老年人才会得颈椎病？其实，颈椎病现在已经对年轻人虎视眈眈了！那些爱玩手机的"低头族"，以及天天和电脑打交道的办公室白领，得颈椎病的概率会更高！那么，怎么判断自己是否得了颈椎病？颈椎病头晕怎么办？

若要判断自己是否得了颈椎病，就应了解颈椎病的症状有哪些。其实颈椎病的症状有很多，初期时症状一般较轻，而到了后期，病症会愈加严重。以下列出了颈椎病的6大症状，大家可以对号入座。

1. 头晕脑涨

颈椎病引起的头晕头昏通常会令人产生方向旋转的幻觉，会令人提不起精神来，昏昏欲睡，等到站起来时，会感到身体站立不稳，似乎整个人要倾倒下去。当患者头晕出现时，可能还会伴随着恶心、心慌、冒冷汗等一系列症状出现。

2. 步态失稳

有些人得了颈椎病后，颈椎间盘会发生退变，关节会失稳，手脚容易乏力，导致行走不稳，产生头重脚轻、轻飘飘的感觉。颈椎病严重的，还可能引起肌肉萎缩、下肢麻木、行走困难。

3. 上肢痛麻

得了颈椎病后，有些人会出现上肢痛麻的现象，有胀痛、刺痛、麻痛等多种表现，痛感会从颈部放射到手臂多个部位，令人难以忍受。特别是到了晚上，痛感会加重，严重影响睡眠质量。

4. 颈性头痛

头痛一般会伴随着眩晕出现，二者会交替发作，颈椎病患者会有刺痛、灼痛、酸痛等多种形式，疼痛部位会分布在后枕部、枕下部、头顶部等多个区域。

5. 颈肩背痛

颈肩背痛是颈椎病最为常见的一个症状，所有的颈椎病患者几乎都会有颈部、背部、肩部的痛感出现，疼痛性质多为钝痛、隐痛或刺痛。

6. 心慌失眠

得了颈椎病后，如果颈椎关节紊乱错位，或者椎间盘突出刺激了颈部的交感神经节，就容易出现各种神经紊乱症状，如心慌、胸闷、胸痛、失眠、心跳加速、视力模糊、嗜睡、疲倦、头昏等。

得了颈椎病该怎么处理？

得了颈椎病后，就容易出现以上各种颈椎病症状，影响生活质量。那么，颈椎病侵袭人体该怎么办？其实，颈椎病在临床上可分为4种，治疗颈椎病应在医生的指导下对症治疗。平时也可以采用按摩、推拿等手法缓解症状，以改善血液循环，缓解肌肉痉挛。想要预防颈椎病，防止颈椎病加重，生活中我们就不要"低头族"，也不能久坐不动，还应该注意适当地参加体育锻炼。

手语译文：

你/以为/中老年/人/才会/得/颈椎病？其实,颈椎病/现在/已经/对/年轻人/虎视眈眈！那些/爱/玩/手机/"低头族",天天/和/电脑/玩/办公室/白领,颈椎病/概率/更高！那么,怎么/判断/自己/是否/颈椎病？颈椎病/头晕/怎么办？

若要/判断/自己/是否/颈椎病,应/了解/颈椎病/症状/有/哪些。其实/颈椎病/症状/很多/有,初期/症状/一般/较轻,到/后期,病症/会/愈加/严重。以下/列出/颈椎病/6大/症状,大家/可以/对号入座。

1. 头晕/脑涨

颈椎病/引起/头晕/头昏/通常/会/令人/产生/方向/旋转/幻觉,提不起/精神,昏昏/欲睡,站/会/感到/身体/站立/不稳,似乎/整个人/倾倒。患者/头晕/出现/时,可能/伴随/恶心/心慌/冒冷汗/等/症状/出现。

2. 步态/失稳

有些人/得/颈椎病/后,颈椎/间盘/发生/退变/会,关节/失稳/会,手脚/容易/乏力,导致/行走/不稳,产生/头重/脚轻、轻飘飘/感觉。颈椎病/严重,可能/引起/肌肉/萎缩、下肢/麻木、行走/困难。

3. 上肢/痛麻

颈椎病/有,有些人/会/出现/上肢/痛麻/现象,胀痛/刺痛/麻痛/等/多种/表现,痛感/会/从/颈部/放射/到/手臂/多个/部位,人/忍受/困难。特别/到/晚上,痛感/加重,严重/影响/睡眠/质量。

4. 颈性/头痛

头痛/一般/会/伴随/眩晕/出现,二者/交替/发作,颈椎病/患者/有/刺痛/灼痛/酸痛/等/多种/形式,疼痛/部位/分布/后枕部/枕下部/头顶部/等/多个/区域。

5. 颈肩/背痛

颈肩/背痛/是/颈椎病/最/常见/症状,所有/颈椎病/患者/几乎/都会/有/颈部、背部、肩部/痛感/出现,疼痛/性质/多为/钝痛、隐痛/刺痛。

6. 心慌/失眠

颈椎病/后,如果/颈椎/关节/紊乱/错位,或者/椎间盘/突出/刺激/颈部/交感/神经节,容易/出现/各种/神经/紊乱/症状,如/心慌/胸闷/胸痛/失眠/心跳/加速/视力/模糊/嗜睡/疲倦/头昏/等。

颈椎病/该/怎么/处理？

颈椎病/后,容易/出现/各种/颈椎病/症状,影响/生活/质量。颈椎病/侵袭/人体/该/怎么办？其实,颈椎病/临床/可/分/4种,治疗/颈椎病/应/医生/指导/对症/治疗。平时/可以/采用/按摩/推拿/等/手法/缓解/症状,改善/血液/循环,缓解/肌肉/痉挛。想要/预防/颈椎病,防止/颈椎病/加重,生活/我们/"低头族"/不要,久坐/不动/不能,应该/注意/适当/参加/体育/锻炼/要。

训练五:

中年人是糖尿病患者的主要人群。因为中年人普遍存在工作压力大、应酬多、少运动,而比较容易发胖,引发糖尿病的产生。而且随着年龄的增长,患病率也增加。那么,中年人如何预防糖尿病?

1. 控制饮食

饮食要保证合理体重及工作、生活的需要。饮食控制要注意相互间搭配平衡,品种要多样化。40 岁左右的中年人,每天摄入食物含热能 1900 大卡左右,每天大体的食物量相当于鸡蛋 1~2 个,瘦肉 50~100 克,植物油 50 克,粮食 200~250 克。坚持要低脂、低糖、低盐、粗细粮搭配和高纤维素的良好饮食习惯。

2. 饮食要规律

不暴饮暴食,要有规律,吃饭要细嚼慢咽,多吃蔬菜,尽可能不在短时间内吃含葡萄糖、蔗糖量大的食品,这样可以防止血糖在短时间内快速上升,对保护胰腺功能有帮助,特别是有糖尿病家族史人一定要注意。

3. 防治肥胖

肥胖是引发糖尿病的重要原因,预防糖尿病就需要预防肥胖。对于已经很胖的人,需要立即采取有效措施进行减肥,减肥的最佳方法无疑就是运动。研究证实,中年人每周步行锻炼 3~5 次,与不锻炼者相比,其糖尿病的发病率分别下降 25%、33%、42%。健步走还可以达到健脑的效果。每天晚上,坚持 30 分钟步行,可以缓解一天中的紧张情绪和疲乏感。慢走,会使膝盖受到的压力降低 25%,减少关节损伤。因而中年人以散步或慢走为宜。

4. 慎用药物

避免或者减少使用一些对糖代谢不利的药物。一些药物会影响人体内分泌,导致肠道功能紊乱,影响胰岛素和胰高血糖素的分泌,从而影响糖代谢异常,导致血糖过高或过低。

5. 戒除烟酒

戒除烟酒等不良嗜好。众所周知,嗜酒好烟对人体危害极大,不仅会直接引起癌症等多种危害人体健康的疾病,还会使人体抵抗力免疫力下降,给糖尿病以可乘之机,因此戒除烟酒很重要。

6. 积极治疗疾病

积极发现和治疗高血压、高血脂和冠心病。这些心脑血管病不仅严重危害人体健康,还会导致人体内分泌功能紊乱。这也会为人体健康带来隐患,给糖尿病乘虚而入的机会。

7. 增强免疫力

糖耐量不正常或有糖尿病家族史的朋友可以在最大限度内防止糖尿病的发生:每年吃三个月的烟酰胺、Vb1、Vb6、甲基 Vb12(弥可保)增强胰腺功能;在季节更替时吃半个月的 Vc、Ve,剂量要大,可以提高自身免疫力、清除自由基。

8.调节压力

生活中的应激事件可通过提高肾上腺皮质激素的水平和降低性类固醇(睾丸素)水平使患糖尿病的危险增加,睾丸素能够影响体内调节血糖的激素——胰岛素的活动。

以上就是关于中年人预防糖尿病的介绍,可以看出,预防糖尿病,要增强免疫力,积极治疗疾病,戒除烟酒等不良嗜好。同时,注意饮食,勿暴饮暴食,加强锻炼,防治肥胖。

(中华医学网)

手语译文:

中年人/糖尿病/患者/主要/人群/是。因为/中年人/普遍/存在/工作/压力/大、应酬/多、运动/少,发胖/容易,引发/糖尿病/产生。随着/年龄/增长,患病率/增加。中年人/如何/预防/糖尿病?

1.控制/饮食

饮食/保证/合理/体重/工作、生活/需要。饮食/控制/膳食/要/注意/相互间/搭配/平衡,品种/多样化/要。40岁/左右/中年人,每天/摄入/食物/含热能/1900大卡/左右,每天/大体/食物量/相当于/鸡蛋/1~2个,瘦肉/50~100克,植物油/50克,粮食/200~250克。坚持/低脂/低糖/低盐/粗细粮/搭配/高纤维/素饮食/良好/饮食习惯。

2.饮食/要/规律

暴饮/暴食/不要,有/规律/要,吃饭/细嚼慢咽/要,多/吃/蔬菜,尽量/短/时间/吃/含/葡萄糖/蔗糖量/大/食品/不要,这样/防止/血糖/短时间/内/快速/上升/可以,对/保护/胰腺/功能/帮助/有,特别/糖尿病/家族史/人/一定/注意/要。

3.防治/肥胖

肥胖/引发/糖尿病/重要/原因/是,预防/糖尿病/预防/肥胖/需要。已经/很胖/人,需要/立即/采取/有效/措施/进行/减肥,减肥/最佳/方法/运动/是。研究/证实,中年人/每周/步行/锻炼/3~5次,与/不锻炼/者/相比,糖尿病/发病率/分别/下降/25%/33%/42%/健步走/还/可以/达到/健脑/效果。每天/晚上,坚持/30分钟/步行,可以/缓解/一天/紧张/情绪/疲乏感。慢走,膝盖/受到/压力/降低/25%,减少/关节/损伤。中年人/散步/或/慢走/适宜。

4.慎用/药物

避免/或者/减少/使用/对/糖/代谢/不利/药物。一些/药物/影响/人体/内分泌,导致/肠道/功能/紊乱,影响/胰岛素/胰高血糖素/分泌,影响/糖/代谢/异常,导致/血糖/过高/或/过低。

5.戒除/烟酒

戒除/烟酒/等/不良/嗜好。众所/周知,嗜酒/好烟/对/人体/危害/极大,直接/引起/癌症/等/多种/危害/人体/健康/疾病/会,人体/抵抗力/免疫力/下降/会,给/糖尿病/可乘之机,因此/戒除/烟酒/重要++。

6.积极/治疗/疾病

积极/发现/治疗/高血压/高血脂/冠心病。这些/心脑/血管病/严重/危害/人体/健康,导致/人体/内分泌/功能/紊乱/会。人体/健康/带来/隐患/会,给/糖尿病/乘虚而入/机会。

7. 增强/免疫力

糖/耐量/不正常/或/有/糖尿病/家族史/朋友/可以/最大/限度/防止/糖尿病/发生:每年/吃/三个月/烟酰胺/Vb1/Vb6/甲基 Vb12(弥可保)/增强/胰腺/功能;季节/更替/时/吃/半个月/Vc/Ve,剂量/大/要,可以/提高/自身/免疫力、清除/自由基。

8. 调节/压力

生活/应激/事件/可通过/提高/肾上腺/皮质/激素/水平/降低性/类固醇/(睾丸素)/水平/使/患/糖尿病/危险/增加,睾丸素/影响/体内/调节/血糖/激素/胰岛素/活动/能。

以上/关于/中年人/预防/糖尿病/介绍,可以/看出,预防/糖尿病,增强/免疫力/要,积极/治疗/疾病,戒除/烟酒/等/不良/嗜好。同时,注意/饮食,暴饮/暴食/不要,加强/锻炼,肥胖/防治。

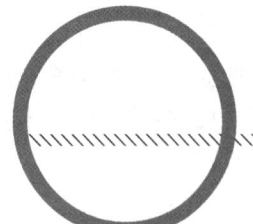

参考文献

[1] 谭载喜. 西方翻译简史[M]. 北京:商务印书馆,1991:3.

[2] 许钧. 翻译概论[M]. 北京:外语教学与研究出版社,2009:2.

[3] 何江波. 英汉翻译理论与实践教程[M]. 长沙:湖南大学出版社,2010:2-4,14-15.

[3] 张宁生,任海滨. 手语翻译概论[M]. 2版. 郑州:郑州大学出版社,2015:2.

[4] 胡伟华. 新编翻译理论与实践教程[M]. 北京:外语教学与研究出版社,2016:30-35,120.

[5] 张振玉. 翻译学概论[M]. 南京:译林出版社,1992:347.

[6] SCHLEIERMACHER, FRIEDRICH. On the Different Methods of Translating. Andre Lefevere (ed). Translation/History/Culture: A Source Book. London and New York: Routledge, 1992:149.

[7] VERMEER, HANS J. Translation Theory and Linguistics. Freiburg: Rombach, 1983:56.

[8] 梅晓娟,周晓光. 选择-顺应-翻译:从语言顺应论角度看利玛窦西学译著的选材和翻译策略[J]. 中国翻译,2008(02):26-29.

[9] 宋华. 关联顺应视角下的汉语文化负载词的口译研究[J]. 语言与翻译,2012(01):54-58.

[10] 刘冰泉,张磊. 英汉互译中的认知隐喻翻译[J]. 中国翻译,2009(04):71-75.

[11] 刘法功. 谈汉英隐喻翻译的喻体意象转换[J]. 中国翻译,2007(06):47-51.

[12] 塞莱斯科维奇,勒代雷. 口译训练指南[M]. 闫素伟,邵炜,译. 北京:中国对外翻译出版公司,2007:42.

[13] 张健. 传媒新词英译研究[M]. 上海:上海外语教育出版社,2012:148-149.

[14] 卢信朝. 口译质量的基本标准与多重视角[J]. 语言与翻译,2007(04):40-45.

[15] 陈菁,肖晓燕. 传译教学:从理论到课堂[M]. 上海:上海外语教育出版社,2014:76,122-143.

[16] 勒代雷. 释义学派口笔译理论[M]. 北京:中国对外翻译出版公司,2001.

[17] 仲伟合,王斌华. 基础传译[M]. 北京:外语教学与研究出版社,2009.

[18] 雷萌. 简约原则在汉英同传中的应用及对带稿同传译前准备的启示[D]. 北京:北京外国语大学,2017.

[19] 许晓琰. 释意理论视角下韩汉同声传译中冗余信息的处理[D]. 吉林:延边大

学,2018.

[20]袁筱一.论释意理论的忠实概念[J],外语研究,1997(3):42-47.

[21]Harris,Phil. An Introduction to Law. Oxford:Butterworth Press,2002.

[22]谭载喜.奈达论翻译[M].北京:中国对外翻译公司,1984:10.

[23]常宗林.语言、语境、语言的得体性[J].解放军外国语学院学报,1995(4):41-48.

[24]仲伟合.英汉同声传译技巧与训练[J].中国翻译,2001(5):39—42.

[25]DEJEANLEFEAL. K. Some thoughts on the evaluation of simultaneous interpretation. In. D. M. Bowen(ed.). Interpreting–Yesterday, Today and Tomorrow: American Translator Association Scholarly Monograh Series(Vol. 14. IV), New York:State University of New York at Binghamton.

[26]刘和平.口译理论与教学[M].北京:中国对外翻译出版社,2005.

[27]鲍刚.口译理论概述[M].北京:旅游教育出版社,1998.

[28]达妮卡·塞莱斯科维奇.口译技巧[M].孙慧双,译.北京:北京出版社,1979.

[29]龚龙生.释意理论对我国口译研究的影响[M].宁夏大学学报(人文社会科学版),2008(4):,155-166.

[30]鲍刚.口译理论概论[M].北京:中国对外翻译出版公司,2005.

[31]桂诗春.心理语言学[M].上海:上海外语教育出版社.1985.

[32]龚龙生.心理压力对口译解码过程的影响[J].外语电化教学,2006(2):40-43.

[33]李虹.素质、心理素质与素质教育[J].心理行为研究,2004(5):592-596.

[34]蒋晓萍,康兆春.翻译教学的文化调停功能[J].外语与外语教学,2008(7):37-40.

[35]肖晓燕,王继红.手语翻译理论研究——模式、内容及问题[M].中国特殊教育,2009(2):29-35.

[36]陈菁,肖晓燕.口译教学:从理论到课堂[M].上海:上海外语教育出版社.2014:2-24,38-39.

[37]胡壮麟.语篇的衔接与连贯[M].上海:上海外语教育出版社.2004.

[38]任文.英汉口译教程[M].北京:外语教学与研究出版社.2011:178-180,280-301.

[39] DANIEL GILE. Basic Concepts and Models for Interpreter and Translator Training. Benjamins,John Publishing Company,1995.

[40]郭海纳.浅析听说训练对同声传译的重要性[J].语言与文学,2012(11):98.

[41]冯之林.从认知角度剖析Gile的"认知负荷模型"[M].香港:开益出版社,2002.

[42]吴琼.口译中的精力分配[J].集美大学学报(哲学社会科学版),2002(12):82-83.

[43]覃江华.同声传译教程[M].武汉:武汉大学出版社,2013:36-55.

[44]吴立平.手语概要与翻译实践[M].天津:天津教育出版社,2008:65-66.

[45]郑璇.手语基础教程[M].上海:华东师范大学出版社,2015:7.

[46]许保生,傅敏.聋人文化视角下手语的省略现象及其语言学分析[J].残疾人研究,2015(1):31-34.

[47]庄鸿山.英语口译资格证书考试培训教程[M].厦门:鹭江出版社,2004:20.

[48] 章美芳.复述策略在口译记忆训练中的应用研究[J].和田师范专科学校学报,2011(3):82-83.

[49] CHERNOV, G. Inference and Anticipation in Simultaneous Interpreting: A Probability-prediction Model. Amsterdam and Philadelphia: John Benjamins, 2004. 114.

[50] NOLAN, J. Interpretation: Techniques and Exercises. Clevedon/Bufflo/Toronto, Multilingual Matters Ltd, 2005. 25.

[51] CHANG, C. C. & D. L. Schallert. The impact of directionality on Chinese /English simultaneous interpreting. Interpreting. 2007, (2):137~176.

[52] 卢信朝.原型范畴理论启示下的汉英同声传译简缩策略[J].外国语,2016(5):92-102.

[53] 仲伟合.同声传译基础[M].北京:外语教学与研究出版社,2010:78-83.

[54] 邓礼红.口译基础教程[M].北京:对外经济贸易大学出版社,2016.

[55] 姚斌.会议口译[M].北京:外语教学与研究出版社,2016.

[56] 徐东风.会议同声传译中的ABCD技巧和EF原则[J].国际商务研究,2004(6):24-25.

[57] 李民.韩汉同声传译理论与实务[M].北京:社会科学文献出版社,2011.

[58] 高真.英语专业学生汉英交替传译中的自我修复现象研究[D].济南:山东大学,2015.

[59] 林淑熠.英汉传译产出自我监控和修复机制国内外研究概述[J].齐齐哈尔大学学报,2015(8):136-137.

[60] 穆雷.翻译研巧方法概论[M].北京:外语教学与研究出版社,2010.

[61] 任文.交替传译[M].北京:外语教学与研究出版社,2009.

[62] 王琳琳.汉英交普传译中监控和自我修复现象的实证研究[D].上海:上海外国语大学,2013.

[63] 于国栋,王亚峰.话语修复策略的顺应性解释[J].山西大学学报,2011(6):15-20.

[64] 虞文婷.交替传译中自我监控机制与自我修复模式研究[D].上海:上海外国语大学,2012.

[65] 赵宇.学生译员英汉同传自我修复现象分析[D].北京:北京外国语大学,2015.

[66] 杨柳燕.汉英口译课堂内纠错决策模型[J].外语研究,2011(4):67-74.

[67] 仲伟合.口译研究方法论[M].北京:外语教学与研究出版社,2012:

[68] Gile, Daniel. 口笔译训练的基本概念与模型[M].上海:上海外语教育出版社,2011:

[69] Wang, J. H. [王建华].元认知理论与交传口译的实证研究[J].中国翻译,2015(4):13-18.

[70] Lakoff, G. Women, Fire and Dangerous Things. Chicago: The University of Chicago Press, 1987.

[71] 蓝纯.从认知角度看汉语的空间隐喻[J].外语教学与研究,1999(4):7-15.

[72] 徐丹.从认知角度看汉语的两对空间词[J].中国语文,2008(6):504-509.

[73] Lakoff, G. & M. Johnson. Philosophy in the Flesh. The Embodied Mind and Its Challenge to Western Thought[M]. New York: Basic Books. 1999. 148.

[74] Dirven, Rene & Verspoor, Marjolijn. (esd.). Cognitive Exploration of Language and Linguistics. Amsterdam: John Benjamins. 1998. 1.

[75] Lakoff, G. & M. Johnson. Metaphors We Live by. Chicago University Press. 2003:1-6.

[76] Casagrande, Joseph B. The ends of translation. International Journal of American Linguistics, 1954, (20):335-340.

[77] 刘宇红. 隐喻的多视角研究[M]. 北京: 世界图书出版公司北京公司, 2011.

[78] 刘润楠. 中国大陆手语语言学研究现状[J]. 中国特殊教育, 2005(5):26-29.

[79] LAKOFF, G. Women, Fire and Dangerous Things. Chicago: The University of Chicago Press, 1987. 11-15.

[80] LAKOFF, G. Johnson, M. Meaphor We Live By. Chicago: The University of Chicago Press, 1980. 20.

[81] 郑璇. 中国手语如何表达非视觉概念[M]. 北京: 知识产权出版社, 2011.

[82] LAKOFF, G. Women, Fire, and Dangerous Things: What Categories Reveal about the Mind. Chicago: The University of Chicago Press, 1987. 15-16.

[83] LAKOFF, G. & M. Turner. More than Cool Reason: A Field Guide to Poetic Metaphor. Chicago: University of Chicago Press, 1989. 24-27.

[84] ALAC, M. Coulson, S. The man, the Key, or the car: Who or what I parked out back Cognitive Science Online, 2004, (2):21-34.

[85] 刘焱. "V掉"的语义类型与"掉"的虚化[J]. 中国语文, 2007(2):133-143.

[86] 江加宏. 美国手语的转喻认知[J]. 中国特殊教育, 2010(2):9-12.

[87] LANGACKER, R. Reference-point constructions. Cognitive Linguis-tics, 1993, (4):1-38.

[88] 程琪龙. 转喻的认知机制和过程[J]. 外语教学, 2011(5):1-4.

[89] PEIRSMAN, Y. & Geeraerts, D. Metonymy as a prototypical category. Cognitive Linguistics, 2006, 17(3):269-316.

[90] DIRVEN, R. Conversion as a metonymy of event schemata. In K-U. Panther & G. Rdden. (eds.). Metonymy in Language and Thought. Amsterdam: john Benjamins, 1999. 275-289.

[91] 白瑞霞. 手语翻译实训指导[M]. 郑州: 郑州大学出版社, 2016:178-181, 222-226.

[92] 杨军辉, 吴安安. 中国手语入门[M]. 郑州: 郑州大学出版社, 2014:5-10.

[93] 史玉凤. 国内服务听障人士的电视手语节目研究综述[J]. 现代特殊教育, 2018(5):47-53.

[94] 朱晓娟. 医学英语词汇的特点及其翻译研究[J]. 才智, 2018(8):197.

[95] 周扬. 从精准性原则看法律翻译的特点[J]. 英语广场, 2018(2):118.